1.re DIVISION MILITAIRE.

LIBERTÉ. *ÉGALITÉ.*

ÉTAT-MAJOR GENÉRAL.

Au quartier général, à Paris, le 1.er Ventôse, an 12 de la République française.

SERVICE DE L'ÉTAT-MAJOR GÉNÉRAL.

Du 1.er au 2 Ventôse.

Le Capitaine Adjoint de service à l'État-major général.......... LONGCHAMP.
Officier de santé de service à l'État-major.................... DANTREVILLE.
Secrétaire de service à l'État-major.......................... BRUNEL.

Du 2 au 3 Ventôse.

Le Capitaine Adjoint de service à l'État-major général.......... FORGEOT.
Officier de santé de service à l'État-major.................... POISSON.
Secrétaire de service à l'État-major.......................... PLANTIER.

Ordre général du 30 Pluviôse au 1.er Ventôse.

Le Général en chef Gouverneur de Paris prévient les Troupes qui sont sous ses ordres, que le Général de Brigade *Thiébault* est employé en cette qualité dans la 1.re Division militaire.

Il est en conséquence ordonné aux Officiers d'État-major, à ceux de l'Artillerie et du Génie, aux Inspecteurs aux revues, aux Commissaires-ordonnateurs et ordinaires des guerres, et aux Commandans des Corps, de le reconnaître et faire reconnaître en ladite qualité par ceux étant à leurs ordres.

Le Général en chef Gouverneur de Paris,

Signé J. MURAT.

Pour copie conforme :

Le Général de Brigade Chef de l'État-major général,

CÉSAR BERTHIER.

Par jugemens des Conseils de Guerre spéciaux, tenus à Paris, en vertu de l'arrêté des Consuls, en date du 19 Vendemiaire dernier.

Le nommé Denis *Besognet*, natif de Paris, département de la Seine, fusilier à la 3.e compagnie du 1.er bataillon du 1.er Régiment de la Garde municipale de Paris, convaincu de désertion à l'intérieur, a été condamné par contumace, le 3 pluviôse dernier, à la peine de trois ans de travaux publics, et à 1,500 francs d'amende au profit de la République.

Le nommé Louis *Talon*, natif de Montreuil-sur-Brèche, département de l'Oise, fusilier à la 5.e compagnie, 2.e bataillon, 1.er Régiment de la Garde municipale de Paris, convaincu de désertion à l'intérieur avec effets d'habillement, a été condamné par contumace, le 4 pluviôse dernier, à la peine de cinq ans de travaux publics, et à 1,500 francs d'amende au profit de la République.

Le nommé Jean-Baptiste *Merelle*, natif d'Amiens, département de la Somme, fusilier à la 2.e compagnie du 2.e bataillon du 2.e Régiment de la Garde municipale de Paris, convaincu de désertion à l'intérieur avec effets d'habillement, a été condamné par contumace, le 4 pluviôse dernier, à la peine de cinq ans de travaux publics, et à 1500 francs d'amende au profit de la République.

Le nommé Nicolas *Paldieu*, natif de Paris, département de la Seine, fusilier à la 4.e compagnie, 2.e bataillon du 1.er Régiment de la Garde municipale de Paris, convaincu de désertion à l'intérieur avec effets d'habillement, a été condamné par contumace, le 4 pluviôse dernier, à la peine de cinq ans de travaux publics, et à 1,500 francs d'amende au profit de la République.

Le nommé Pierre *Hedain*, natif de Rouen, département de la Seine-Inférieure, fusilier à la 2.e compagnie, 2.e bataillon du 2.e Régiment de la Garde municipale de Paris, convaincu de désertion à l'intérieur, a été condamné par contumace, le 4 pluviôse dernier, à la peine de trois ans de travaux publics, et à 1,500 francs d'amende au profit de la République.

Le nommé Louis-Antoine *Feval*, natif de Braine, département de l'Aisne, fusilier à la 3.e compagnie, 2.e bataillon du 2.e Régiment de la Garde municipale de Paris, convaincu de désertion à l'intérieur avec effets d'habillement, a été condamné par contumace, le 5 pluviôse dernier, à la peine de cinq ans de travaux publics, et à 1,500 francs d'amende au profit de la République.

Le nommé André-Éléonore *Frémond*, natif de Rouen, département de la Seine-Inférieure, soldat à la 3.e compagnie, 2.e Bataillon du 2.e Régiment de la Garde municipale de Paris, convaincu de désertion à l'intérieur avec effets d'habillement, a été condamné par contumace, le 5 pluviôse dernier, à la peine de cinq ans de travaux publics, et à 1,500 francs d'amende au profit de la République.

Le nommé Alexandre *Dégrusillier*, natif de Merval, département du Pas-de-Calais, fusilier à la 2.e compagnie, 2.e bataillon du 2.e Régiment de la Garde de Paris, convaincu de désertion à l'intérieur, a été condamné par contumace, le 7 pluviôse dernier, à la peine de trois ans de travaux publics, et à 1,500 francs d'amende au profit de la République.

Le nommé Jean-Pierre *Houblon*, natif de Paris, département de la Seine, fusilier à la 2.e compagnie, 2.e bataillon du 2.e Régiment de la garde municipale de Paris, convaincu de désertion à l'intérieur avec effets d'habillement, a été condamné par contumace, le 7 pluviôse dernier, à la peine de cinq ans de travaux publics, et à 1,500 francs d'amende au profit de la République.

Le nommé Jean-Pierre *Buisson*, natif d'Étampes, département de Seine-et-Oise, fusilier à la 4.e compagnie, 2.e bataillon du 2.e Régiment de la Garde de Paris, convaincu de désertion à l'intérieur avec effets d'habillement, a été condamné par contumace, le 8 pluviôse dernier, à la peine de cinq ans de travaux publics, et à 1,500 francs d'amende au profit de la République.

Le nommé Jean *Derrecoudo*, natif d'Esquiolle, département des Basses-Pyrénées, fusilier à la 2.e compagnie, 2.e bataillon du 2.e Régiment de la Garde municipale de Paris, convaincu de désertion à l'intérieur, a été condamné par contumace, le 8 pluviôse dernier, à la peine de trois ans de travaux publics, et à 1,500 francs d'amende au profit de la République.

Le nommé François *Cheze*, natif de Lyon, département du Rhône, cuirassier à la 5.e compagnie du 1.er Régiment, convaincu de désertion à l'intérieur avec effets d'habillement, a été condamné par contumace, le 9 pluviôse dernier, à la peine de cinq ans de travaux publics, et à 1,500 francs d'amende au profit de la République.

Le nommé Élie-Alexis-Égesipo *Fouqueraud*, natif de Chartres, département d'Eure-et-Loir, fusilier à la 4.e compagnie, 2.e bataillon, 2.e régiment de la Garde municipale de Paris, convaincu de désertion à l'intérieur, a été condamné par contumace, le 9 pluviôse dernier, à la peine de trois ans de travaux publics, et à 1,500 francs d'amende au profit de la République.

Le nommé Joseph *Détroyab*, natif de Grenoble, département de l'Isère, fusilier à la 5.e compagnie, 1.er bataillon du 2.e Régiment de la Garde municipale de Paris, convaincu de désertion à l'intérieur avec effets d'habillement, a été condamné par contumace, le 11 pluviôse dernier, à la peine de cinq ans de travaux publics, et à 1,500 francs d'amende au profit de la République.

Le nommé Isidore-Joseph *Gourchon*, natif d'Amiens, département de la Somme, grenadier à la 2.e compagnie, 2.e Bataillon du 18.e Régiment d'infanterie de ligne, convaincu de désertion à l'intérieur avec effets d'habillement, a été condamné par contumace, le 10 pluviôse an 12, à la peine de cinq ans de travaux publics, et à 1,500 francs d'amende au profit de la République.

Le nommé Henri *Petit*, natif de Gisors, département de l'Eure, maréchal-des-logis chef au 1.er Régiment de cuirassiers, convaincu de désertion à l'intérieur, a été condamné par contumace, le 12 pluviôse, à la peine de trois ans de travaux publics, et à 1,500 francs d'amende au profit de la République.

Le nommé Nicolas *Fraboulet*, natif de Rennes, département d'Ille-et-Vilaine, fusilier à la 3.e compagnie, 1.er Bataillon du 2.e Régiment de la Garde municipale de Paris, convaincu de désertion à l'intérieur avec effets d'habillement, a été condamné par contumace, le 12 pluviôse dernier, à la peine de cinq ans de travaux publics, et à 1,500 fr. d'amende au profit de la République.

Le nommé Gilibert *Ressort*, natif de Charlieux, département de la Loire, chasseur à la 23.e compagnie du 4.e Régiment d'Infanterie légère, convaincu de désertion à l'intérieur, a été condamné par contumace, le 12 pluviôsdernier, à la peine de trois ans de travaux publics, et à 1,500 francs d'amende au profit de la République.

Le nommé Jacques *Poyer*, natif de Saint-André, département de la Loire, chasseur à la 9.e Compagnie du 4.e Régiment d'infanterie légère, convaincu de désertion à l'intérieur, a été condamné par contumace, le 12 pluviôse dernier, à la peine de trois ans de travaux publics, et à 1,500 francs d'amende au profit de la République.

Le nommé Léopold *Boisset*, natif de Raville, département de la Meurthe, fusilier à la 3.e compagnie du 3.e Bataillon du 96.e Régiment de ligne, convaincu de désertion à l'intérieur, a été condamné par contumace, le 14 pluviôse dernier, à la peine de trois ans de travaux publics, et à 1,500 francs d'amende au profit de la République.

Le nommé Jean *Seigne*, natif de Noailly, département de la Loire, chasseur au 4.e régiment d'infanterie légère, convaincu de désertion à l'intérieur avec effets d'habillement, a été condamné par contumace, le 14 pluviôse dernier, à la peine de cinq ans de travaux publics, et à 1,500 francs d'amende au profit de la République.

Le nommé Antoine *Hainaut*, natif de Bruxelles, département de la Dyle, fusilier à la 6.e compagnie, 2.e bataillon du 96.e Régiment d'infanterie de ligne, convaincu de désertion à l'intérieur, a été condamné par contumace, le 14 pluviôse dernier, à la peine de trois ans de travaux publics, et à 1,500 francs d'amende au profit de la République.

Le nommé Jean-Marie *Poncet*, natif de Marcilly, département de la Loire, chasseur à la 11.e compagnie du 4.e Régiment d'infanterie légère, convaincu de désertion à l'intérieur, a été condamné par contumace, le 15 pluviôse dernier, à la peine de trois ans de travaux publics, et à 1,500 fr. d'amende au profit de la République.

Le nommé Joseph *Thenaerts*, natif de Bruxelles, département de la Dyle, soldat à la 3.e compagnie, 2.e Bataillon du 96.e Régiment d'infanterie de ligne, convaincu de désertion à l'intérieur avec effets d'habillement, a été condamné par contumace, le 15 pluviôse dernier, à la peine de cinq ans de travaux publics, et à 1,5000 francs d'amende au profit de la République.

Le Général de Brigade Chef de l'État-major général,

CÉSAR BERTHIER.

1.re DIVISION MILITAIRE.

LIBERTÉ.  *ÉGALITÉ.*

ÉTAT-MAJOR GENÉRAL.

Au quartier général, à Paris, le 2 Ventôse, an 12 de la République française.

SERVICE DE L'ÉTAT-MAJOR GÉNÉRAL.

Du 2 au 3 Ventôse.

Le Capitaine Adjoint de service à l'État-major général........... FORGEOT.
Officier de santé de service à l'État-major........................ POISSON.
Secrétaire de service à l'État-major......................... PLANTIER.

Du 3 au 4 Ventôse.

Le Capitaine Adjoint de service à l'État-major général.......... GUIARDELLE.
Officier de santé de service à l'État-major...................... DANTREVILLE.
Secrétaire de service à l'État-major......................... PLANTIER.

ORDRE GÉNÉRAL.

Rien de nouveau.

Le Général de Brigade Chef de l'État-major général,
CÉSAR BERTHIER.

1.re DIVISION MILITAIRE.

LIBERTÉ.  *ÉGALITÉ.*

ÉTAT-MAJOR GENÉRAL.

Au quartier général, à Paris, le 3 Ventôse, an 12 de la République française.

SERVICE DE L'ÉTAT-MAJOR GÉNÉRAL.

Du 3 au 4 Ventôse.

Le Capitaine Adjoint de service à l'État-major général.......... GUIARDELLE.
Officier de santé de service à l'État-major.................. DANTREVILLE.
Secrétaire de service à l'État-major........................ DESMOULINS.

Du 4 au 5 Ventôse.

Le Capitaine Adjoint de service à l'État-major général.......... AUCLER.
Officier de santé de service à l'État-major.................. POISSON.
Secrétaire de service à l'État-major........................ GEORGE.

ORDRE GÉNÉRAL.

Rien de nouveau.

Le Général de Brigade Chef de l'État-major général,
CÉSAR BERTHIER.

1.re DIVISION MILITAIRE.

LIBERTÉ.  *ÉGALITÉ.*

ÉTAT-MAJOR GENÉRAL.

Au quartier général, à Paris, le 4 Ventôse, an 12 de la République française.

SERVICE DE L'ÉTAT-MAJOR GÉNÉRAL.

Du 4 au 5 Ventôse.

Le Capitaine Adjoint de service à l'État-major général........... AUCLER.
Officier de santé de service à l'État-major..................... POISSON.
Secrétaire de service à l'État-major........................... GEORGE.

Du 5 au 6 Ventôse.

Le Capitaine Adjoint de service à l'État-major général.......... DELORME.
Officier de santé de service à l'État-major..................... DANTREVILLE.
Secrétaire de service à l'État-major........................... CORBET.

ORDRE GÉNÉRAL.

Rien de nouveau.

Le Général de Brigade Chef de l'État-major général,
CÉSAR BERTHIER.

1.re DIVISION MILITAIRE.

LIBERTÉ.  *ÉGALITÉ.*

ÉTAT-MAJOR GENÉRAL.

Au quartier général, à Paris, le 5 Ventôse, an 12 de la République française.

SERVICE DE L'ÉTAT-MAJOR GÉNÉRAL.

Du 5 au 6 Ventôse.

Le Capitaine Adjoint de service à l'État-major général.......... DELORME.
Officier de santé de service à l'État-major........................ DANTREVILLE.
Secrétaire de service à l'État-major.......................... CORBET.

Du 6 au 7 Ventôse.

Le Capitaine Adjoint de service à l'État-major général.......... LONGCHAMP.
Officier de santé de service à l'État-major........................ POISSON.
Secrétaire de service à l'État-major.......................... DUBOIS.

ORDRE GÉNÉRAL.

1.re DIVISION.

PLACE DE PARIS.

RÉPARTITION du service entre les Commissaires des guerres ci-dessous désignés, ainsi qu'il suit :

SAVOIR :

DUFRESNE, *Maison Rohan-Rochefort, rue de Varennes.* — La police des magasins des vivres, fourrages et liquides, de ceux des effets d'habillement, d'Hôpitaux et des Pharmacies ; celle de l'Hôpital militaire du Val-de-Grâce et des Corps-de-garde.

LEFEBVRE-MONTABON, *A l'État-major général, rue Neuve-des-Capucines.* — Les détails relatifs aux États-majors, le casernement, la police des Corps d'Artillerie, celle de la Place et de l'Hôpital militaire de Saint-Denis, le Commissaire du Gouvernement près le Tribunal de Révision.

FRADIEL, *Maison Rohan-Rochefort, rue de Varennes.* — Les routes, les transports directs, les convois militaires, les Conseils de guerre, la police des Maisons d'arrêts militaires de Paris et de Bourg-Egalité ; enfin celle de la Gendarmerie du département de la Seine.

LEPELLETIER, *Maison Rohan-Rochefort, rue de Varennes.* — Les traitemens de retraite et de réforme, le transpor intérieur de Paris.

Certifié conforme par moi Commissaire-Ordonnateur de la 1.re Division militaire. A Paris le 1.er Ventôse an 12.

DUBRETON.

Pour copie conforme :

Le Général de Brigade Chef de l'État-major général,

CÉSAR BERTHIER.

1.re DIVISION MILITAIRE.

LIBERTÉ. *ÉGALITÉ.*

ÉTAT-MAJOR GENÉRAL.

Au quartier général, à Paris, le 6 Ventôse, an 12 de la République française.

SERVICE DE L'ÉTAT-MAJOR GÉNÉRAL.

Du 6 au 7 Ventôse.

Le Capitaine Adjoint de service à l'État-major général........... LONGCHAMP.
Officier de santé de service à l'État-major........................ POISSON.
Secrétaire de service à l'État-major.......................... DUBOIS.

Du 7 au 8 Ventôse.

Le Capitaine Adjoint de service à l'État-major général.......... FORGEOT.
Officier de santé de service à l'État-major....................... DANTREVILLE.
Secrétaire de service à l'État-major......................... LECLERC.

ORDRES GÉNÉRAUX.

Conformément aux ordres du Ministre de la Guerre, le Général en chef Gouverneur de Paris s'empresse de faire connaître aux Généraux, Officiers supérieurs et Commandans des Troupes employées dans la 1.re Division, l'article XIX de la Capitulation militaire faite entre la France et la Suisse, dont voici les termes :

« Elles (les Troupes suisses) conserveront le libre exercice de leur religion et de leur justice; les » hommes qui en feront partie ne seront justiciables, dans aucun cas, pour les délits et pour les faits de » discipline, que des Tribunaux militaires suisses. »

Le Général en chef Gouverneur recommande à tous les Généraux, Officiers supérieurs, Commandans et Officiers de Troupes qui sont sous ses ordres, de tenir la main à ce que les dispositions de cet article soient ponctuellement exécutées.

Signé J. MURAT.

Le Premier Consul verra tous les Conscrits de la garnison, ceux de Versailles, Saint-Germain et Saint-Denis aussi-tôt qu'ils seront habillés : en conséquence tous les Chefs de Corps donneront les ordres pour que l'habillement soit livré dans le courant de la semaine prochaine, et ils feront connaître au Général en chef Gouverneur, les motifs qui pourraient s'opposer à l'exécution de cette disposition.

Signé J. MURAT.

Pour copie conforme :

Le Général de Brigade Chef de l'État-major général,
CÉSAR BERTHIER.

ORDRE du 3 Ventôse.

Par jugemens des Conseils de Guerre spéciaux, tenus à Paris, en vertu de l'arrêté des Consuls, en date du 19 Vendemiaire dernier.

Le nommé *Latouche*, (Lorin-Etienne) natif de Paris, département de la Seine, Chasseur à la 4.e Compagnie, 2.e Bataillon du 1.er Régiment de la Garde municipale de Paris, convaincu de désertion à l'intérieur, été condamné, par contumace, le 2 pluviôse dernier, à la peine de trois ans de travaux publics, et à 1500 fr. d'amende au profit de la République.

Le nommé *Lemaire* (Lucien), natif de Saint-Maure, département de la Seine, fusilier à la 3e Compagnie, 2.e Bataillon du 2.e Régiment de la Garde municipale de Paris, convaincu de désertion à l'intérieur, a été condamné par contumace le 1.er Pluviôse dernier, à la peine de trois ans de travaux publics, et à 1,500 fr. d'amende au profit de la République.

Le nommé *Bance*, (Alexandre-François) natif de la Roche-Guyon, département de Seine-et-Oise, Fusilier à la 2.e Compagnie, 1.er Bataillon du 1.er Régiment de la Garde municipale de Paris, convaincu de désertion à l'intérieur, a été condamné par contumace, le 6 pluviôse dernier, à la peine de trois ans de travaux publics, et à 1,500 fr. d'amende au profit de la République.

Le nommé *Vauppé* (Jean), natif de Bruxelles, département de la Dyle, fusilier à la 1.re Compagnie 2.e Bataillon du 96.e Régiment d'infanterie, convaincu de désertion à l'intérieur, avec effets d'habillement, a été condamné, par contumace, le 15 Pluviôse dernier, à la peine de cinq ans de travaux publics, et à 1500 fr. d'amende au profit de la République.

Le nommé *Ducher*, (Antoine) natif de Saint-Siphorin-de-Lait, canton de Ronanne, département de la Loire, Fusilier au 4.e Régiment d'Infanterie légère, convaincu de désertion à l'intérieur, a été condamné par contumace, le 15 pluviôse dernier, à la peine de trois ans de travaux publics, et à 1,500 fr. d'amende au profit de la République.

Le nommé *Fleury* (Jean), natif de Valfleury, canton de S.t-Chaumont, département de la Loire, fusilier à la 7.e Compagnie du 4.e Régiment d'infanterie légère, convaincu de désertion à l'intérieur, a été condamné par contumace, le 16 Pluviôse dernier, à la peine de trois ans de travaux publics, et à 1,500 fr. d'amende au profit de la République.

Le nommé *Darce*, (Joseph-Victor) natif de Saint-Florentin, département de l'Yonne, Soldat à la 2.e Compagnie, 2.e Bataillon du 2.e Régiment de la Garde municipale de Paris, convaincu de désertion à l'intérieur, a été condamné, par contumace, le 17 pluviôse dernier, à la peine de trois ans de travaux publics, et à 1,500 fr. d'amende au profit de la République.

Le nommé *Dubreuil* (Roland), natif de Caen, département du Calvados, fusilier à la 4.e Compagnie, 2.e Bataillon du 18.e Régiment d'infanterie de ligne, convaincu de désertion à l'intérieur, avec effets d'habillement, a été condamné par contumace, le 17 pluviôse dernier, à la peine de cinq ans de travaux publics, et à 1500 fr. d'amende au profit de la République.

Le nommé *Landry*, (Louis) natif de Paris, département de la Seine, Fusilier à la 2.e Compagnie, 2.e Bataillon du 18.e Régiment d'infanterie de ligne, convaincu de désertion à l'intérieur avec effets d'habillement, a été condamné, par contumace, le 17 pluviôse dernier, à la peine de cinq ans de travaux publics, et à 1,500fr. d'amende au profit de la République.

Le nommé *Fargeot* (Benoist), natif de Misillieux, département de la Loire, Soldat au 4.e Régiment d'infanterie légère, convaincu de désertion à l'intérieur avec effets d'habillement, a été condamné par contumace, le 18 pluviôse dernier, à la peine de cinq ans de travaux publics, et à 1,500 fr. d'amende au profit de la République.

Le Général de Brigade Chef de l'État-major général,

CÉSAR BERTHIER.

1.re DIVISION MILITAIRE.

LIBERTÉ.  *ÉGALITÉ.*

ÉTAT-MAJOR GENÉRAL.

Au quartier général, à Paris, le 7 Ventôse, an 12 de la République française.

SERVICE DE L'ÉTAT-MAJOR GÉNÉRAL.

Du 7 au 8 Ventôse.

Le Capitaine Adjoint de service à l'État-major général.......... FORGEOT.
Officier de santé de service à l'État-major..................... DANTREVILLE.
Secrétaire de service à l'État-major.......................... LECLERC.

Du 8 au 9 Ventôse.

Le Capitaine Adjoint de service à l'État-major général.......... GUIARDELLE.
Officier de santé de service à l'État-major..................... POISSON.
Secrétaire de service à l'État-major.......................... BRUNEL.

ORDRE GÉNÉRAL.

Rien de nouveau.

Le Général de Brigade Chef de l'État-major général,
CÉSAR BERTHIER.

1.re DIVISION MILITAIRE.

LIBERTÉ.  ÉGALITÉ.

ÉTAT-MAJOR GENÉRAL.

Au quartier général, à Paris, le 8 Ventôse, an 12 de la République française.

SERVICE DE L'ÉTAT-MAJOR GÉNÉRAL.

Du 8 au 9 Ventôse.

Le Capitaine Adjoint de service à l'État-major général........... GUIARDELLE.
Officier de santé de service à l'État-major...................... POISSON.
Secrétaire de service à l'État-major.......................... BRUNEL.

Du 9 au 10 Ventôse.

Le Capitaine Adjoint de service à l'État-major général........... AUCLER.
Officier de santé de service à l'État-major...................... DANTREVILLE.
Secrétaire de service à l'État-major.......................... PLANTIER.

ORDRE GÉNÉRAL.

Rien de nouveau.

Le Général de Brigade Chef de l'État-major général,

CÉSAR BERTHIER.

1.re DIVISION MILITAIRE.

LIBERTÉ.

ÉGALITÉ.

ÉTAT-MAJOR GÉNÉRAL.

Au quartier général, à Paris, le 9 Ventôse, an 12 de la République française.

SERVICE DE L'ÉTAT-MAJOR GÉNÉRAL.

Du 9 au 10 Ventôse.

Le Capitaine Adjoint de service à l'État-major général.......... AUCLER.
Officier de santé de service à l'État-major.................... DANTREVILLE.
Secrétaire de service à l'État-major.......................... PLANTIER.

Du 10 au 11 Ventôse.

Le Capitaine Adjoint de service à l'État-major général.......... DELORME.
Officier de santé de service à l'État-major.................... POISSON.
Secrétaire de service à l'État-major.......................... DESMOULINS.

ORDRE GÉNÉRAL.

Rien de nouveau.

Le Général de Brigade Chef de l'État-major général,

CÉSAR BERTHIER.

LIBERTÉ ÉGALITÉ

ÉTAT-MAJOR GÉNÉRAL.

Au quartier général, à [illegible], le 9 Vendémiaire an 10 de la République française.

SERVICE DE L'ÉTAT-MAJOR GÉNÉRAL.

Du 9 au 10 Vendémiaire.

[illegible] de service à l'État-major général [illegible]

[illegible] de service à [illegible]

[illegible] à l'État-major [illegible] Prévost.

Du 10 au 11 Vendémiaire.

[illegible]

[illegible]

[illegible] à l'État-major [illegible] Desgouttes.

ORDRE GÉNÉRAL.

Rien de nouveau.

Le Général de Brigade, Chef de l'État-major général,

CÉSAR BERTHIER.

1.re DIVISION MILITAIRE.

LIBERTÉ.

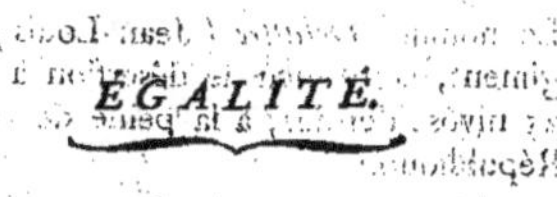

ÉTAT-MAJOR GÉNÉRAL.

Au quartier général, à Paris, le 10 Ventôse, an 12 de la République française.

SERVICE DE L'ÉTAT-MAJOR GÉNÉRAL.

Du 10 au 11 Ventôse.

Le Capitaine Adjoint de service à l'État-major général.......... DELORME.
Officier de santé de service à l'État-major.......................... POISSON.
Secrétaire de service à l'État-major.......................... DESMOULINS.

Du 11 au 12 Ventôse.

Le Capitaine Adjoint de service à l'État-major général.......... LONGCHAMP.
Officier de santé de service à l'État-major.......................... DANTREVILLE.
Secrétaire de service à l'État-major.......................... GEORGE.

ORDRE GÉNÉRAL.

Par jugemens des Conseils de Guerre spéciaux, tenus à Versailles, en vertu de l'Arrêté des Consuls, en date du 19 Vendémiaire dernier.

Le nommé *Delamare* (Prosper) *Dabancourt*, natif de Paris, département de la Seine, Dragon au 15.e Régiment, convaincu de désertion à l'intérieur, avec effets d'habillement, a été condamné, par contumace, le 20 nivôse dernier, à la peine de cinq ans de travaux publics, et à 1,500 francs d'amende au profit de la République.

Le nommé *Pandeleu* (Louis-Juste), natif de Montigny, département de la Loire, Dragon au 15.e Régiment, convaincu de désertion à l'intérieur, a été condamné, par contumace, le 22 Nivôse dernier, à la peine de 3 ans de travaux publics, et à 1500 fr. d'amende au profit de la République.

Le nommé *Legrand* (Alexandre), natif de Lapugnoy, arrondissement de Béthune, département du Pas-de-Calais, cuirassier au 11.e Régiment, convaincu de désertion à l'intérieur, avec effets d'habillement, a été condamné par contumace, le 23 nivôse dernier, à la peine de 5 ans de travaux publics, et à 1,500 francs d'amende au profit de la République.

Le nommé *Braconnier* (Sébastien-Laurent), natif de Maurgny, département de l'Aisne, Cuirassier au 11.e Régiment, convaincu de désertion à l'intérieur, avec effets d'habillement, a été condamné par contumace, le 25 nivôse dernier, à la peine de cinq ans de travaux publics, et à 1,500 francs d'amende au profit de la République.

Le nommé *Delanoy* (Joachim-Joseph), natif de Burbure, département du Pas-de-Calais, Cuirassier au 11.e Régiment, convaincu de désertion à l'intérieur avec effets d'habillement, a été condamné par contumace, le 26 nivôse dernier, à la peine de cinq ans de travaux publics, et à 1,500 francs d'amende au profit de la République.

Le nommé *Vincent* (Séraphin), natif de Boucot, département du Pas-de-Calais, Cuirassier au 11.e Régiment, convaincu de désertion à l'intérieur avec effets d'habillement, a été condamné par contumace, le 27 nivôse dernier, à la peine de cinq ans de travaux publics, et à 1,500 francs d'amende au profit de la République.

Le nommé *Delattre* (Jean-Louis) natif de Mameiz, département du Pas-de-Calais, Cuirassier au 11.e Régiment, convaincu de désertion à l'intérieur avec effets d'habillement, a été condamné, par contumace, le 25 nivôse dernier, à la peine de cinq ans de travaux publics, et à 1,500 francs d'amende au profit de la République.

Le nommé *Foubert* (Jean-François), natif de Mametz, département du Pas-de-Calais, Cuirassier au 11.e Régiment, convaincu de désertion à l'intérieur, a été condamné, par contumace, le 28 nivôse dernier, à la peine de trois ans de travaux publics, et à 1,500 fr. d'amende au profit de la République.

Le nommé *Rupée* (Charl.-Henri), natif des Andelys, département de l'Eure, Cuirassier au 11.e Régiment, convaincu de désertion à l'intérieur, avec effets d'habillement, a été condamné, par contumace, le 30 nivôse dernier, à la peine de cinq ans de travaux publics, et à 1500 fr. d'amende au profit de la République.

Le nommé *Semitz*, natif de Vienne en Autriche, Dragon au 3.e Régiment, convaincu de désertion à l'intérieur, avec effets d'habillement, a été condamné, par contumace, le 2 pluviôse dernier, à la peine de cinq ans de travaux publics, et à 1,500 francs d'amende au profit de la République.

Le nommé *Lerat* (Jean-Barnabé), natif de Menil-Raoult, canton de Beau, département de la Seine-inférieure, Dragon au 3.e Régiment, convaincu de désertion à l'intérieur, avec effets d'habillement, a été condamné, par contumace, le 3 pluviôse dernier, à la peine de cinq ans de travaux publics, et à 1,500 francs d'amende au profit de la République.

Le nommé *Troley* (Philippe-Franç.), natif de Paris, département de la Seine, Dragon au 3.e Régiment, convaincu de désertion à l'intérieur, avec effets d'habillement, a été condamné, par contumace, le 14 pluviôse dernier, à la peine de cinq ans de travaux publics, et à 1,500 francs d'amende au profit de la République.

Le nommé *Remets* (Mathis), natif de Sept-Montagnes en Silésie, Dragon au 3.e Régiment, convaincu de désertion à l'intérieur, avec effets d'habillement, a été condamné, par contumace, le 4 pluviôse dernier, à la peine de cinq ans de travaux publics, et à 1,500 francs d'amende au profit de la République.

Le nommé *Warée* (Stanislas), natif de Velleines, département de l'Oise, Cuirassier au 11.e Régiment, non convaincu de désertion à l'intérieur, a été acquitté, mis en liberté, et renvoyé à la police du corps, le 5 pluviôse dernier.

Le nommé *Orget* (Honoré-Germain), natif de Fouquerolles, département de l'Oise, Cuirassier au 11.e Régiment, convaincu de désertion a l'intérieur, à été condamné, par contumace, le 7 pluviôse dernier, à la peine de trois ans de travaux publics, et à 1500 fr. d'amende au profit de la République.

Le nommé *Gerard* (Étienne), natif de Saint-André, département de l'Oise, Cuirassier au 11.e Régiment, convaincu de désertion à l'intérieur, a été condamné, par contumace, le 9 pluviôse dernier, à la peine de trois ans de travaux publics, et à 1500 fr. d'amende au profit de la République.

Le nommé *Gosset* (Charles-Antoine), natif de Villers-sur-Bonnier, département de l'Oise, Cuirassier au 11.e Régiment, convaincu de désertion à l'intérieur, a été condamné, par contumace, le 10 pluviôse dernier, à la peine de trois ans de travaux publics, et à 1,500 francs d'amende au profit de la République.

Le nommé *Duval* (Pierre-Pacquet), natif de Warigny, département de l'Oise, Cuirassier au 11.e Régiment, convaincu de désertion à l'intérieur, a été condamné, par contumace, le 11 pluviôse dernier, à la peine de trois ans de travaux publics, et à 1500 fr. d'amende au profit de la République.

Le nommé *Pasquel* (Michel), natif de Bucamp, département de l'Oise, Cuirassier au 11.e Régiment, convaincu de désertion à l'intérieur, a été condamné, par contumace, le 12 pluviôse dernier, à la peine de trois ans de travaux publics, et à 1,500 francs d'amende au profit de la République.

Le nommé *Lesage* (Pierre-Nicolas), natif de Catillon, département de l'Oise, Cuirassier au 11.e Régiment, convaincu de désertion à l'intérieur, a été condamné, par contumace, le 13 pluviôse dernier, à la peine de trois ans de travaux publics, et à 1500 francs d'amende au profit de la République.

Le nommé *Mercier* (Pierre), natif d'Etoux, département de l'Oise, Cuirassier au 11.ᵉ Régiment, convaincu de désertion à l'intérieur, a été condamné, par contumace, le 16 pluviôse dernier, à la peine de trois ans de travaux publics, et à 1500 fr. d'amende au profit de la République.

Le nommé *Truchet* (Jean-François), natif de Saint-Vincent, département de Saône-et-Loire, Dragon au 3.ᵉ Régiment, convaincu de désertion à l'intérieur, avec effets d'habillement, et d'avoir en outre emporté des effets appartenant à ses camarades, a été condamné, par contumace, le 18 pluviôse dernier, à la peine de dix ans de boulet, et à 1500 fr. d'amende au profit de la République.

Le nommé *Dry*, natif de Criesle, département de la Seine-inférieure, Dragon au 3.ᵉ Régiment, convaincu de désertion à l'intérieur, avec effets d'habillement, a été condamné, par contumace, le 25 pluviôse dernier, à la peine de cinp ans de travaux publics, et à 1,500 francs d'amende au profit de la République.

Le nommé *Guinet* (Henri-Nicolas), natif de Versailles, département de Seine-et-Oise, Dragon au 3.ᵉ Régiment, convaincu de désertion à l'intérieur, avec effets d'habillement, a été condamné, par contumace, le 28 pluviôse, à la peine de cinq ans de travaux publics, et à 15,00 francs d'amende au profit de la République.

Le nommé *Cariche* (Antoine-Marie), natif de Courbevoie, département de la Seine, Dragon au 3.ᵉ Régiment, convaincu de désertion à l'intérieur, avec effets d'habillement, a été condamné, par contumace, le 30 pluviôse dernier, à la peine de cinq ans de travaux publics, et à 1,500 francs d'amende au profit de la République.

Le nommé *Annaud* (Jean-Baptiste), natif de Bacbautaine, département des Bouches-du-Rhône, Dragon au 3.ᵉ Régiment, convaincu de désertion à l'intérieur, avec effets d'habillement, a été condamné, par contumace, le 1.ᵉʳ ventôse courant, à la peine de cinq ans de travaux publics, et à 1,500 francs au profit de la République.

Le Général de Brigade Chef de l'État-major général,

CÉSAR BERTHIER.

1.re DIVISION MILITAIRE.

LIBERTÉ.  *ÉGALITÉ.*

ÉTAT-MAJOR GÉNÉRAL.

Au quartier général, à Paris, le 11 Ventôse, an 12 de la République française.

SERVICE DE L'ÉTAT-MAJOR GÉNÉRAL.

Du 11 au 12 Ventôse.

Le Capitaine Adjoint de service à l'État-major général.......... LONGCHAMP.
Officier de santé de service à l'État-major.................... DANTREVILLE.
Secrétaire de service à l'État-major.......................... GEORGE.

Du 12 au 13 Ventôse.

Le Capitaine Adjoint de service à l'État-major général........... FORGEOT.
Officier de santé de service à l'État-major..................... POISSON.
Secrétaire de service à l'État-major.......................... CORBET.

ORDRE GÉNÉRAL *(Du 10 au 11 Ventôse).*

Les Bureaux de l'État-major de la Place de Paris seront réunis à ceux de l'État-major de la Division, et iront s'établir dans la même maison, *rue des Capucines.*

Le Général César *Berthier*, sera le chef des deux États-majors réunis. L'Adjudant commandant *Doucet* sera son Sous-chef d'État-major, et continuera d'être chargé particulièrement des détails du service de la Place : il ira lui-même loger dans la maison de l'État-major de la Division.

Les ordres donnés hier et avant-hier pour le service extraordinaire dans Paris et autour des murs de cette ville, et les mesures prises pour la fermeture des barrières de Paris, continueront d'avoir lieu jusqu'à nouvel ordre.

Le vin ou l'eau-de-vie seront distribués tous les jous aux troupes de service extraordinaire, jusqu'à nouvel ordre.

Signé MURAT.

Pour copie conforme :

Le Général de Brigade Chef de l'État-major général,
CÉSAR BERTHIER.

1.re DIVISION MILITAIRE.

LIBERTÉ.

ÉGALITÉ.

ÉTAT-MAJOR GÉNÉRAL.

Au quartier général, à Paris, le 12 Ventôse, an 12 de la République française.

SERVICE DE L'ÉTAT-MAJOR GÉNÉRAL.

Du 12 au 13 Ventôse.

Le Capitaine Adjoint de service à l'État-major général........... FORGEOT.
Officier de santé de service à l'État-major...................... POISSON.
Secrétaire de service à l'État-major........................ CORBET.

Du 13 au 14 Ventôse.

Le Capitaine Adjoint de service à l'État-major général.......... WATHIEZ.
Officier de santé de service à l'État-major..................... DANTREVILLE.
Secrétaire de service à l'État-major........................ LECLERC.

ORDRE GÉNÉRAL.

Rien de nouveau.

Le Général de Brigade Chef de l'État-major général,

CÉSAR BERTHIER.

1.re DIVISION MILITAIRE.

LIBERTÉ.  *ÉGALITÉ.*

ÉTAT-MAJOR GÉNÉRAL.

Au quartier général, à Paris, le 13 Ventôse, an 12 de la République française.

SERVICE DE L'ÉTAT-MAJOR GÉNÉRAL.

Du 13 au 14 Ventôse.

Le Capitaine Adjoint de service à l'État-major général.......... WATHIEZ.
Officier de santé de service à l'État-major.................... DANTREVILLE.
Secrétaire de service à l'État-major.......................... LECLERC.

Du 14 au 15 Ventôse.

Le Capitaine Adjoint de service à l'État-major général........... GUIARDELLE.
Officier de santé de service à l'État-major.................... POISSON.
Secrétaire de service à l'État-major.......................... DUBOIS.

ORDRE GÉNÉRAL.

Rien de nouveau.

Le Général de Brigade Chef de l'État-major général,
CÉSAR BERTHIER.

1.re DIVISION MILITAIRE.

LIBERTÉ.

ÉGALITÉ.

ÉTAT-MAJOR GÉNÉRAL.

Au quartier général, à Paris, le 14 Ventôse, an 12 de la République française.

SERVICE DE L'ÉTAT-MAJOR GÉNÉRAL.

Du 14 au 15 Ventôse.

Le Capitaine Adjoint de service à l'État-major général........... GUIARDELLE.
Officier de santé de service à l'État-major........................ POISSON.
Secrétaire de service à l'État-major.......................... DUBOIS.

Du 15 au 16 Ventôse.

Le Capitaine Adjoint de service à l'État-major général.......... AUCLER.
Officier de santé de service à l'État-major...................... DANTREVILLE.
Secrétaire de service à l'État-major.......................... LECLERC.

ORDRE GÉNÉRAL.

Le Général en chef, Gouverneur de Paris, prévient les Chefs de corps de toutes armes stationnés à Paris, que la distribution de vinaigre aura lieu à commencer d'aujourd'hui.

En conséquence ils enverront régulièrement et chaque jour, au magasin des liquides, rue de Grenelle-Saint-Germain, aux Carmélites, où se fera cette distribution.

Le Général en chef Gouverneur de Paris, signé J. MURAT.

Pour copie conforme :

Le Général de Brigade Chef de l'État-major général,

CÉSAR BERTHIER.

1.re DIVISION MILITAIRE.

LIBERTÉ.  *ÉGALITÉ.*

ÉTAT-MAJOR GÉNÉRAL.

Au quartier général, à Paris, le 15 Ventôse, an 12 de la République française.

SERVICE DE L'ÉTAT-MAJOR GÉNÉRAL.

Du 15 au 16 Ventôse.

Le Capitaine Adjoint de service à l'État-major général.......... DELORME.
Officier de santé de service à l'État-major.................... DANTREVILLE.
Secrétaire de service à l'État-major.......................... LECLERC.

Du 16 au 17 Ventôse.

Le Capitaine Adjoint de service à l'État-major général.......... AUCLER.
Officier de santé de service à l'État-major.................... POISSON.
Secrétaire de service à l'État-major.......................... BRUNEL.

ORDRE GÉNÉRAL.

Le Général en chef, Gouverneur de Paris, a ordonné le changement des cartes de sûreté qui ont été délivrées par le Général commandant la Division et le Commandant d'armes de cette Place ; en conséquence, les Militaires porteurs de ces cartes, se présenteront le 21 du courant au Quartier-général pour en recevoir de nouvelles, les anciennes devant cesser, à cette époque, d'assurer la libre circulation à toutes les personnes qui en seraient porteurs.

Le Général en chef Gouverneur de Paris, signé J. MURAT.

Pour copie conforme :

Le Général de Brigade Chef de l'État-major général,

CÉSAR BERTHIER.

1.re DIVISION MILITAIRE.

LIBERTÉ.  *ÉGALITÉ.*

ÉTAT-MAJOR GÉNÉRAL.

Au quartier général, à Paris, le 16 Ventôse, an 12 de la République française.

SERVICE DE L'ÉTAT-MAJOR GÉNÉRAL.

Du 16 au 17 Ventôse.

Le Capitaine Adjoint de service à l'État-major général.......... AUCLER.
Officier de santé de service à l'État-major.................... POISSON.
Secrétaire de service à l'État-major.......................... BRUNEL.

Du 17 au 18 Ventôse.

Le Capitaine Adjoint de service à l'État-major général.......... LONGCHAMP.
Officier de santé de service à l'État-major.................... DANTREVILLE.
Secrétaire de service à l'État-major.......................... PLANTIER.

ORDRE GÉNÉRAL.

Rien de nouveau.

Le Général de Brigade Chef de l'État-major général,
CÉSAR BERTHIER.

1.re DIVISION MILITAIRE.

LIBERTÉ.  ÉGALITÉ.

ÉTAT-MAJOR GÉNÉRAL.

Au quartier général, à Paris, le 17 Ventôse, an 12 de la République française.

SERVICE DE L'ÉTAT-MAJOR GÉNÉRAL.

Du 17 au 18 Ventôse.

Le Capitaine Adjoint de service à l'État-major général.......... LONGCHAMP.
Officier de santé de service à l'État-major.................... DANTREVILLE.
Secrétaire de service à l'État-major.......................... PLANTIER.

Du 18 au 19 Ventôse.

Le Capitaine Adjoint de service à l'État-major général.......... FORGEOT.
Officier de santé de service à l'État-major.................... POISSON.
Secrétaire de service à l'État-major.......................... DESMOULINS.

ORDRE GÉNÉRAL.

LE Conseil de révision, séant à Paris, a confirmé, le 14 de ce mois, le jugement rendu le 2 du même mois par le 1.er Conseil de guerre permanent de la 1.re Division militaire, qui condamne à la peine de mort le nommé Jean-Baptiste *Poncelet*, Dragon au 2.e régiment, convaincu d'avoir assassiné, dépouillé et volé, sur un grand chemin, l'ex-curé de Warver, qui faisait route avec lui.

L'exécution de ce jugement a eu lieu le lendemain à la plaine de Grenelle.

Par jugemens des Conseils de guerre spéciaux tenus à Paris, en vertu de l'Arrêté des Consuls, en date du 19 vendémiaire dernier;

Le nommé *Geys* (François), Fusilier à la 7.e compagnie, 2.e bataillon du 96.e régiment d'infanterie de ligne, convaincu de désertion à l'intérieur avec effets d'habillement, a été condamné par contumace, le 14 pluviôse dernier, à la peine de cinq ans de travaux publics, et à 1,500 francs d'amende au profit de la République.

Le nommé *Clichet* (Claude-Quentin), natif d'Étrallers, canton de Vermand, département de l'Aisne, Fusilier au 32.e régiment d'infanterie de ligne, convaincu de désertion à l'intérieur, a été condamné par contumace, le 18 pluviôse dernier, à la peine de trois ans de travaux publics, et à 1,500 francs d'amende au profit de la République.

Le nommé *Bonnard* (Gaspard), natif de Saint-Christophe, département de la Loire, Fusilier à la 7.e compagnie du 4.e régiment d'infanterie légère, convaincu de désertion à l'intérieur, a été condamné, par contumace, le 18 pluviôse dernier, à la peine de trois ans de travaux publics, et à 1,500 francs d'amende au profit de la République.

Le nommé *Ragolt* (Jean-François), natif de Versailles, département de Seine-et-Oise, Fusilier à la 2.e compagnie, 2.e bataillon du 96.e régiment d'infanterie de ligne, convaincu de désertion à l'intérieur étant de service, et d'avoir emporté des effets appartenant au corps, a été condamné par contumace, le 20 pluviôse dernier, à la peine de sept ans de travaux publics, et à 1,500 francs d'amende au profit de la République.

Le nommé *Fourgon* (Jean-Baptiste), natif de Verdun, département de la Haute-Garonne, Fusilier à la 2.e compagnie, 2.e bataillon du 96.e régiment, convaincu de désertion à l'intérieur étant de service, et ayant emporté des effets appartenant au corps, a été condamné par contumace, le 20 pluviôse dernier, à la peine de sept ans de travaux publics, et à 1,500 francs d'amende au profit de la République.

Le nommé *Vandenhauten* (Jean), natif d'Eterbute, département de la Dyle, Fusilier à la 5.e compagnie, 3.e bataillon du 96.e régiment d'infanterie de ligne, convaincu de désertion à l'intérieur avec effets d'habillement, a été condamné par contumace, le 20 pluviôse dernier, à la peine de cinq ans de travaux publics, et à 1,500 francs d'amende au profit de la République.

Le nommé *Allongé* (Pierre-Joseph), natif de Lenancourt, département de l'Aisne, Fusilier à la 24.e compagnie du 32.e régiment d'infanterie de ligne, convaincu de désertion à l'intérieur, a été condamné par contumace, le 21 pluviôse dernier, à la peine de trois ans de travaux publics, et à 1,500 francs d'amende au profit de la République.

Le nommé *Legagneux* (Gilles), natif de Paris, département de la Seine, Fusilier à la 4.e compagnie du 1.er régiment de la garde municipale de Paris, convaincu de désertion à l'intérieur avec effets d'habillement, a été condamné par contumace, le 21 pluviôse dernier, à la peine de cinq ans de travaux publics, et à 1,500 francs d'amende au profit de la République.

Le nommé *Morcrette* (Jean-Pierre), natif de Holnon, département de l'Aisne, Fusilier à la 18.e compagnie du 32.e régiment d'infanterie de ligne, convaincu de désertion à l'intérieur, a été condamné par contumace, le 21 pluviôse dernier, à la peine de trois ans de travaux publics, et à 1,500 francs d'amende au profit de la République.

Le nommé *Pichard* (François), natif de Sens, département de l'Yonne, Fusilier au 2.e régiment de la garde municipale de Paris, convaincu de désertion à l'intérieur avec effets d'habillement, à été condamné par contumace, le 22 pluviôse dernier, à la peine de cinq ans de travaux publics, et à 1,500 francs d'amende au profit de la République.

Le nommé *Achard* (Balthazard), natif de Saint-Marcelin, département de la Loire, Chasseur au 4.e régiment d'infanterie de ligne, convaincu de désertion à l'intérieur avec effets d'habillement, a été condamné par contumace, le 24 pluviôse dernier, à la peine de cinq ans de travaux publics, et à 1,500 francs d'amende au profit de la République.

Le Général de Brigade Chef de l'État-major général,

CÉSAR BERTHIER.

1.re DIVISION MILITAIRE.

LIBERTÉ.  ÉGALITÉ.

ÉTAT-MAJOR GÉNÉRAL.

Au quartier général, à Paris, le 18 Ventôse, an 12 de la République française.

SERVICE DE L'ÉTAT-MAJOR GÉNÉRAL.

Du 18 au 19 Ventôse.

Le Capitaine Adjoint de service à l'État-major général.......... FORGEOT.
Officier de santé de service à l'État-major.......................... POISSON.
Secrétaire de service à l'État-major........................... DESMOULINS.

Du 19 au 20 Ventôse.

Le Capitaine Adjoint de service à l'État-major général.......... GUIARDELLE.
Officier de santé de service à l'État-major.......................... DANTREVILLE.
Secrétaire de service à l'État-major........................... GEORGE.

ORDRE GÉNÉRAL.

Rien de nouveau.

Le Général de Brigade Chef de l'État-major général,
CÉSAR BERTHIER.

1.re DIVISION MILITAIRE.

LIBERTÉ.  *ÉGALITÉ.*

ÉTAT-MAJOR GÉNÉRAL.

Au quartier général, à Paris, le 19 Ventôse, an 12 de la République française.

SERVICE DE L'ÉTAT-MAJOR GÉNÉRAL.

Du 19 au 20 Ventôse.

Le Capitaine Adjoint de service à l'État-major général.......... GUIARDELLE.
Officier de santé de service à l'État-major..................... DANTREVILLE.
Secrétaire de service à l'État-major........................ GEORGE.

Du 20 au 21 Ventôse.

Le Capitaine Adjoint de service à l'État-major général........... AUCLER.
Officier de santé de service à l'État-major..................... POISSON.
Secrétaire de service à l'État-major......................... BRUNEL.

ORDRE GÉNÉRAL.

D'après les ordres du Ministre de la Guerre, deux ateliers de déserteurs condamnés au boulet et un atelier de déserteurs condamnés aux travaux publics, viennent d'être établis, le dernier à Saint-Quentin, département de l'Aisne, et les deux premiers à Bayonne, 11.e Division militaire, et à Maëstricht, 25.e Division.

Le Général en chef Gouverneur de Paris informe de cette disposition les différens Corps de troupes qui sont sous son commandement.

Signé J. MURAT.

Pour copie conforme :

Le Général de Brigade Chef de l'État-major général,

CÉSAR BERTHIER.

1.re DIVISION MILITAIRE.

LIBERTÉ.  *ÉGALITÉ.*

ÉTAT-MAJOR GÉNÉRAL.

Au quartier général, à Paris, le 20 Ventôse, an 12 de la République française.

SERVICE DE L'ÉTAT-MAJOR GÉNÉRAL.

Du 20 au 21 Ventôse.

Le Capitaine Adjoint de service à l'État-major général........... DELORME.
Officier de santé de service à l'État-major......................... POISSON.
Secrétaire de service à l'État-major.......................... BRUNEL.

Du 21 au 22 Ventôse.

Le Capitaine Adjoint de service à l'État-major général.......... AUCLER.
Officier de santé de service à l'État-major.................... DANTREVILLE.
Secrétaire de service à l'État-major.......................... CORBET.

ORDRE GÉNÉRAL du 20 au 21 Ventôse.

Le Général en chef Gouverneur de Paris prévient les Chefs des Corps, que le Premier Consul passera incessamment la revue des Conscrits qui y ont été incorporés.

Ils feront en conséquence toutes les dispositions nécessaires pour qu'ils y paraissent dans la meilleure tenue.

Signé J. MURAT.

Pour copie conforme :

Le Général de Brigade Chef de l'État-major général,
CÉSAR BERTHIER.

1.re DIVISION MILITAIRE.

LIBERTÉ.

ÉGALITÉ.

ÉTAT-MAJOR GÉNÉRAL.

Au quartier général, à Paris, le 21 Ventôse, an 12 de la République française.

SERVICE DE L'ÉTAT-MAJOR GÉNÉRAL.

Du 21 au 22 Ventôse.

Le Capitaine Adjoint de service à l'État-major général .... AUCLER.
Officier de santé de service à l'État-major .... DANTREVILLE.
Secrétaire de service à l'État-major .... CORBET.

Du 22 au 23 Ventôse.

Le Capitaine Adjoint de service à l'État-major général .... LONGCHAMPS.
Officier de santé de service à l'État-major .... POISSON.
Secrétaire de service à l'État-major .... LECLERC.

ORDRE GÉNÉRAL.

Rien de nouveau.

Le Général de Brigade Chef de l'État-major général,

CÉSAR BERTHIER.

1.re DIVISION MILITAIRE.

LIBERTÉ.   *ÉGALITÉ.*

ÉTAT-MAJOR GÉNÉRAL.

Au quartier général, à Paris, le 22 Ventôse, an 12 de la République française.

SERVICE DE L'ÉTAT-MAJOR GÉNÉRAL.

Du 22 au 23 Ventôse.

Le Capitaine Adjoint de service à l'État-major général........... LONGCHAMPS.
Officier de santé de service à l'État-major........................ POISSON.
Secrétaire de service à l'État-major........................ DUBOIS.

Du 23 au 24 Ventôse.

Le Capitaine Adjoint de service à l'État-major général........... FORGEOT.
Officier de santé de service à l'État-major........................ DANTREVILLE.
Secrétaire de service à l'État-major........................ BRUNEL.

ORDRE GÉNÉRAL.

Rien de nouveau.

Le Général de Brigade Chef de l'État-major général,

CÉSAR BERTHIER.

1.re DIVISION MILITAIRE.

ÉTAT-MAJOR GÉNÉRAL.

Au quartier général, à Paris, le 22 Ventôse, an 12 de la République française.

SERVICE DE L'ÉTAT-MAJOR GÉNÉRAL.

Du 22 au 23 Ventôse.

Capitaine adjoint de service à l'État-major général........ LONGCHAMPS.
Officier de santé de service à l'État-major.................. POISSON.
Adjudant de service à l'État-major........................... DUBOIS.

Du 23 au 24 Ventôse.

Capitaine adjoint de service à l'État-major général.......... FORGEOT.
Officier de santé de service à l'État-major.................. DANTREVILLE.
Adjudant de service à l'État-major........................... BRUNEL.

ORDRE GÉNÉRAL.

Rien de nouveau.

Le Général de Brigade Chef de l'État-major général,

CÉSAR BERTHIER.

1.re DIVISION MILITAIRE.

LIBERTÉ.

ÉGALITÉ.

ÉTAT-MAJOR GÉNÉRAL.

Au quartier général, à Paris, le 23 Ventôse, an 12 de la République française.

SERVICE DE L'ÉTAT-MAJOR GÉNÉRAL.

Du 23 au 24 Ventôse.

Le Capitaine Adjoint de service à l'État-major général.......... FORGEOT.
Officier de santé de service à l'État-major.................... DANTREVILLE.
Secrétaire de service à l'État-major........................ BRUNEL.

Du 24 au 25 Ventôse.

Le Capitaine Adjoint de service à l'État-major général........... GUIARDELLE.
Officier de santé de service à l'État-major..................... POISSON.
Secrétaire de service à l'État-major........................ LECLERC.

ORDRE GÉNÉRAL.

Le Général en chef Gouverneur de Paris s'empresse de témoigner aux troupes de la garnison, sa satisfaction pour le zèle infatigable qu'elles mettent dans le service extraordinaire et pénible qu'elles font depuis quelque temps; il sait qu'il suffit de leur montrer quelques dangers pour la patrie, pour pouvoir exiger d'elles toute espèce de sacrifices. Déjà, par leurs soins, *Georges* et *Pichegru* n'ont pu s'échapper; leurs complices qui sont encore dans Paris, seront bientôt saisis et livrés aux mains de la justice. En vain les lâches ennemis de l'État auront conspiré : que peuvent tous les complots quand les soldats veillent pour la sûreté de tous les citoyens!

Signé J. MURAT.

Pour copie conforme :

Le Général de Brigade Chef de l'État-major général,

CÉSAR BERTHIER.

1.re DIVISION MILITAIRE.

LIBERTÉ.  *ÉGALITÉ.*

ÉTAT-MAJOR GÉNÉRAL.

Au quartier général, à Paris, le 24 Ventôse, an 12 de la République française.

SERVICE DE L'ÉTAT-MAJOR GÉNÉRAL.

Du 24 au 25 Ventôse.

Le Capitaine Adjoint de service à l'État-major général........... GUIARDELLE.
Officier de santé de service à l'État-major........................ POISSON.
Secrétaire de service à l'État-major.............................. LECLERC.

Du 25 au 26 Ventôse.

Le Capitaine Adjoint de service à l'État-major général.......... DELORME.
Officier de santé de service à l'État-major........................ DANTREVILLE.
Secrétaire de service à l'État-major.............................. PLANTIER.

ORDRE GÉNÉRAL.

Le Général en chef Gouverneur de Paris prévient les troupes qui sont sous ses ordres, que le Commissaire des guerres *Vanel* est employé en cette qualité pour exercer les fonctions qui lui sont attribuées près les troupes de la première Division militaire.

Il est en conséquence ordonné aux Officiers généraux, à ceux de l'Artillerie et du Génie, aux Commissaires ordonnateurs et ordinaires des guerres, aux Commandans des corps, et à tous ceux qu'il appartiendra, de le reconnaître et faire recevoir en qualité de Commissaire des guerres, conformément à la loi du 28 Nivôse de l'an troisième.

Le Général en chef Gouverneur de Paris,
Signé MURAT.

Pour copie conforme :

Le Général de Brigade Chef de l'État-major général,
CÉSAR BERTHIER.

1.re DIVISION MILITAIRE.

LIBERTÉ.  *ÉGALITÉ.*

ÉTAT-MAJOR GÉNÉRAL.

Au quartier général, à Paris, le 25 Ventôse, an 12 de la République française.

SERVICE DE L'ÉTAT-MAJOR GÉNÉRAL.

Du 25 au 26 Ventôse.

Le Capitaine Adjoint de service à l'État-major général.......... DELORME.
Officier de santé de service à l'État-major..................... DANTREVILLE.
Secrétaire de service à l'État-major........................ PLANTIER.

Du 26 au 27 Ventôse.

Le Capitaine Adjoint de service à l'État-major général........... AUCLER.
Officier de santé de service à l'État-major..................... POISSON.
Secrétaire de service à l'État-major........................ DESMOULINS.

ORDRE GÉNÉRAL.

Rien de nouveau.

Le Général de Brigade Chef de l'État-major général,

CÉSAR BERTHIER.

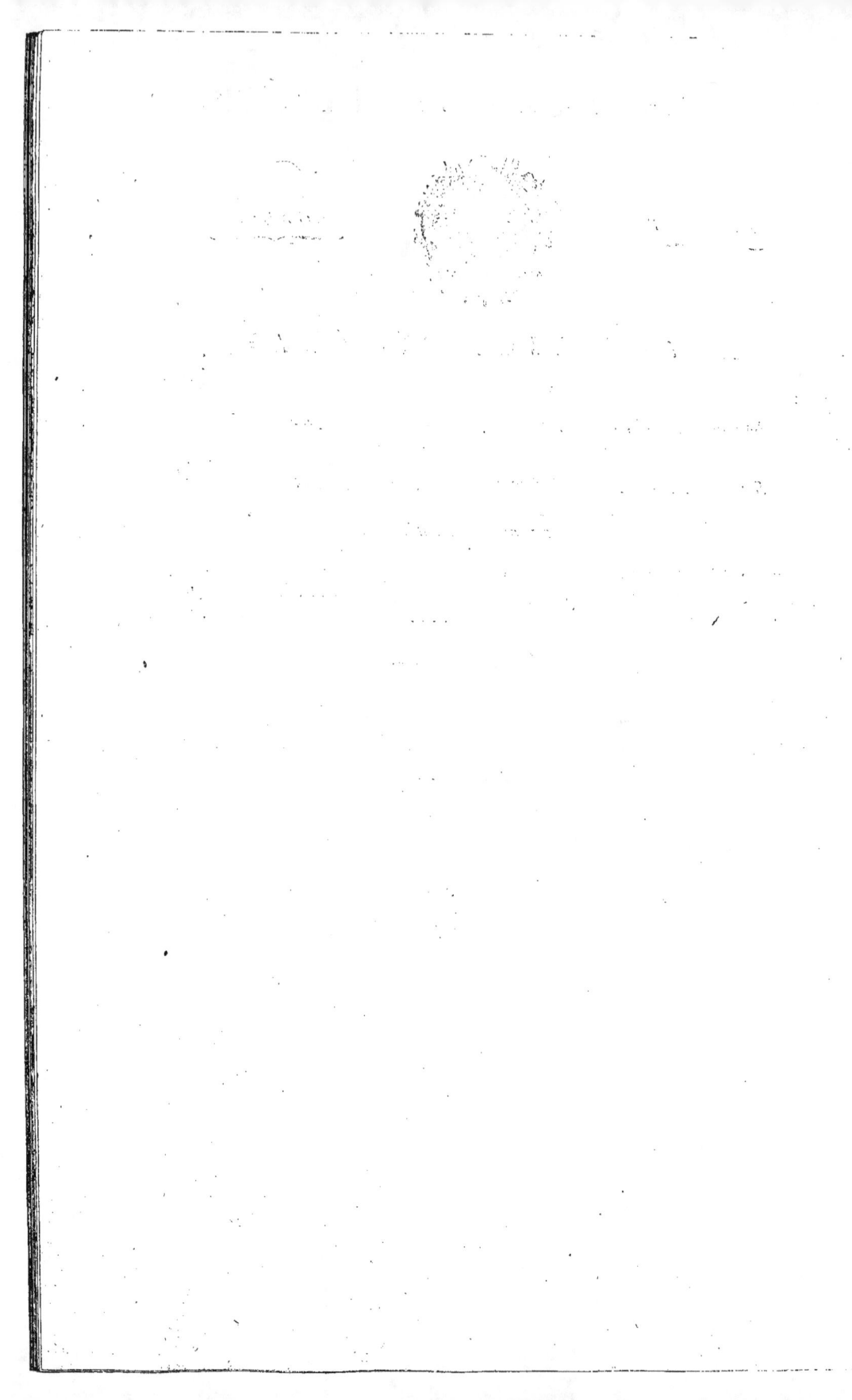

1.re DIVISION MILITAIRE.

LIBERTÉ.  *ÉGALITÉ.*

ÉTAT-MAJOR GÉNÉRAL DU GOUVERNEMENT.

Au quartier général, à Paris, le 26 Ventôse, an 12 de la République française.

SERVICE DE L'ÉTAT-MAJOR GÉNÉRAL.

Du 26 au 27 Ventôse.

Le Capitaine Adjoint de service à l'État-major général........... AUCLER.
Officier de santé de service à l'État-major........................ POISSON.
Secrétaire de service à l'État-major........................ DESMOULINS.

Du 27 au 28 Ventôse.

Le Capitaine Adjoint de service à l'État-major général........... LONGCHAMP.
Officier de santé de service à l'État-major........................ DANTREVILLE.
Secrétaire de service à l'État-major........................ PLANTIER.

ORDRE GÉNÉRAL.

Rien de nouveau.

Le Général de Brigade Chef de l'État-major général,

CÉSAR BERTHIER.

1.re DIVISION MILITAIRE.

LIBERTÉ.  *ÉGALITÉ.*

ÉTAT - MAJOR GÉNÉRAL DU GOUVERNEMENT.

Au quartier général, à Paris, le 27 Ventôse, an 12 de la République française.

SERVICE DE L'ÉTAT-MAJOR GÉNÉRAL.

Du 27 au 28 Ventôse.

Le Capitaine Adjoint de service à l'État-major général.......... LONGCHAMP.
Officier de santé de service à l'État-major..................... DANTREVILLE.
Secrétaire de service à l'État-major.......................... PLANTIER.

Du 28 au 29 Ventôse.

Le Capitaine Adjoint de service à l'État-major général........... FORGEOT.
Officier de santé de service à l'État-major..................... POISSON.
Secrétaire de service à l'État - major.......................... GEORGE.

ORDRE GÉNÉRAL.

Rien de nouveau.

Le Général de Brigade Chef de l'État-major général,
CÉSAR BERTHIER.

1.re DIVISION MILITAIRE.

LIBERTÉ.  *ÉGALITÉ.*

ÉTAT-MAJOR GÉNÉRAL DU GOUVERNEMENT.

Au quartier général, à Paris, le 28 Ventôse, an 12 de la République française.

SERVICE DE L'ÉTAT-MAJOR GÉNÉRAL.

Du 28 au 29 Ventôse.

Le Capitaine Adjoint de service à l'État-major général........... FORGEOT.
Officier de santé de service à l'État-major........................ POISSON.
Secrétaire de service à l'État-major......................... GEORGE.

Du 29 au 30 Ventôse.

Le Capitaine Adjoint de service à l'État-major général.......... GUIARDELLE.
Officier de santé de service à l'État-major..................... DANTREVILLE.
Secrétaire de service à l'État-major......................... CORBET.

ORDRE GÉNÉRAL.

Rien de nouveau.

Le Général de Brigade Chef de l'État-major général,

CÉSAR BERTHIER.

1.re DIVISION MILITAIRE.

LIBERTÉ.  *ÉGALITÉ.*

ETAT - MAJOR GÉNÉRAL DU GOUVERNEMENT.

Au quartier général, à Paris, le 29 Ventôse, an 12 de la République française.

SERVICE DE L'ÉTAT-MAJOR GÉNÉRAL.

Du 29 au 30 Ventôse.

Le Capitaine Adjoint de service à l'État-major général.......... GUIARDELLE.
Officier de santé de service à l'État-major.................... DANTREVILLE.
Secrétaire de service à l'État-major.......................... CORBET.

Du 30 Ventôse au 1.er Germinal.

Le Capitaine Adjoint de service à l'État-major général........... DELORME.
Officier de santé de service à l'État-major..................... POISSON.
Secrétaire de service à l'État - major......................... DUBOIS.

ORDRE GÉNÉRAL.

Le Général en chef Gouverneur de Paris prévient les Troupes stationnées dans la 1.re Division militaire, que les Commissaires des guerres *Senneville* et *Lépine*, employés dans les résidences de Melun et Beauvais, sont nommés par le Ministre de la guerre, pour faire, cumulativement avec leur service ordinaire, celui de Sous-inspecteur aux revues, suivant les ordres qu'ils recevront, soit de l'Inspecteur aux revues de la 1.re Division, soit du Comité central des revues.

Le Général en chef Gouverneur de Paris, signé J. MURAT.

Pour copie conforme :

Le Général de Brigade Chef de l'État-major général,

CÉSAR BERTHIER.

1.re DIVISION MILITAIRE.

LIBERTÉ.  *ÉGALITÉ.*

ETAT-MAJOR GÉNÉRAL DU GOUVERNEMENT.

Au quartier général, à Paris, le 30 Ventôse, an 12 de la République française.

SERVICE DE L'ÉTAT-MAJOR GÉNÉRAL.

Du 30 Ventôse au 1.er Germinal.

Le Capitaine Adjoint de service à l'État-major général........... DELORME.
Officier de santé de service à l'État-major........................ POISSON.
Secrétaire de service à l'État-major.......................... DUBOIS.

Du 1.er au 2 Germinal.

Le Capitaine Adjoint de service à l'État-major général.......... DELON.
Officier de santé de service à l'État-major...................... DANTREVILLE.
Secrétaire de service à l'État-major........................ BRUNEL.

ORDRE GÉNÉRAL.

Rien de nouveau.

Le Général de Brigade Chef de l'État-major général,
CÉSAR BERTHIER.

1.re DIVISION MILITAIRE.

LIBERTÉ.  *ÉGALITÉ.*

ETAT-MAJOR GÉNÉRAL DU GOUVERNEMENT.

Au quartier général, à Paris, le 1.er Germinal, an 12 de la République française.

SERVICE DE L'ÉTAT-MAJOR GÉNÉRAL.

Du 1.er au 2 Germinal.

Le Capitaine Adjoint de service à l'État-major général.......... DELON.
Officier de santé de service à l'État-major.......................... DANTREVILLE.
Secrétaire de service à l'État-major............................ BRUNEL.

Du 2 au 3 Germinal.

Le Capitaine Adjoint de service à l'État-major général........... AUCLER.
Officier de santé de service à l'État-major...................... POISSON.
Secrétaire de service à l'État-major.......................... LECLERC.

ORDRE GÉNÉRAL.

Rien de nouveau.

Le Général de Brigade Chef de l'État-major général,

CÉSAR BERTHIER.

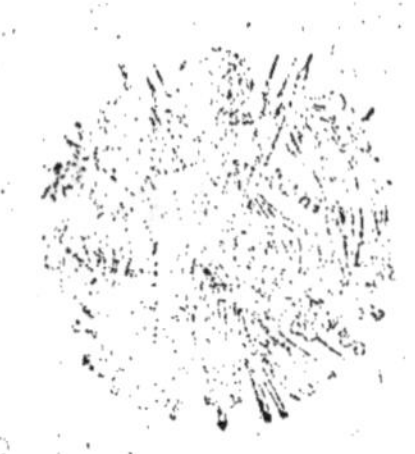

GOUVERNEMENT DE PARIS.

1.re DIVISION MILITAIRE.

LIBERTÉ.  *ÉGALITÉ.*

ETAT-MAJOR GÉNÉRAL.

Au quartier général, à Paris, le 2 Germinal, an 12 de la République française.

SERVICE DE L'ÉTAT-MAJOR GÉNÉRAL.

Du 2 au 3 Germinal.

Le Capitaine Adjoint de service à l'État-major général........... AUCLER.
Officier de santé de service à l'État-major........................ POISSON.
Secrétaire de service à l'État-major.............................. LECLERC.

Du 3 au 4 Germinal.

Le Capitaine Adjoint de service à l'État-major général........... LONGCHAMP.
Officier de santé de service à l'État-major........................ DANTREVILLE.
Secrétaire de service à l'État-major.............................. PLANTIER.

ORDRE GÉNÉRAL.

Le Colonel *Grobert*, Sous-inspecteur aux Revues, passera, aujourd'hui 2 germinal, en revue le 1.er Régiment de Cuirassier, caserné place des Vosges au Marais.

Le Général de Brigade Chef de l'État-major général,

CÉSAR BERTHIER.

GOUVERNEMENT DE PARIS.

1.re DIVISION MILITAIRE.

LIBERTÉ.

ÉGALITÉ.

ETAT-MAJOR GÉNÉRAL.

Au quartier général, à Paris, le 3 Germinal, an 12 de la République française.

SERVICE DE L'ÉTAT-MAJOR GÉNÉRAL.

Du 3 au 4 Germinal.

Le Capitaine Adjoint de service à l'État-major général.......... LONGCHAMP.
Officier de santé de service à l'État-major.................... DANTREVILLE.
Secrétaire de service à l'État-major........................ PLANTIER.

Du 4 au 5 Germinal.

Le Capitaine Adjoint de service à l'État-major général.......... FORGEOT.
Officier de santé de service à l'État-major.................... POISSON.
Secrétaire de service à l'État-major........................ DESMOULINS.

ORDRE GÉNÉRAL.

Rien de nouveau.

Le Général de Brigade Chef de l'État-major général,

CÉSAR BERTHIER.

GOUVERNEMENT DE PARIS.

I.re DIVISION MILITAIRE.

LIBERTÉ.  *ÉGALITÉ.*

ETAT-MAJOR GÉNÉRAL.

Au quartier général, à Paris, le 4 Germinal, an 12 de la République française.

SERVICE DE L'ÉTAT-MAJOR GÉNÉRAL.

Du 4 au 5 Germinal.

Le Capitaine Adjoint de service à l'État-major général........... FORGEOT.
Officier de santé de service à l'État-major........................ POISSON.
Secrétaire de service à l'État-major.............................. DESMOULINS.

Du 5 au 6 Germinal.

Le Capitaine Adjoint de service à l'État-major général.......... GUIARDELLE.
Officier de santé de service à l'État-major......................... DANTREVILLE.
Secrétaire de service à l'État-major.............................. DESMOULINS.

ORDRE GÉNÉRAL.

Rien de nouveau.

Le Général de Brigade Chef de l'État-major général,

CÉSAR BERTHIER.

GOUVERNEMENT DE PARIS.

1.re DIVISION MILITAIRE.

LIBERTÉ.  *ÉGALITÉ.*

ETAT-MAJOR GÉNÉRAL.

Au quartier général, à Paris, le 5 Germinal, an 12 de la République française.

SERVICE DE L'ÉTAT-MAJOR GÉNÉRAL.

Du 5 au 6 Germinal.

Le Capitaine Adjoint de service à l'État-major général.......... GUIARDELLE.
Officier de santé de service à l'État-major........................ D'ANTREVILLE.
Secrétaire de service à l'État-major.............................. DESMOULINS.

Du 6 au 7 Germinal.

Le Capitaine Adjoint de service à l'État-major général........... DELORME.
Officier de santé de service à l'État-major........................ POISSON.
Secrétaire de service à l'État-major.............................. GEORGE.

ORDRE GÉNÉRAL.

Rien de nouveau.

Le Général de Brigade Chef de l'État-major général,

CÉSAR BERTHIER.

GOUVERNEMENT DE PARIS.

1.re DIVISION MILITAIRE.

LIBERTÉ.  *ÉGALITÉ.*

ÉTAT-MAJOR GÉNÉRAL.

Au quartier général, à Paris, le 6 Germinal, an 12 de la République française.

SERVICE DE L'ÉTAT-MAJOR GÉNÉRAL.

Du 6 au 7 Germinal.

Le Capitaine Adjoint de service à l'État-major général.................. DELORME.
Officier de santé de service à l'État-major.......................... POISSON.
Secrétaire de service à l'État-major................................ GEORGE.

Du 7 au 8 Germinal.

Le Capitaine Adjoint de service à l'État-major général.................. DELON.
Officier de santé de service à l'État-major.......................... DANTREVILLE.
Secrétaire de service à l'État-major................................ CORBET.

ORDRE GÉNÉRAL.

Rien de nouveau.

Le Général de Brigade Chef de l'État-major général,
CÉSAR BERTHIER.

GOUVERNEMENT DE PARIS.

1.re DIVISION MILITAIRE.

LIBERTÉ.

ÉGALITÉ.

ÉTAT-MAJOR GÉNÉRAL.

Au quartier général, à Paris, le 7 Germinal, an 12 de la République française.

SERVICE DE L'ÉTAT-MAJOR GÉNÉRAL.

Du 7 au 8 Germinal.

Le Capitaine Adjoint de service à l'État-major général.................. DELON.

Officier de santé de service à l'État-major.............................. DANTREVILLE.

Secrétaire de service à l'État-major...................................... CORBET.

Du 8 au 9 Germinal.

Le Capitaine Adjoint de service à l'État-major général.................. AUCLER.

Officier de santé de service à l'État-major.............................. POISSON.

Secrétaire de service à l'État-major...................................... DUBOIS.

ORDRE GÉNÉRAL.

Le Général en chef, Gouverneur de Paris, en conformité de l'instruction du Ministre de la guerre, en date du 5 floréal an 9, fait connaître, par la voie de l'ordre général, l'ordonnance d'appel en justice, rendue le 1.er de ce mois, par le Président du 1.er Conseil de guerre, séant à Paris, contre un militaire contumax.

1.er CONSEIL DE GUERRE PERMANENT DE LA 1.re DIVISION MILITAIRE.

Ordonnance d'appel en justice.

L'an douzième de la République française,

Cejourd'hui, jeudi, premier du mois de germinal,

Nous, *Jacques Dejean*, Substitut du Rapporteur près le 1.er Conseil de guerre de la 1.re Division militaire :

Enjoignons au nommé *Antoine Pénavert*, âgé de 24 ans, fils de *Jacques* et de *Françoise Bonnin*, natif de Saint-Martin, département de l'Aude, Dragon au 12.e régiment, 2.e compagnie, de la taille d'un mètre 706 millimètres, cheveux et sourcils châtains, yeux gris, front rond, visage allongé, de se représenter à la justice, en se rendant, sans délai, au greffe du 1.er Conseil de guerre, séant à Paris, rue du Cherche-Midi, n.° 804, où il est traduit comme prévenu de vol chez un particulier et dans un édifice public.

Fait à Paris, en notre cabinet, les jours, mois et an que dessus, sous nos seing et scel, et le seing du greffier du Conseil, ainsi signé : DEJEAN et FOUCHER.

Pour expédition conforme : *le Greffier* FOUCHER.

Par jugement des Conseils de guerre spéciaux, tenus à Paris, en vertu de l'arrêté des Consuls en date du 19 Vendémiaire an 12.

Le nommé Louis *Elmerich*, natif de Louvain, département de la Dyle, Fusilier au 96.e Régiment d'infanterie, convaincu de désertion à l'intérieur, avec effets d'habillement, a été condamné par contumace, le 26 nivôse dernier, à la peine de cinq ans de travaux publics, et à 1,500 francs d'amende au profit de la République.

Le nommé François *Seremaus*, natif d'Anderleck, département de la Dyle, Grenadier au 96.e Régiment d'infanterie, convaincu de désertion à l'intérieur, avec effets d'habillement, a été condamné par contumace, le 19 pluviôse dernier, à la peine de cinq ans de travaux publics, et à 1,500 francs d'amende au profit de la République.

Le nommé Antoine *Ponchard*, natif d'Etreilters, département de l'Aisne, Fusilier au 32.e Régiment d'infanterie de ligne, convaincu de désertion à l'intérieur, avec effets d'habillement, a été condamné par contumace, le 24 pluviôse dernier, à la peine de cinq ans de travaux publics, et à 1,500 francs d'amende au profit de la République.

Le nommé Julien *Badel*, natif de Périgueux, canton de Saint-Lambert, département de la Loire, Chasseur au 4.e Régiment d'infanterie légère, convaincu de désertion à l'intérieur, a été condamné par contumace, le 25 pluviôse dernier, à la peine de trois ans de travaux publics, et à 1,500 francs d'amende au profit de la République.

Le nommé Gerard *Robert*, natif de Barre, département de la Loire, Chasseur au 4.e Régiment d'infanterie légère, convaincu de désertion à l'intérieur avec effets d'habillement, a été condamné par contumace, le 25 pluviôse dernier, à la peine de cinq ans de travaux publics, et à 1,500 francs d'amende au profit de la République.

Le nommé Joseph *Charpentier*, natif d'Agen, département de Lot-et-Garonne, Fusilier au 2.e Régiment de la garde de Paris, convaincu de désertion à l'intérieur, avec effets d'habillement, a été condamné par contumace, le 27 pluviôse dernier, à la peine de cinq ans de travaux publics, et à 1,500 francs d'amende au profit de la République.

Le nommé Jacques *Bruyère*, natif de Périgueux, département de la Loire, Chasseur au 4.e Régiment d'infanterie légère, convaincu de désertion à l'intérieur, avec effets d'habillement, a été condamné par contumace, le 27 pluviôse dernier, à la peine de cinq ans de travaux publics, et à 1,500 francs d'amende au profit de la République.

Le nommé Antoine *Carteron*, natif de Saint-Galmier, département de la Loire, Chasseur au 4.e Régiment d'infanterie de ligne, convaincu de désertion à l'intérieur, avec effets d'habillement, et d'avoir en outre emporté son sabre, a été condamné, par contumace, le 28 pluviôse dernier, à la peine de mort, et à 15,00 francs d'amende au profit de la République.

Le nommé Louis-François *Thébaut*, natif de Saint-Brix, département de la Manche, Fusilier au 96.e Régiment d'infanterie, convaincu de désertion à l'intérieur, a été condamné, par contumace, le 28 pluviôse dernier, à la peine de trois ans de travaux publics, et à 1,500 francs d'amende au profit de la République.

Le nommé François *Ducreux*, natif de Villemouti, département de la Loire, Chasseur au 4.e Régiment d'infanterie légère, convaincu de désertion à l'intérieur avec effets d'habillement, a été condamné par contumace, le 1.er ventôse dernier, à la peine de cinq ans de travaux publics, et à 1,500 francs d'amende au profit de la République.

Le nommé Joseph *Thimonié*, natif de Fournau, département de la Loire, Chasseur au 4.e Régiment d'infanterie légère, convaincu de désertion à l'intérieur avec effets d'habillement, a été condamné par contumace, le 2 ventôse dernier, à la peine de cinq ans de travaux publics, et à 1,500 francs d'amende au profit de la République.

Le nommé Florand Legrand *Romain*, natif de Montcourt-Tiserol, département de l'Aisne, Fusilier au 32.e régiment, convaincu de désertion à l'intérieur avec effets d'habillement, a été condamné, par contumace, le 3 ventôse dernier, à la peine de cinq ans de travaux publics, et à 1,500 francs d'amende au profit de la République.

Le nommé Claude *Diolot*, natif de Diacey, département de la Côte-d'Or, Fusilier au 18.e Régiment d'infanterie de ligne, convaincu de désertion à l'intérieur, avec effets d'habillement, a été condamné, par contumace, le 4 ventôse dernier, à la peine de cinq ans de travaux publics, et à 1,500 fr. d'amende au profit de la République.

Le nommé Pierre *Fournier*, natif de Compiègne, département de l'Oise, Fusilier au 2.e Régiment de la garde de Paris, convaincu de désertion à l'intérieur, et d'avoir emporté un sabre à un de ses camarades, a été condamné par contumace, le 7 ventôse dernier, à la peine de mort, et à 1,500 fr. d'amende au profit de la République.

Le nommé Antoine *Chapuy*, natif d'Usson, département de la Loire, Chasseur au 4.e Régiment d'infanterie légère, convaincu de désertion à l'intérieur, et d'avoir emporté ses armes et celles de ses camarades, a été condamné, par contumace, le 10 ventôse dernier, à la peine de mort, et à 1,500 francs d'amende au profit de la République.

Le nommé Pierre-Joseph *Jouvenain*, natif d'Augy-Beaumont, département du Nord, Dragon de la garde de Paris, convaincu de désertion à l'intérieur, a été condamné, le 10 ventôse dernier, à la peine de trois ans de travaux publics, et à 1,500 francs d'amende au profit de la République.

Le nommé Jean-Baptiste *Gillot*, natif de Magnencourt, département de la Haute-Saône, Fusilier au 2.e Régiment de la garde de Paris, convaincu de désertion à l'intérieur, avec effets d'habillement, a été condamné, par contumace, le 10 ventôse dernier, à la peine de cinq ans de travaux publics, et à 1,500 francs d'amende au profit de la République.

Le nommé Augustin-Laurent *Herbin*, natif de la Malmaison, département de l'Aisne, Fusilier au 32.e Régiment de ligne, convaincu de désertion à l'intérieur, a été condamné, par contumace, le 11 ventôse dernier, à la peine de cinq ans de travaux publics, et à 1,500 fr. d'amende au profit de la République.

Le nommé Louis *Cullot*, natif de Cormille, département de l'Aisne, Dragon de la garde municipale, convaincu de désertion à l'intérieur, avec effets d'habillement, a été condamné par contumace, le 11 ventôse dernier, à la peine de cinq ans de travaux publics, et à 1,500 fr. d'amende au profit de la République.

Le nommé Benoît *Jay*, natif de Moing, département de la Loire, Chasseur au 4.e Régiment d'infanterie légère, convaincu de désertion à l'intérieur, avec effets d'habillement, a été condamné, par contumace, le 12 ventôse dernier, à la peine de cinq ans de travaux publics, et à 1,500 francs d'amende au profit de la République.

Le Général de Brigade Chef de l'État-major général,

CÉSAR BERTHIER.

GOUVERNEMENT DE PARIS.

1.re DIVISION MILITAIRE.

LIBERTÉ.  *ÉGALITÉ.*

ÉTAT-MAJOR GÉNÉRAL.

Au quartier général, à Paris, le 8 Germinal, an 12 de la République française.

SERVICE DE L'ÉTAT-MAJOR GÉNÉRAL.

Du 8 au 9 Germinal.

Le Capitaine Adjoint de service à l'État-major général.................. AUCLER.
Officier de santé de service à l'État-major.......................... POISSON.
Secrétaire de service à l'État-major................................ DUBOIS.

Du 9 au 10 Germinal.

Le Capitaine Adjoint de service à l'État-major général.................. LONGCHAMP.
Officier de santé de service à l'État-major.......................... DANTREVILLE.
Secrétaire de service à l'État-major................................ BRUNEL.

ORDRE GÉNÉRAL.

Le Général en chef Gouverneur de Paris prévient les Chefs des corps de toutes armes, stationnées dans Paris, que la distribution d'eau-de-vie aux troupes doit cesser à dater de ce jour.

Le Général en chef Gouverneur de Paris. Signé J. MURAT.

Pour copie conforme :

Le Général de Brigade Chef de l'État-major général,

CÉSAR BERTHIER.

GOUVERNEMENT DE PARIS.

I.re DIVISION MILITAIRE.

LIBERTÉ.  *ÉGALITÉ.*

ÉTAT-MAJOR GÉNÉRAL.

Au quartier général, à Paris, le 9 Germinal, an 12 de la République française.

SERVICE DE L'ÉTAT-MAJOR GÉNÉRAL.

Du 9 au 10 Germinal.

Le Capitaine Adjoint de service à l'État-major général.................. LONGCHAMP.

Officier de santé de service à l'État-major.............................. DANTREVILLE.

Secrétaire de service à l'État-major..................................... BRUNEL.

Du 10 au 11 Germinal.

Le Capitaine Adjoint de service à l'État-major général.................. FORGEOT.

Officier de santé de service à l'État-major.............................. POISSON.

Secrétaire de service à l'État-major..................................... LECLERC.

ORDRE GÉNÉRAL.

Le service extraordinaire qui se faisait depuis quelque temps ayant cessé le 5 de ce mois, les Chefs des corps composant la garnison de Paris auront soin de faire porter de suite à l'Arsenal, *rue de Varennes*, les balles de fusil qui n'ont pas été employées.

Le Général en chef Gouverneur de Paris. Signé J. MURAT.

Pour copie conforme :

Le Général de Brigade Chef de l'État-major général,

CÉSAR BERTHIER.

GOUVERNEMENT DE PARIS.

1.re DIVISION MILITAIRE.

LIBERTÉ.  *ÉGALITÉ.*

ÉTAT-MAJOR GÉNÉRAL.

Au quartier général, à Paris, le 10 Germinal, an 12 de la République française.

SERVICE DE L'ÉTAT-MAJOR GÉNÉRAL.

Du 10 au 11 Germinal.

Le Capitaine Adjoint de service à l'État-major général.................. FORGEOT.
Officier de santé de service à l'État-major.......................... POISSON.
Secrétaire de service à l'État-major................................. LECLERC.

Du 11 au 12 Germinal.

Le Capitaine Adjoint de service à l'État-major général.................. GUIARDELLE.
Officier de santé de service à l'État-major.......................... DANTREVILLE.
Secrétaire de service à l'État-major................................. GEORGE.

ORDRE GÉNÉRAL.

Le Général en chef Gouverneur de Paris nomme le Général de Brigade *Broussier*, employé dans son Gouvernement, Commandant des troupes à pied et à cheval qui en composent la garnison. Les Généraux, Officiers supérieurs, et autres, les Inspecteurs et Sous-inspecteurs aux revues, les Commissaires ordonnateurs èt ordinaires des guerres reconnaîtront et feront reconnaître ce Général en sa qualité.

Signé J. MURAT.

Le changement des Cartes de sûreté qui devait avoir lieu le 21 du mois dernier, d'après les ordres du Général en chef Gouverneur de Paris, se fera le 15 du courant; en conséquence, les Officiers porteurs des anciennes pourront se présenter à cette époque à l'État-major général, pour les échanger contre de nouvelles.

Le Général de Brigade Chef de l'État-major général,

CÉSAR BERTHIER.

GOUVERNEMENT DE PARIS.

1.re DIVISION MILITAIRE.

LIBERTÉ.  *ÉGALITÉ.*

ÉTAT-MAJOR GÉNÉRAL.

Au quartier général, à Paris, le 11 Germinal, an 12 de la République française.

SERVICE DE L'ÉTAT-MAJOR GÉNÉRAL.

Du 11 au 12 Germinal.

Le Capitaine Adjoint de service à l'État-major général.................. GUIARDELLE.
Officier de santé de service à l'État-major............................ DANTREVILLE.
Secrétaire de service à l'État-major.................................... GEORGE.

Du 12 au 13 Germinal.

Le Capitaine Adjoint de service à l'Etat-major général.................. DELORME.
Officier de santé de service à l'État-major............................ POISSON.
Secrétaire de service à l'État-major.................................... PLANTIER.

ORDRE GÉNÉRAL.

Le Général Gouverneur renouvelle aux Troupes sous ses ordres, sa satisfaction pour le zèle et l'exactitude qu'elles ont déployés dans le service extraordinaire qu'elles ont fait; le premier Consul l'a chargé de leur parler de la sienne, en attendant qu'il la leur témoigne lui-même.

Le Général en chef Gouverneur de Paris. Signé J. MURAT.

Pour copie conforme :

Le Général de Brigade Chef de l'État-major général,

CÉSAR BERTHIER.

GOUVERNEMENT DE PARIS.

1.re DIVISION MILITAIRE.

LIBERTÉ.

ÉGALITÉ.

ÉTAT-MAJOR GÉNÉRAL.

Au quartier général, à Paris, le 12 Germinal, an 12 de la République française.

SERVICE DE L'ÉTAT-MAJOR GÉNÉRAL.

Du 12 au 13 Germinal.

Le Capitaine Adjoint de service à l'Etat-major général.................. DELORME.
Officier de santé de service à l'État-major.......................... POISSON.
Secrétaire de service à l'État-major.................................. PLANTIER.

Du 13 au 14 Germinal.

Le Capitaine Adjoint de service à l'État-major général.................. DELON.
Officier de santé de service à l'État-major.......................... DANTREVILLE.
Secrétaire de service à l'État-major.................................. DESMOULINS.

ORDRE GÉNÉRAL.

Rien de nouveau.

Le Général de Brigade Chef de l'État-major général,
CÉSAR BERTHIER.

GOUVERNEMENT DE PARIS.

1.re DIVISION MILITAIRE.

LIBERTÉ.  *ÉGALITÉ.*

ÉTAT-MAJOR GÉNÉRAL.

Au quartier général, à Paris, le 13 Germinal, an 12 de la République française.

SERVICE DE L'ÉTAT-MAJOR GÉNÉRAL.

Du 13 au 14 Germinal.

Le Capitaine Adjoint de service à l'État-major général.................. DELON.
Officier de santé de service à l'État-major.............................. DANTREVILLE.
Secrétaire de service à l'État-major..................................... DESMOULINS.

Du 14 au 15 Germinal.

Le Capitaine Adjoint de service à l'Etat-major général.................. AUCLER.
Officier de santé de service à l'État-major.............................. POISSON.
Secrétaire de service à l'État-major..................................... GEORGE.

ORDRE GÉNÉRAL.

Rien de nouveau.

Le Général de Brigade Chef de l'État-major général,
CÉSAR BERTHIER.

GOUVERNEMENT DE PARIS.

1.re DIVISION MILITAIRE.

LIBERTÉ.  *ÉGALITÉ.*

ÉTAT-MAJOR GÉNÉRAL.

Au quartier général, à Paris, le 14 Germinal, an 12 de la République française.

SERVICE DE L'ÉTAT-MAJOR GÉNÉRAL.

Du 14 au 15 Germinal.

Le Capitaine Adjoint de service à l'Etat-major général.................. AUCLER.
Officier de santé de service à l'État-major.......................... POISSON.
Secrétaire de service à l'État-major................................ GEORGE.

Du 15 au 16 Germinal.

Le Capitaine Adjoint de service à l'État-major général................. LONGCHAMP.
Officier de santé de service à l'État-major.......................... DANTREVILLE.
Secrétaire de service à l'État-major................................ CORBET.

ORDRE GÉNÉRAL.

Rien de nouveau.

Le Général de Brigade Chef de l'État-major général,
CÉSAR BERTHIER.

GOUVERNEMENT DE PARIS.

1.re DIVISION MILITAIRE.

LIBERTÉ.  *ÉGALITÉ.*

ÉTAT-MAJOR GÉNÉRAL.

Au quartier général, à Paris, le 15 Germinal, an 12 de la République française.

SERVICE DE L'ÉTAT-MAJOR GÉNÉRAL.

Du 15 au 16 Germinal.

Le Capitaine Adjoint de service à l'État-major général.................. LONGCHAMP.
Officier de santé de service à l'État-major.......................... DANTREVILLE.
Secrétaire de service à l'État-major.................................. CORBET.

Du 16 au 17 Germinal.

Le Capitaine Adjoint de service à l'Etat-major général.................. FORGEOT.
Officier de santé de service à l'État-major.......................... POISSON.
Secrétaire de service à l'État-major.................................. DUBOIS.

ORDRE GÉNÉRAL.

C'est avec plaisir que le Général en chef Gouverneur est l'interprète de la satisfaction du Premier Consul sur la tenue des Troupes qui ont paru devant lui à la dernière parade, et sur le degré d'instruction des Conscrits qui, depuis peu sous les drapeaux, ont prouvé qu'ils avaient bien employé leur temps, et fait présager qu'ils seront bientôt en état de rivaliser de précision avec les anciens Soldats.

Ces éloges avoués par le Premier Consul, promettent au Général en chef, que les troupes qui en sont l'objet, et principalement les Conscrits, redoubleront de zèle, d'ardeur et d'application à leurs devoirs, pour en mériter de nouveaux.

Signé J. MURAT.

Pour copie conforme :

Le Général de Brigade Chef de l'État-major général,

CÉSAR BERTHIER.

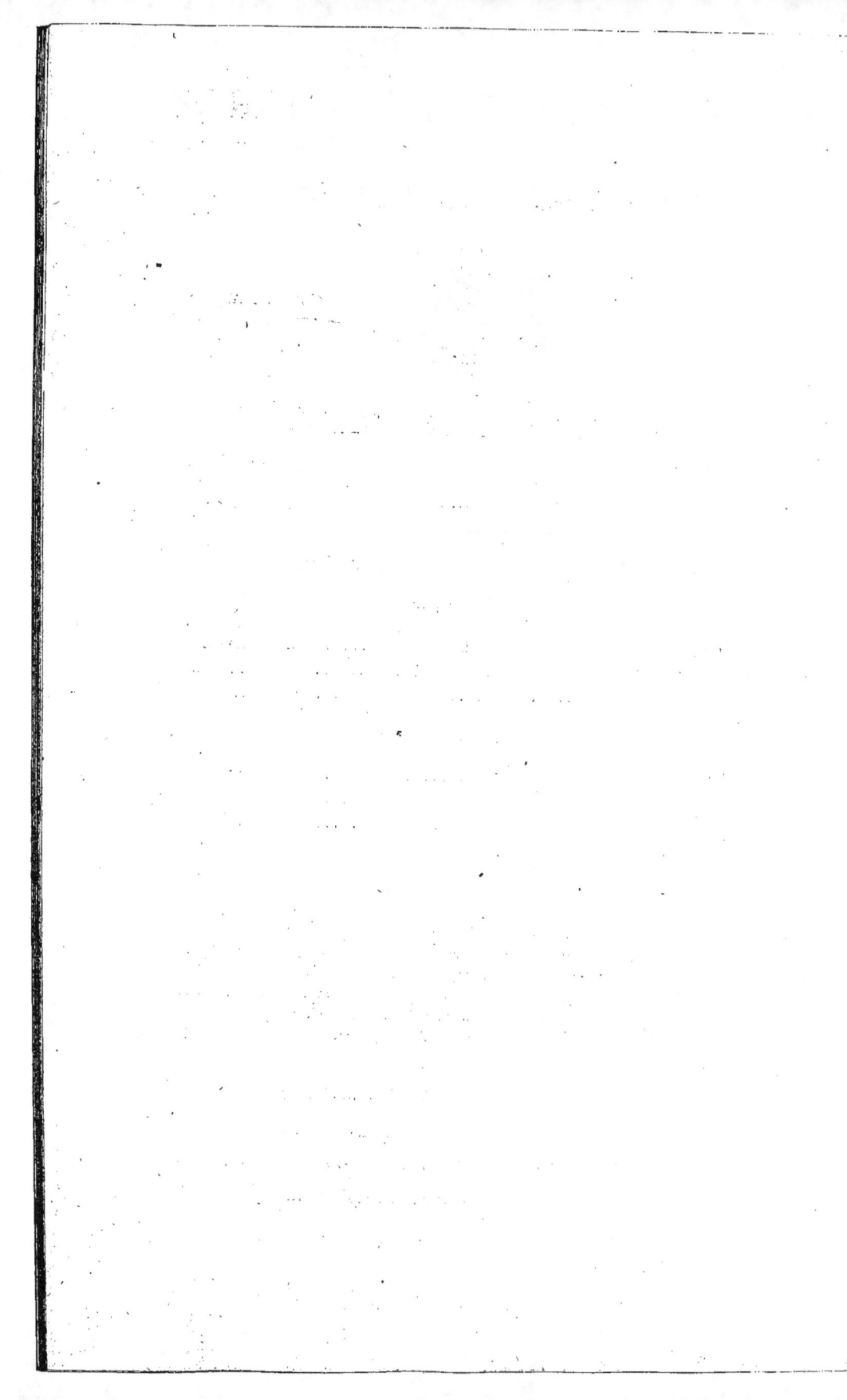

GOUVERNEMENT DE PARIS.

I.re DIVISION MILITAIRE.

LIBERTÉ.

ÉGALITÉ.

ÉTAT-MAJOR GÉNÉRAL.

Au quartier général, à Paris, le 16 Germinal, an 12 de la République française.

SERVICE DE L'ÉTAT-MAJOR GÉNÉRAL.

Du 16 au 17 Germinal.

Le Capitaine Adjoint de service à l'Etat-major général.................. FORGEOT.
Officier de santé de service à l'État-major.......................... POISSON.
Secrétaire de service à l'État-major.................................. DUBOIS.

Du 17 au 18 Germinal.

Le Capitaine Adjoint de service à l'État-major général.................. AUGIAS.
Officier de santé de service à l'État-major.......................... DANTREVILLE.
Secrétaire de service à l'État-major.................................. BRUNEL.

ORDRE GÉNÉRAL.

Rien de nouveau.

Le Général de Brigade Chef de l'État-major général,

CÉSAR BERTHIER.

GOUVERNEMENT DE PARIS.

1.re DIVISION MILITAIRE.

LIBERTÉ.  *ÉGALITÉ.*

ÉTAT-MAJOR GÉNÉRAL.

Au quartier général, à Paris, le 17 Germinal, an 12 de la République française.

SERVICE DE L'ÉTAT-MAJOR GÉNÉRAL.

Du 17 au 18 Germinal.

Le Capitaine Adjoint de service à l'État-major général.................. AUGIAS.
Officier de santé de service à l'État-major.............................. DANTREVILLE.
Secrétaire de service à l'État-major...................................... BRUNEL.

Du 18 au 19 Germinal.

Le Capitaine Adjoint de service à l'Etat-major général.................. GUIARDELLE.
Officier de santé de service à l'État-major.............................. POISSON.
Secrétaire de service à l'État-major...................................... CORBET.

ORDRE GÉNÉRAL.

Rien de nouveau.

Le Général de Brigade Chef de l'État-major général,
CÉSAR BERTHIER.

GOUVERNEMENT DE PARIS.

1.re DIVISION MILITAIRE.

LIBERTÉ.

ÉGALITÉ.

ÉTAT-MAJOR GÉNÉRAL.

Au quartier général, à Paris, le 18 Germinal, an 12 de la République française.

SERVICE DE L'ÉTAT-MAJOR GÉNÉRAL.

Du 18 au 19 Germinal.

Le Capitaine Adjoint de service à l'Etat-major général.................. GUIARDELLE.
Officier de santé de service à l'État-major.......................... POISSON.
Secrétaire de service à l'État-major................................. CORBET.

Du 19 au 20 Germinal.

Le Capitaine Adjoint de service à l'État-major général.................. DELORME.
Officier de santé de service à l'État-major.......................... DANTREVILLE.
Secrétaire de service à l'État-major................................. LECLERC.

ORDRE GÉNÉRAL.

Rien de nouveau.

Le Général de Brigade Chef de l'État-major général,

CÉSAR BERTHIER.

GOUVERNEMENT DE PARIS.

1.re DIVISION MILITAIRE.

ÉGALITÉ.

ÉTAT-MAJOR GÉNÉRAL.

Au quartier général, à Paris, le 18 Germinal, an 12 de la République française.

SERVICE DE L'ÉTAT-MAJOR GÉNÉRAL.

Du 18 au 19 Germinal.

Le Capitaine Adjoint de service à l'État-major général .... Gervais [illegible].
Officier de santé de service à l'État-major .... [illegible].
Secrétaire de service à l'État-major .... [illegible].

Du 19 au 20 Germinal.

Le Capitaine Adjoint de service à l'État-major général .... [illegible].
Officier de santé de service à l'État-major .... [illegible].
Secrétaire de service à l'État-major .... [illegible].

ORDRE GÉNÉRAL.

Rien de nouveau.

[illegible]

GOUVERNEMENT DE PARIS.

1.re DIVISION MILITAIRE.

LIBERTÉ.  *ÉGALITÉ.*

ÉTAT-MAJOR GÉNÉRAL.

Au quartier général, à Paris, le 19 Germinal, an 12 de la République française.

SERVICE DE L'ÉTAT-MAJOR GÉNÉRAL.

Du 19 au 20 Germinal.

Le Capitaine Adjoint de service à l'État-major général.................. DELORME.
Officier de santé de service à l'État-major.............................. DANTREVILLE.
Secrétaire de service à l'État-major..................................... LECLERC.

Du 20 au 21 Germinal.

Le Capitaine Adjoint de service à l'Etat-major général.................. DELON.
Officier de santé de service à l'État-major.............................. POISSON.
Secrétaire de service à l'État-major..................................... PLANTIER.

ORDRE GÉNÉRAL.

Rien de nouveau.

Le Général de Brigade Chef de l'État-major général,

CÉSAR BERTHIER.

GOUVERNEMENT DE PARIS.

1.re DIVISION MILITAIRE.

LIBERTÉ.  *ÉGALITÉ.*

ÉTAT-MAJOR GÉNÉRAL.

Au quartier général, à Paris, le 21 Germinal, an 12 de la République française.

SERVICE DE L'ÉTAT-MAJOR GÉNÉRAL.

Du 21 au 22 Germinal.

Le Capitaine Adjoint de service à l'Etat-major général................. AUCLER.
Officier de santé de service à l'État-major.......................... DANTREVILLE.
Secrétaire de service à l'État-major................................ DESMOULINS.

Du 22 au 23 Germinal.

Le Capitaine Adjoint de service à l'État-major général................. LONGCHAMP.
Officier de santé de service à l'État-major.......................... POISSON.
Secrétaire de service à l'État-major................................ GEORGE.

ORDRE GÉNÉRAL.

Rien de nouveau.

Le Général de Brigade Chef de l'État-major général,

CÉSAR BERTHIER.

GOUVERNEMENT DE PARIS.

1.re DIVISION MILITAIRE.

LIBERTÉ.   *ÉGALITÉ.*

ÉTAT-MAJOR GÉNÉRAL.

Au quartier général, à Paris, le 22 Germinal, an 12 de la République française.

SERVICE DE L'ÉTAT-MAJOR GÉNÉRAL.

Du 22 au 23 Germinal.

Le Capitaine Adjoint de service à l'État-major général.................. LONGCHAMP.
Officier de santé de service à l'État-major.......................... POISSON.
Secrétaire de service à l'État-major.................................. GEORGE.

Du 23 au 24 Germinal.

Le Capitaine Adjoint de service à l'État-major général.................. FORGEOT.
Officier de santé de service à l'Etat-major........................... DANTREVILLE.
Secrétaire de service à l'État-major.................................. CORBET.

ORDRE GÉNÉRAL.

Rien de nouveau.

Le Général de Brigade Chef de l'État-major général,
CÉSAR BERTHIER.

GOUVERNEMENT DE PARIS.

1.re DIVISION MILITAIRE.

LIBERTÉ.  *ÉGALITÉ.*

ÉTAT-MAJOR GÉNÉRAL.

Au quartier général, à Paris, le 25 Germinal, an 12 de la République française.

SERVICE DE L'ÉTAT-MAJOR GÉNÉRAL.

Du 25 au 26 Germinal.

Le Capitaine Adjoint de service à l'État-major général.................. GUIARDELLE.
Officier de santé de service à l'État-major.............................. DANTREVILLE.
Secrétaire de service à l'État-major................................... DUBOIS.

Du 26 au 27 Germinal.

Le Capitaine Adjoint de service à l'État-major général.................. DELORME.
Officier de santé de service à l'État-major.............................. POISSON.
Secrétaire de service à l'État-major................................... BRUNEL.

ORDRE DU JOUR.

Le Gouverneur de Paris recommande aux Adjudans, Officiers et Sous-officiers de la garnison et de la Garde nationale, d'éclairer par-tout où ils se trouvent, les citoyens sur les faux bruits que les malveillans s'efforcent de chercher à accréditer. Tous les moyens leur sont bons : tantôt ils publient que la mort de *Pichegru* n'est pas le résultat d'un suicide; tantôt ils répandent que chaque nuit on fusille un grand nombre de prévenus. Que les citoyens sachent que la justice militaire, comme la justice civile, ne s'exerce qu'avec des formes publiques, et qu'aucun coupable n'a été condamné par les Tribunaux militaires, sans que la sentence ait été imprimée et affichée sur-le-champ. Le Tribunal criminel poursuit avec la plus grande activité la procédure qu'il instruit. On doit considérer comme faux bruits tout ce qu'on répand relativement aux faits plus ou moins graves qui sont à la charge des prévenus. Les arrestations qui ont eu lieu depuis celle du général *Moreau*, n'ont fait que confirmer davantage sa culpabilité. Le nommé *Ducorps*, l'un des brigands désignés dans la liste qu'a fait publier le Grand-juge, vient d'être arrêté à Chartres.

Jusqu'à cette heure, tout ce qu'a dit le Grand-juge et rien que ce qu'il a dit, se trouve prouvé. Quoiqu'il sache que tout ce que l'on peut dire de plus ou de moins ne fixe pas l'attention des citoyens, le Gouverneur de Paris croit cependant utile de recommander aux Officiers et Sous-officiers de la Garde nationale, qui sont répandus dans les différens quartiers de la ville, de ne pas laisser diverger l'opinion. Celle de toutes les classes du peuple, dans tous les instans, est essentiellement liée à la confiance et à l'amour que le premier Consul a le droit d'attendre des Français.

Le Général en chef Gouverneur de Paris,

J. MURAT.

Pour copie conforme :

Le Général de Brigade Chef de l'État-major général,

CÉSAR BERTHIER.

GOUVERNEMENT DE PARIS.

1.re DIVISION MILITAIRE.

LIBERTÉ.

ÉGALITÉ.

ÉTAT-MAJOR GÉNÉRAL.

Au quartier général, à Paris, le 26 Germinal, an 12 de la République française.

SERVICE DE L'ÉTAT-MAJOR GÉNÉRAL.

Du 26 au 27 Germinal.

Le Capitaine Adjoint de service à l'État-major général.................. DELORME.
Officier de santé de service à l'État-major.............................. POISSON.
Secrétaire de service à l'État-major...................................... BRUNEL.

Du 27 au 28 Germinal.

Le Capitaine Adjoint de service à l'État-major général.................. DELON.
Officier de santé de service à l'État-major.............................. DANTREVILLE.
Secrétaire de service à l'État-major...................................... LECLERC.

ORDRE DU JOUR.

Rien de nouveau.

Le Général de Brigade Chef de l'État-major général,
CÉSAR BERTHIER.

GOUVERNEMENT DE PARIS.

1.re DIVISION MILITAIRE.

LIBERTÉ.

ÉGALITÉ.

ÉTAT-MAJOR GÉNÉRAL.

Au quartier général, à Paris, le 27 Germinal, an 12 de la République française.

SERVICE DE L'ÉTAT-MAJOR GÉNÉRAL.

Du 27 au 28 Germinal.

e Capitaine Adjoint de service à l'État-major général.................. DELON.
)fficier de santé de service à l'État-major.......................... DANTREVILLE.
ecrétaire de service à l'État-major................................ LECLERC.

Du 28 au 29 Germinal.

e Capitaine Adjoint de service à l'État-major général.................. AUCLER.
)fficier de santé de service à l'État-major.......................... POISSON.
ecrétaire de service à l'État-major................................ PLANTIER.

ORDRE GÉNÉRAL.

Le Général en chef, Gouverneur, prévient que le premier Consul ayant établi sa résidence au palais e Saint-Cloud, il y recevra, tous les dimanches, les autorités constituées, de la même manière et à la ıême heure qu'elles l'étaient au palais des Tuileries.

Il prévient aussi que madame Bonaparte recevra à Saint-Cloud, tous les mercredis soir, les Généraux nployés dans la 1.re Division militaire, ainsi que leurs femmes.

Signé J. MURAT.

Pour copie conforme :

Le Général de Brigade Chef de l'État-major général,
CÉSAR BERTHIER.

GOUVERNEMENT DE PARIS.

1.re DIVISION MILITAIRE.

LIBERTÉ.

ÉGALITÉ.

ÉTAT-MAJOR GÉNÉRAL.

Au quartier général, à Paris, le 28 Germinal, an 12 de la République française.

SERVICE DE L'ÉTAT-MAJOR GÉNÉRAL.

Du 28 au 29 Germinal.

Le Capitaine Adjoint de service à l'État-major général.................. LONGCHAMP.
Officier de santé de service à l'État-major.......................... POISSON.
Secrétaire de service à l'État-major.............................. PLANTIER.

Du 29 au 30 Germinal.

Le Capitaine Adjoint de service à l'État-major général.................. FORGEOT.
Officier de santé de service à l'État-major.......................... DANTREVILLE.
Secrétaire de service à l'État-major.............................. DESMOULINS.

ORDRE GÉNÉRAL.

Les troupes stationnées dans Paris sont prévenues que les bureaux du Sous-inspecteur aux revues *Grobert*, qui étaient à l'hôtel de Rohan-Rochefort, sont à présent à la Trésorerie.

Le Général de Brigade Chef de l'État-major général,
CÉSAR BERTHIER.

GOUVERNEMENT DE PARIS.

1.re DIVISION MILITAIRE.

LIBERTÉ.  *ÉGALITÉ.*

ÉTAT-MAJOR GÉNÉRAL.

Au quartier général, à Paris, le 29 Germinal, an 12 de la République française.

SERVICE DE L'ÉTAT-MAJOR GÉNÉRAL.

Du 29 au 30 Germinal.

Le Capitaine Adjoint de service à l'État-major général.................. FORGEOT.
Officier de santé de service à l'État-major.......................... DANTREVILLE.
Secrétaire de service à l'État-major................................ DESMOULINS.

Du 30 Germinal au 1.er Floréal.

Le Capitaine Adjoint de service à l'État-major général.................. AUGIAS.
Officier de santé de service à l'État-major.......................... POISSON.
Secrétaire de service à l'État-major................................ GEORGE.

ORDRE GÉNÉRAL pour l'Armée, du 25 Germinal an 12 de la République française.

Aucun militaire employé, soit dans l'arrondissement affecté au Commandement de l'un des camps formés dans l'intérieur de la République, soit dans une Division militaire, soit dans les États où les Troupes françaises sont stationnées, ne peut en sortir sans une autorisation du Gouvernement, transmise par le Ministre de la guerre.

Si un Général commandant jugeait utile au bien du service d'expédier au Gouvernement un Officier comme dépêche extraordinaire, il est autorisé à le faire ; mais il ne doit user de cette faculté que dans des cas urgens, et lorsque ses dépêches sont susceptibles d'explications verbales. L'officier sera porteur d'un passe-port annonçant qu'il est envoyé en dépêche extraordinaire, et qu'il doit se rendre directement auprès du Ministre de la guerre. En même-temps le Général commandant informera le Ministre, par la correspondance ordinaire, de la mission qu'il a donnée.

Sous aucun prétexte ni d'affaire, ni de congé de convalescence, ni de retraite, ni pour quelqu'autre motif que ce soit, les Chefs de corps, et les Conseils d'administration, ne peuvent autoriser, même provisoirement, un Militaire à s'éloigner de son corps de plus d'un jour de marche sans la permission du Général commandant l'arrondissement; celui-ci, à sortir du département qu'il commande, sans la permission du Commandant supérieur ; et enfin, les Généraux commandant les camps, les armées ou les divisions militaires de l'intérieur, à sortir de l'étendue de leur commandement, sans l'ordre du Ministre de la guerre.

Tous les Militaires qui voyageraient sans une autorisation conforme à ce qui vient d'être prescrit, seront considérés comme voyageant sans permission, et obligés de retourner sur-le-champ à leur poste.

Le Ministre de la Guerre, ALEX. BERTHIER.

Le Général en chef Gouverneur de Paris, signé J. MURAT.

Pour copie conforme :

Le Général de Brigade Chef de l'État-major général,

CÉSAR BERTHIER.

GOUVERNEMENT DE PARIS.

1.re DIVISION MILITAIRE.

LIBERTÉ.  *ÉGALITÉ.*

ÉTAT-MAJOR GÉNÉRAL.

Au quartier général, à Paris, le 30 Germinal, an 12 de la République française.

SERVICE DE L'ÉTAT-MAJOR GÉNÉRAL.

Du 30 Germinal au 1.er Floréal.

Le Capitaine Adjoint de service à l'État-major général.................. AUGIAS.
Officier de santé de service à l'État-major.......................... POISSON.
Secrétaire de service à l'État-major................................ GEORGE.

Du 1.er au 2 Floréal.

Le Capitaine Adjoint de service à l'État-major général.................. GUIARDELLE.
Officier de santé de service à l'État-major.......................... DANTREVILLE.
Secrétaire de service à l'État-major................................ CORBET.

ORDRE GÉNÉRAL.

Rien de nouveau.

Le Général de Brigade Chef de l'État-major général,
CÉSAR BERTHIER.

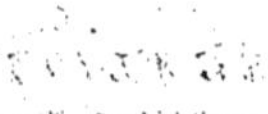

GOUVERNEMENT DE PARIS.

1.re DIVISION MILITAIRE.

LIBERTÉ.  *ÉGALITÉ.*

ÉTAT-MAJOR GÉNÉRAL.

Au quartier général, à Paris, le 1.er Floréal, an 12 de la République française.

SERVICE DE L'ÉTAT-MAJOR GÉNÉRAL.

Du 1.er au 2 Floréal.

Le Capitaine Adjoint de service à l'État-major général.................. GUIARDELLE.
Officier de santé de service à l'État-major.......................... DANTREVILLE.
Secrétaire de service à l'État-major.................................. CORBET.

Du 2 au 3 Floréal.

Le Capitaine Adjoint de service à l'État-major général.................. DELORME.
Officier de santé de service à l'État-major.......................... POISSON.
Secrétaire de service à l'État-major.................................. LECLERC.

ORDRE GÉNÉRAL.

L'arrêté du 9 pluviôse an 8 ayant fixé l'assimilation aux grades militaires dont doivent jouir les Inspecteurs en chef, les Inspecteurs et Sous-inspecteurs aux revues, toutes les fois qu'ils passent devant une sentinelle elle doit leur porter les armes.

D'après la'rrêté du 26 ventôse même année, les troupes seront dans la plus grande tenue lorsque les Inspecteurs ou Sous-inspecteurs les passeront en revue.

Aucun Officier, membre du Conseil d'administration, ne peut s'y présenter sans être également en tenue lorsque l'Inspecteur ou Sous-inspecteur doit y assister.

Le mot d'Ordre sera envoyé aux Inspecteurs et Sous-inspecteurs aux revues, tant qu'ils seront dans l'exercice de leurs fonctions.

Dans les cérémonies publiques, les invitations et la place qu'ils doivent occuper, seront les mêmes que pour les Officiers au grade desquels ils sont assimilés.

En conséquence des ordres du Général en chef Gouverneur, le Général Chef de l'État-major général du Gouvernement et de la Division, invite les Généraux, Officiers supérieurs et Chefs des Corps, de tenir la main à ce que les dispositions ci-dessus énoncées soient ponctuellement suivies.

Les Officiers de tout grade sont prévenus qu'ils ne doivent se présenter chez les autorités civiles et militaires, pour affaires de service, que revêtus de leur uniforme.

Le Général de Brigade Chef de l'État-major général,

CÉSAR BERTHIER.

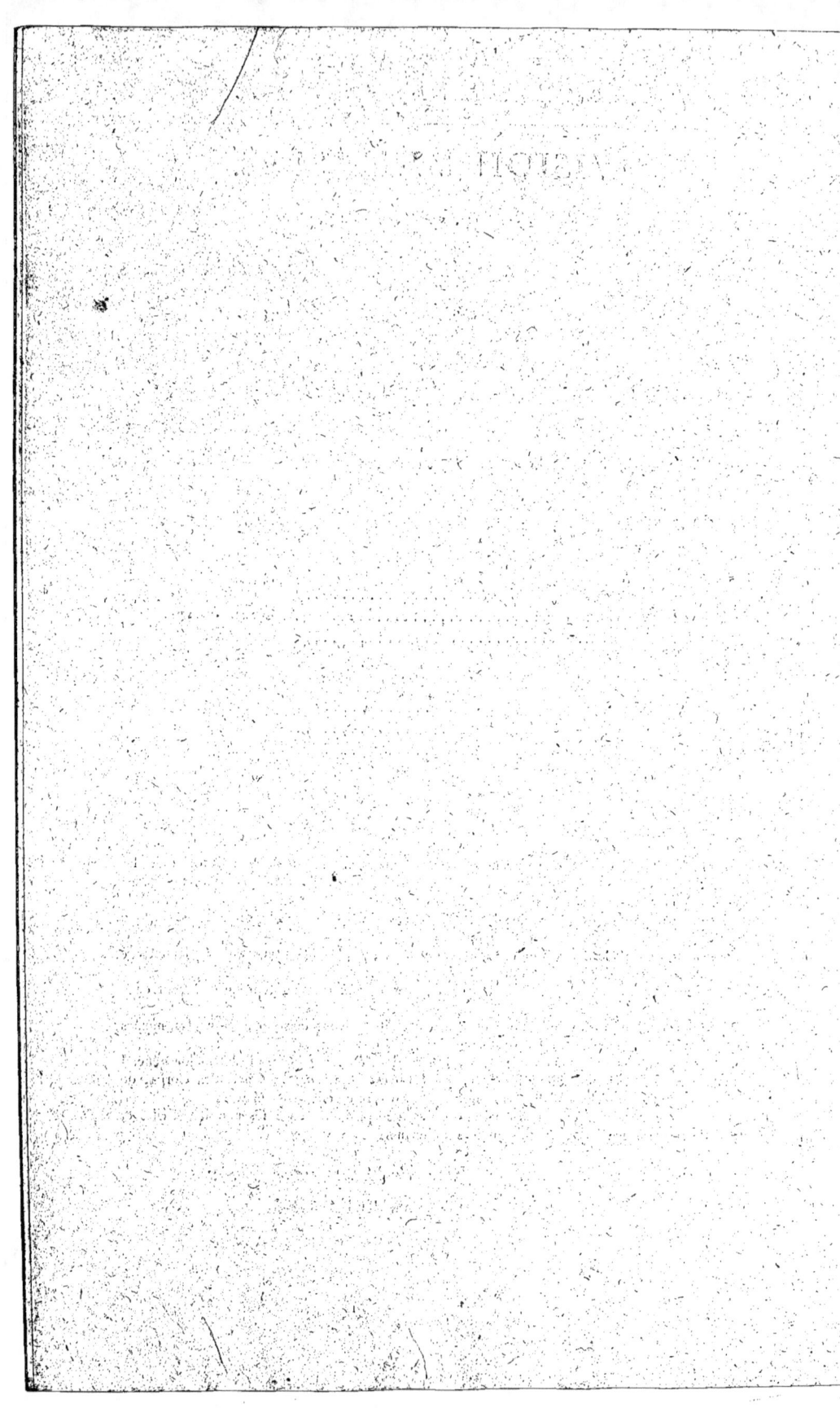

GOUVERNEMENT DE PARIS.

1.re DIVISION MILITAIRE.

LIBERTÉ.  *ÉGALITÉ.*

ÉTAT-MAJOR GÉNÉRAL.

Au quartier général, à Paris, le 2 Floréal, an 12 de la République française.

SERVICE DE L'ÉTAT-MAJOR GÉNÉRAL.

Du 2 au 3 Floréal.

Le Capitaine Adjoint de service à l'État-major général.................. DELORME.
Officier de santé de service à l'État-major.............................. POISSON.
Secrétaire de service à l'État-major.................................... LECLERC.

Du 3 au 4 Floréal.

Le Capitaine Adjoint de service à l'État-major général.................. AUCLER.
Officier de santé de service à l'État-major.............................. DANTREVILLE.
Secrétaire de service à l'État-major.................................... DUBOIS.

ORDRE GÉNÉRAL.

Rien de nouveau.

Le Général de Brigade Chef de l'État-major général,
CÉSAR BERTHIER.

GOUVERNEMENT DE PARIS.

1.re DIVISION MILITAIRE.

LIBERTÉ.  *ÉGALITÉ.*

ÉTAT-MAJOR GÉNÉRAL.

Au quartier général, à Paris, le 3 Floréal, an 12 de la République française.

SERVICE DE L'ÉTAT-MAJOR GÉNÉRAL.

Du 3 au 4 Floréal.

Le Capitaine Adjoint de service à l'État-major général .... AUCLER.
Officier de santé de service à l'État-major .... DANTREVILLE.
Secrétaire de service à l'État-major .... DUBOIS.

Du 4 au 5 Floréal.

Le Capitaine Adjoint de service à l'État-major général .... LONGCHAMP.
Officier de santé de service à l'État-major .... POISSON.
Secrétaire de service à l'État-major .... BRUNEL.

ORDRE GÉNÉRAL.

Rien de nouveau.

Le Général de Brigade Chef de l'État-major général,
CÉSAR BERTHIER.

GOUVERNEMENT DE PARIS.

1.re DIVISION MILITAIRE.

LIBERTÉ.  *ÉGALITÉ.*

ÉTAT-MAJOR GÉNÉRAL.

Au quartier général, à Paris, le 4 Floréal, an 12 de la République française.

SERVICE DE L'ÉTAT-MAJOR GÉNÉRAL.

Du 4 au 5 Floréal.

Le Capitaine Adjoint de service à l'État-major général................ LONGCHAMP.
Officier de santé de service à l'État-major................................ POISSON.
Secrétaire de service à l'État-major....................................... BRUNEL.

Du 5 au 6 Floréal.

Le Capitaine Adjoint de service à l'État-major général................ FORGEOT.
Officier de santé de service à l'État-major................................ DANTREVILLE.
Secrétaire de service à l'État-major....................................... LECLERC.

ORDRE GÉNÉRAL.

Les évacuations des militaires qui ont eu lieu les années précédentes à l'époque de la saison des bains, sur l'hôpital de Bourbonne, ayant presque toujours été trop considérables, relativement à l'étendue des bâtimens et des bassins dans lesquels les bains sont préparés, il en est résulté que le traitement des malades n'a pas produit tout l'effet qu'on en attendait, parce qu'ils ne pouvaient être aussi bien soignés qu'on eût pu le desirer, et que la police a été très-difficile à exercer.

Pour remédier à ces inconvéniens, qui multiplient et rendent inutiles les dépenses du Gouvernement, le Directeur-Ministre de l'administration de la guerre, a décidé qu'il serait fait cette année deux envois à Bourbonne-les-Bains. Le premier dans le courant de floréal, pour arriver le 1.er prairial, et le second dans le courant de messidor, pour arriver le 1.er thermidor.

D'après cette disposition, et en conséquence des ordres du Général en chef Gouverneur, les Chefs des différens corps employés à Paris, et dans la 1.re Division militaire, dans lesquels il se trouve des militaires auxquels l'usage des eaux de Bourbonne-les-Bains est prescrit par les Officiers de santé, en feront de suite dresser l'état qui devra être divisé en deux classes.

La première comprendra ceux des malades qui seront désignés comme ayant un besoin plus urgent d'aller prendre les eaux : l'envoi du mois de floréal en sera composé ; la seconde comprendra ceux qui, sans être exposés à souffrir, pourront attendre jusqu'au 1.er thermidor : ils ne devront être dirigés sur Bourbonne qu'en messidor, et de manière que le jour de leur arrivée concorde avec celui du départ de ceux qui auront formé le premier envoi.

Ces états ainsi rédigés devront être envoyés, dans le plus bref délai, au Commissaire ordonnateur de la 1.re Division militaire, à Paris.

Le Général de Brigade Chef de l'État-major général du Gouvernement et de la 1.re Division milit.re

CÉSAR BERTHIER.

GOUVERNEMENT DE PARIS.

1.re DIVISION MILITAIRE.

LIBERTÉ.  ÉGALITÉ.

ÉTAT-MAJOR GÉNÉRAL.

Au quartier général, à Paris, le 5 Floréal, an 12 de la République française.

SERVICE DE L'ÉTAT-MAJOR GÉNÉRAL.

Du 5 au 6 Floréal.

Le Capitaine Adjoint de service à l'État-major général.................. FORGEOT.
Officier de santé de service à l'État-major.......................... DANTREVILLE.
Secrétaire de service à l'État-major................................. LECLERC.

Du 6 au 7 Floréal.

Le Capitaine Adjoint de service à l'Etat-major général.................. AUGIAS.
Officier de santé de service à l'État-major.......................... POISSON.
Secrétaire de service à l'État-major................................. PLANTIER.

Rien de nouveau.

Le Général de Brigade Chef de l'État-major général du Gouvernement et de la 1.re Division milit.re

CÉSAR BERTHIER.

GOUVERNEMENT DE PARIS.

1.re DIVISION MILITAIRE.

LIBERTÉ. 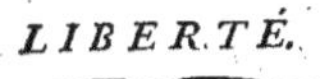  *ÉGALITÉ.*

ÉTAT-MAJOR GÉNÉRAL.

Au quartier général, à Paris, le 6 Floréal, an 12 de la République française.

SERVICE DE L'ÉTAT-MAJOR GÉNÉRAL.

Du 6 au 7 Floréal.

Le Capitaine Adjoint de service à l'Etat-major général.................. AUGIAS.
Officier de santé de service à l'État-major.................................. POISSON.
Secrétaire de service à l'État-major.. PLANTIER.

Du 7 au 8 Floréal.

Le Capitaine Adjoint de service à l'État-major général.................. GUIARDELLE.
Officier de santé de service à l'État-major.................................. DANTREVILLE.
Secrétaire de service à l'État-major.. DESMOULINS.

Rien de nouveau.

Le Général de Brigade Chef de l'État-major général du Gouvernement et de la 1.re Division milit.re

CÉSAR BERTHIER.

GOUVERNEMENT DE PARIS.

1.re DIVISION MILITAIRE.

LIBERTÉ.  *ÉGALITÉ.*

ÉTAT-MAJOR GÉNÉRAL.

Au quartier général, à Paris, le 7 Floréal, an 12 de la République française.

SERVICE DE L'ÉTAT-MAJOR GÉNÉRAL.

Du 7 au 8 Floréal.

Le Capitaine Adjoint de service à l'État-major général.................. GUIARDELLE.
Officier de santé de service à l'État-major.......................... DANTREVILLE.
Secrétaire de service à l'État-major................................ DESMOULINS.

Du 8 au 9 Floréal.

Le Capitaine Adjoint de service à l'Etat-major général.................. DELORME.
Officier de santé de service à l'État-major.......................... POISSON.
Secrétaire de service à l'État-major................................ GEORGE.

Rien de nouveau.

Le Général de Brigade Chef de l'État-major général du Gouvernement et de la 1.re Division milit.re

CÉSAR BERTHIER.

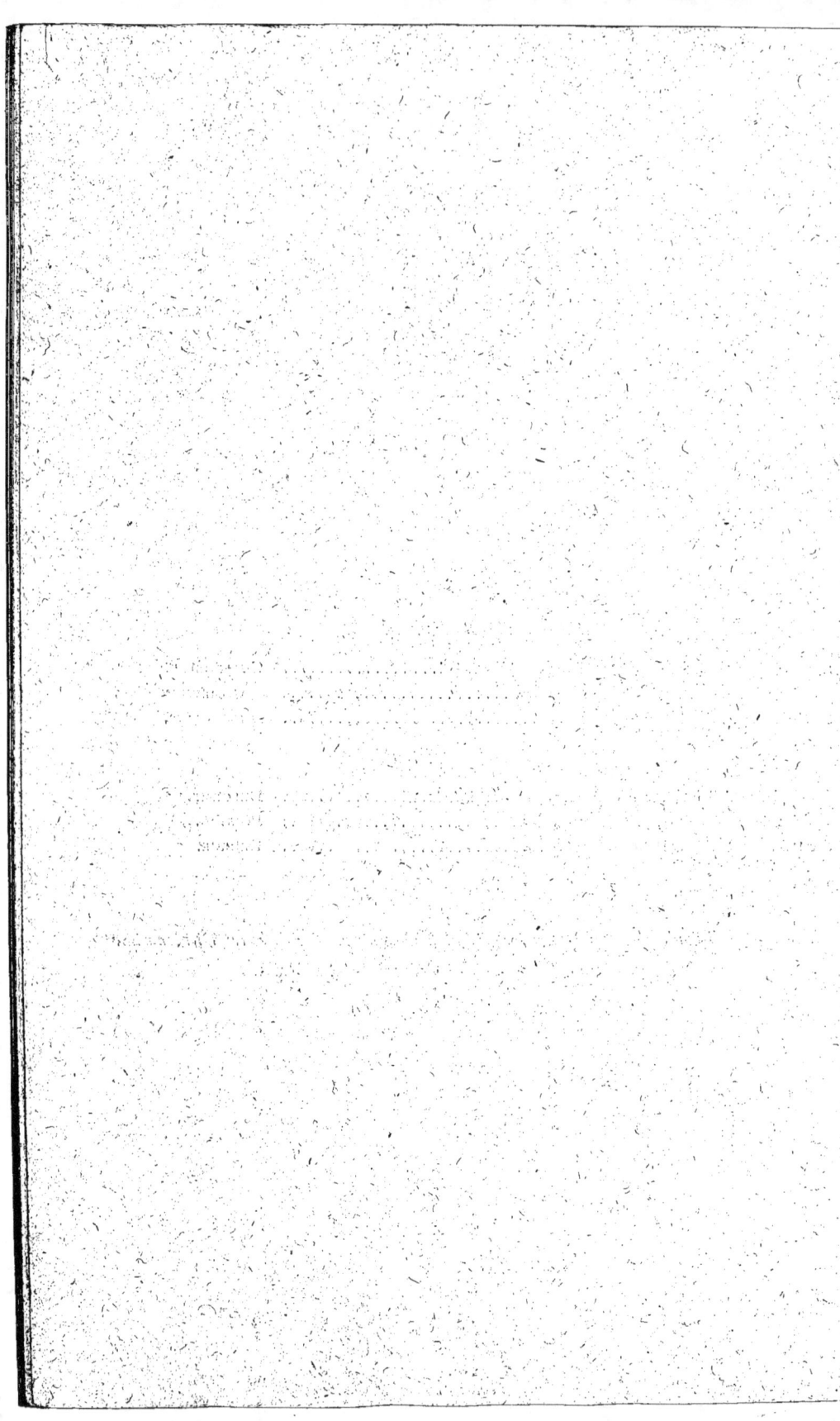

GOUVERNEMENT DE PARIS.

1.re DIVISION MILITAIRE.

LIBERTÉ.

ÉGALITÉ.

ÉTAT-MAJOR GÉNÉRAL.

Au quartier général, à Paris, le 8 Floréal, an 12 de la République française.

SERVICE DE L'ÉTAT-MAJOR GÉNÉRAL.

Du 8 au 9 Floréal.

Le Capitaine Adjoint de service à l'État-major général................. DELORME.
Officier de santé de service à l'État-major........................... POISSON.
Secrétaire de service à l'État-major.................................. GEORGE.

Du 9 au 10 Floréal.

Le Capitaine Adjoint de service à l'État-major général................. AUCLER.
Officier de santé de service à l'État-major........................... POISSON.
Secrétaire de service à l'État-major.................................. BRUNEL.

Rien de nouveau.

Le Général de Brigade Chef de l'État-major général du Gouvernement et de la 1.re Division milit.re

CÉSAR BERTHIER.

GOUVERNEMENT DE PARIS.

1.re DIVISION MILITAIRE.

LIBERTÉ.  *ÉGALITÉ.*

ÉTAT-MAJOR GÉNÉRAL.

Au quartier général, à Paris, le 9 Floréal, an 12 de la République française.

SERVICE DE L'ÉTAT-MAJOR GÉNÉRAL.

Du 9 au 10 Floréal.

Le Capitaine Adjoint de service à l'État-major général.................. AUCLER.
Officier de santé de service à l'État-major.......................... DANTREVILLE.
Secrétaire de service à l'État-major.................................... BRUNEL.

Du 10 au 11 Floréal.

Le Capitaine Adjoint de service à l'État-major général.................. LONGCHAMP.
Officier de santé de service à l'État-major.......................... POISSON.
Secrétaire de service à l'État-major.................................... CORBET.

Rien de nouveau.

Le Général de Brigade Chef de l'État-major général du Gouvernement et de la 1.re Division milit.re

CÉSAR BERTHIER.

GOUVERNEMENT DE PARIS.

1.re DIVISION MILITAIRE.

LIBERTÉ.

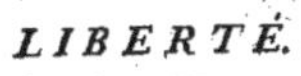

ÉGALITÉ.

ÉTAT-MAJOR GÉNÉRAL.

Au quartier général, à Paris, le 10 Floréal, an 12 de la République française.

SERVICE DE L'ÉTAT-MAJOR GÉNÉRAL.

Du 10 au 11 Floréal.

Le Capitaine Adjoint de service à l'État-major général.................. LONGCHAMP.
Officier de santé de service à l'État-major.......................... POISSON.
Secrétaire de service à l'État-major.............................. CORBET.

Du 11 au 12 Floréal.

Le Capitaine Adjoint de service à l'État-major général.................. FORGEOT.
Officier de santé de service à l'État-major.......................... DANTREVILLE.
Secrétaire de service à l'État-major.............................. DUBOIS.

Rien de nouveau.

Le Général de Brigade Chef de l'État-major général du Gouvernement et de la 1.re Division milit.re

CÉSAR BERTHIER.

GOUVERNEMENT DE PARIS.

1.re DIVISION MILITAIRE.

LIBERTÉ.  *ÉGALITÉ.*

ÉTAT-MAJOR GÉNÉRAL.

Au quartier général, à Paris, le 11 Floréal, an 12 de la République française.

SERVICE DE L'ÉTAT-MAJOR GÉNÉRAL.

Du 11 au 12 Floréal.

Le Capitaine Adjoint de service à l'État-major général.................. FORGEOT.
Officier de santé de service à l'État-major.......................... DANTREVILLE.
Secrétaire de service à l'État-major.................................. DUBOIS.

Du 12 au 13 Floréal.

Le Capitaine Adjoint de service à l'État-major général.................. AUGIAS.
Officier de santé de service à l'État-major.......................... POISSON.
Secrétaire de service à l'État-major.................................. BRUNEL.

ORDRE GÉNÉRAL.

Par décision du 21 germinal dernier, le Directeur-ministre de l'Administration de la guerre avait arrêté que jusqu'à ce qu'il en soit autrement ordonné, quatre kilogrammes de paille seraient substitués à deux kilogrammes de foin dans les distributions de fourrages qui se feraient à Paris.

Par celle du 6 de ce mois, cette disposition est étendue à toutes les autres places de la 1.re Division, dans lesquelles se trouvent des troupes à cheval : le Directeur-ministre a en conséquence prévenu l'Ordonnateur, que, dans toute cette Division, la ration de foin ne pourra être réduite de plus de deux kilogrammes ; et que les Troupes, même à Paris, auront l'option de prendre en remplacement des deux kilogrammes de foin non fournis, ou quatre kilogrammes de paille, ou deux litres et deux cinquièmes de litre d'avoine, ou quatre litres et quatre cinquièmes de litre de son, ou, enfin, une partie plus ou moins forte de chacune de ces mêmes denrées ; pourvu qu'on ne supprime pas plus de deux kilogrammes de foin par ration de distribution, et, qu'au résultat, cette ration soit toujours celle fixée pour chaque arme.

Conformément aux ordres du Général en chef Gouverneur, les Chefs des Corps stationnés dans la 1.re Division militaire, tiendront la main à ce que ces dispositions soient suivies dans leurs Régimens respectifs.

Le Général de Brigade Chef de l'État-major général du Gouvernement et de la 1.re Division milit.re

CÉSAR BERTHIER.

GOUVERNEMENT DE PARIS.

1.re DIVISION MILITAIRE.

LIBERTÉ.  *ÉGALITÉ.*

ÉTAT-MAJOR GÉNÉRAL.

Au quartier général, à Paris, le 12 Floréal, an 12 de la République française.

SERVICE DE L'ÉTAT-MAJOR GÉNÉRAL.

Du 12 au 13 Floréal.

Le Capitaine Adjoint de service à l'État-major général.................. AUGIAS.
Officier de santé de service à l'État-major.......................... POISSON.
Secrétaire de service à l'État-major.................................. BRUNEL.

Du 13 au 14 Floréal.

Le Capitaine Adjoint de service à l'État-major général.................. GUIARDELLE.
Officier de santé de service à l'État-major.......................... DANTREVILLE.
Secrétaire de service à l'État-major.................................. LECLERC.

ORDRE GÉNÉRAL.

Rien de nouveau.

Le Général de Brigade Chef de l'État-major général du Gouvernement et de la 1.re Division milit.re

CÉSAR BERTHIER.

[illegible]

[illegible]

[illegible]

[illegible]

[illegible]

GOUVERNEMENT DE PARIS.

1.re DIVISION MILITAIRE.

LIBERTÉ. 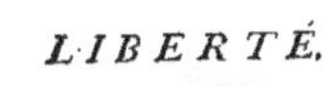  *ÉGALITÉ.*

ÉTAT-MAJOR GÉNÉRAL.

Au quartier général, à Paris, le 13 Floréal, an 12 de la République française.

SERVICE DE L'ÉTAT-MAJOR GÉNÉRAL.

Du 13 au 14 Floréal.

Le Capitaine Adjoint de service à l'État-major général................... GUIARDELLE.
Officier de santé de service à l'État-major........................... DANTREVILLE.
Secrétaire de service à l'État-major................................. LECLERC.

Du 14 au 15 Floréal.

Le Capitaine Adjoint de service à l'État-major général................... DELORME.
Officier de santé de service à l'État-major........................... POISSON.
Secrétaire de service à l'État-major................................. PLANTIER.

ORDRE GÉNÊRAL.

Rien de nouveau.

Le Général de Brigade Chef de l'État-major général du Gouvernement et de la 1.re Division milit.re

CÉSAR BERTHIER.

GOUVERNEMENT DE PARIS.

1.re DIVISION MILITAIRE.

LIBERTÉ.  *ÉGALITÉ.*

ÉTAT-MAJOR GÉNÉRAL.

Au quartier général, à Paris, le 14 Floréal, an 12 de la République française.

SERVICE DE L'ÉTAT-MAJOR GÉNÉRAL.

Du 14 au 15 Floréal.

Le Capitaine Adjoint de service à l'État-major général................ DELORME.
Officier de santé de service à l'État-major.......................... POISSON.
Secrétaire de service à l'État-major.................................. PLANTIER.

Du 15 au 16 Floréal.

Le Capitaine Adjoint de service à l'État-major général................ AUCLER.
Officier de santé de service à l'État-major.......................... DANTREVILLE.
Secrétaire de service à l'État-major.................................. DESMOULINS.

ORDRE GÉNÉRAL.

Rien de nouveau.

Le Général de Brigade Chef de l'État-major général du Gouvernement et de la 1.re Division milit.re

CÉSAR BERTHIER.

GOUVERNEMENT DE PARIS.

1.re DIVISION MILITAIRE.

LIBERTÉ.  *ÉGALITÉ.*

ÉTAT-MAJOR GÉNÉRAL.

Au quartier général, à Paris, le 15 Floréal, an 12 de la République française.

SERVICE DE L'ÉTAT-MAJOR GÉNÉRAL.

Du 15 au 16 Floréal.

Le Capitaine Adjoint de service à l'État-major général.................. AUCLER.
Officier de santé de service à l'État-major.............................. DANTREVILLE.
Secrétaire de service à l'État-major..................................... DESMOULINS.

Du 16 au 17 Floréal.

Le Capitaine Adjoint de service à l'État-major général.................. LONGCHAMP.
Officier de santé de service à l'État-major.............................. POISSON.
Secrétaire de service à l'État-major..................................... PLANTIER.

ORDRE GÉNÉRAL.

Rien de nouveau.

Le Général de Brigade Chef de l'État-major général du Gouvernement et de la 1.re Division milit.re

CÉSAR BERTHIER.

GOUVERNEMENT DE PARIS.

1.re DIVISION MILITAIRE.

LIBERTÉ.  *ÉGALITÉ.*

ÉTAT-MAJOR GÉNÉRAL.

Au quartier général, à Paris, le 16 Floréal, an 12 de la République française.

SERVICE DE L'ÉTAT-MAJOR GÉNÉRAL.

Du 16 au 17 Floréal.

Le Capitaine Adjoint de service à l'État-major général.................. LONGCHAMP.
Officier de santé de service à l'État-major.......................... POISSON.
Secrétaire de service à l'État-major.................................. GEORGE.

Du 17 au 18 Floréal.

Le Capitaine Adjoint de service à l'État-major général.................. FORGEOT.
Officier de santé de service à l'État-major.......................... DANTREVILLE.
Secrétaire de service à l'État-major.................................. GEORGE.

ORDRE GÉNÉRAL.

Rien de nouveau.

Le Général de Brigade Chef de l'État-major général du Gouvernement et de la 1.re Division milit.re

CÉSAR BERTHIER.

GOUVERNEMENT DE PARIS.

1.re DIVISION MILITAIRE.

LIBERTÉ.

ÉGALITÉ.

ÉTAT-MAJOR GÉNÉRAL.

Au quartier général, à Paris, le 17 Floréal, an 12 de la République française.

SERVICE DE L'ÉTAT-MAJOR GÉNÉRAL.

Du 17 au 18 Floréal.

Le Capitaine Adjoint de service à l'État-major général................ FORGEOT.
Officier de santé de service à l'État-major........................ DANTREVILLE.
Secrétaire de service à l'État-major................................ GEORGE.

Du 18 au 19 Floréal.

Le Capitaine Adjoint de service à l'État-major général................ AUGIAS.
Officier de santé de service à l'État-major........................ POISSON.
Secrétaire de service à l'État-major................................ CORBET.

ORDRE GÉNÉRAL.

Rien de nouveau.

Le Général de Brigade Chef de l'État-major général du Gouvernement et de la 1.re Division milit.re

CÉSAR BERTHIER.

GOUVERNEMENT DE PARIS.

1.re DIVISION MILITAIRE.

LIBERTÉ. 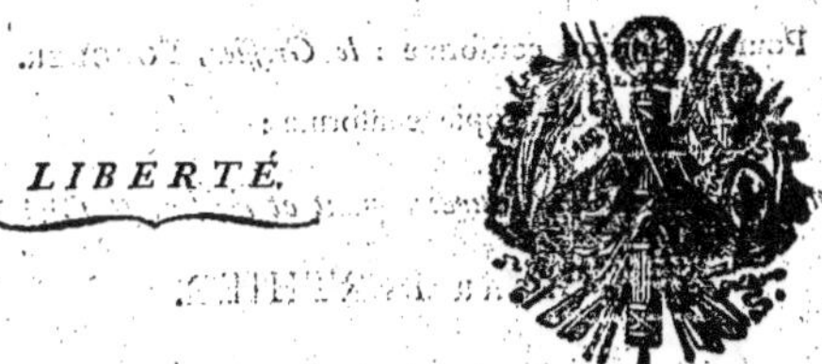 *ÉGALITÉ.*

ÉTAT-MAJOR GÉNÉRAL.

Au quartier général, à Paris, le 18 Floréal, an 12 de la République française.

SERVICE DE L'ÉTAT-MAJOR GÉNÉRAL.

Du 18 au 19 Floréal.

Le Capitaine Adjoint de service à l'État-major général.................. AUGIAS.
Officier de santé de service à l'État-major................................ POISSON.
Secrétaire de service à l'État-major.. CORBET.

Du 19 au 20 Floréal.

Le Capitaine Adjoint de service à l'État-major général.................. GUIARDELLE.
Officier de santé de service à l'État-major................................ DANTREVILLE.
Secrétaire de service à l'État-major.. DUBOIS.

ORDRE GÉNÉRAL.

Le premier atelier des Déserteurs condamnés aux travaux publics, établi à Saint-Quentin, étant sur le point d'être complet, le Ministre de la guerre a décidé qu'il en serait établi un second dans ce même lieu, et qu'il serait mis de suite en activité.

Le Général en chef Gouverneur de Paris, en conformité de l'instruction du Ministre de la guerre, en date du 5 floréal an 9, fait connaître, par la voie de l'Ordre général, l'ordonnance d'appel en justice rendue le 13.e jour de floréal, présent mois, par le Capitaine *Delon*, Substitut du Rapporteur du premier Conseil de guerre, séant à Paris, contre un militaire contumax.

1.er CONSEIL DE GUERRE PERMANENT DE LA 1.re DIVISION MILITAIRE.

Ordonnance d'appel en justice.

L'an douzième de la République, le 13 floréal;

Nous *Édouard Delon*, Capitaine, Substitut du Rapporteur, enjoignons au nommé Alexandre *Vallée*, âgé de trente-deux ans, né à Paris, département de la Seine, et y ayant logement rue Mouffetard, n.° 25, marinier de profession, et fusilier, déserteur du 26.e régiment d'infanterie légère, de se représenter à la justice, en se rendant sans délai au greffe du premier Conseil, séant rue du Cherche - Midi, n.° 804, faubourg Saint - Germain, à Paris, devant lequel il est traduit, comme prévenu d'un vol de plomb commis dans un jardin public.

FAIT à Paris, en notre cabinet, les jour, mois et an que dessus, sous nos seing et scel. *Signé* DELON, *Rapporteur*, et FOUCHER, *Greffier*.

Pour expédition conforme : *le Greffier*, FOUCHER.

Pour copie conforme :

Le Général de Brigade Chef de l'État-major général du Gouvernement et de la 1.re Division milit.re

CÉSAR BERTHIER.

GOUVERNEMENT DE PARIS.

1.re DIVISION MILITAIRE.

LIBERTÉ.  *ÉGALITÉ.*

ÉTAT-MAJOR GÉNÉRAL.

Au quartier général, à Paris, le 19 Floréal, an 12 de la République française.

SERVICE DE L'ÉTAT-MAJOR GÉNÉRAL.

Du 19 au 20 Floréal.

Le Capitaine Adjoint de service à l'État-major général.................. GUIARDELLE.
Officier de santé de service à l'État-major.......................... DANTREVILLE.
Secrétaire de service à l'État-major................................ DUBOIS.

Du 20 au 21 Floréal.

Le Capitaine Adjoint de service à l'État-major général.................. DELORME.
Officier de santé de service à l'État-major.......................... POISSON.
Secrétaire de service à l'État-major................................ BRUNEL.

Rien de nouveau.

Le Général de Brigade Chef de l'État-major général du Gouvernement et de la 1.re Division milit.re

CÉSAR BERTHIER.

GOUVERNEMENT DE PARIS.

1.re DIVISION MILITAIRE.

LIBERTÉ.

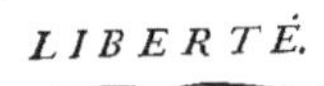

ÉGALITÉ.

ÉTAT-MAJOR GÉNÉRAL.

Au quartier général, à Paris, le 20 Floréal, an 12 de la République française.

SERVICE DE L'ÉTAT-MAJOR GÉNÉRAL.

Du 20 au 21 Floréal.

Le Capitaine Adjoint de service à l'État-major général.................. DELORME.
Officier de santé de service à l'État-major.......................... POISSON.
Secrétaire de service à l'État-major................................ DESMOULINS.

Du 21 au 22 Floréal.

Le Capitaine Adjoint de service à l'État-major général.................. AUCLER.
Officier de santé de service à l'État-major.......................... DANTREVILLE.
Secrétaire de service à l'État-major................................ BRUNEL.

Rien de nouveau.

Le Général de Brigade Chef de l'État-major général du Gouvernement et de la 1.re Division milit.re

CÉSAR BERTHIER.

GOUVERNEMENT DE PARIS.

1.re DIVISION MILITAIRE.

LIBERTÉ.   *ÉGALITÉ.*

ÉTAT-MAJOR GÉNÉRAL.

Au quartier général, à Paris, le 21 Floréal, an 12 de la République française.

SERVICE DE L'ÉTAT-MAJOR GÉNÉRAL.

Du 21 au 22 Floréal.

Le Capitaine Adjoint de service à l'État-major général.................... AUCLER.
Officier de santé de service à l'État-major............................... DANTREVILLE.
Secrétaire de service à l'État-major...................................... BRUNEL.

Du 22 au 23 Floréal.

Le Capitaine Adjoint de service à l'État-major général.................... LONGCHAMP.
Officier de santé de service à l'État-major............................... POISSON.
Secrétaire de service à l'État-major...................................... PLANTIER.

Rien de nouveau.

Le Général de Brigade Chef de l'État-major général du Gouvernement et de la 1.re Division milit.re

CÉSAR BERTHIER.

GOUVERNEMENT DE PARIS.

1.re DIVISION MILITAIRE.

LIBERTÉ.  *ÉGALITÉ.*

ÉTAT-MAJOR GÉNÉRAL.

Au quartier général, à Paris, le 22 Floréal, an 12 de la République française.

SERVICE DE L'ÉTAT-MAJOR GÉNÉRAL.

Du 22 au 23 Floréal.

Le Capitaine Adjoint de service à l'État-major général.................. LONGCHAMP.
Officier de santé de service à l'État-major.................................. POISSON.
Secrétaire de service à l'État-major... PLANTIER.

Du 23 au 24 Floréal.

Le Capitaine Adjoint de service à l'État-major général.................. FORGEOT.
Officier de santé de service à l'État-major.................................. DANTREVILLE.
Secrétaire de service à l'État-major... CORBET.

Rien de nouveau.

Le Général de Brigade Chef de l'État-major général du Gouvernement et de la 1.re Division milit.re

CÉSAR BERTHIER.

GOUVERNEMENT DE PARIS.

1.re DIVISION MILITAIRE.

LIBERTÉ.  *ÉGALITÉ.*

ÉTAT-MAJOR GÉNÉRAL.

Au quartier général, à Paris, le 23 Floréal, an 12 de la République française.

SERVICE DE L'ÉTAT-MAJOR GÉNÉRAL.

Du 23 au 24 Floréal.

Capitaine Adjoint de service à l'État-major général.................. FORGEOT.
ficier de santé de service à l'État-major.......................... DANTREVILLE.
rétaire de service à l'État-major.................................. CORBET.

Du 24 au 25 Floréal.

Capitaine Adjoint de service à l'État-major général.................. AUGIAS.
ficier de santé de service à l'État-major.......................... POISSON.
rétaire de service à l'État-major.................................. LECLERC.

ORDRE GÉNÉRAL.

En exécution des dispositions contenues dans la circulaire du Directeur-Ministre de l'Administration de guerre, en date du 13 germinal dernier, le premier envoi des Militaires destinés à aller aux eaux de rbonne, aura lieu vendredi prochain 28 de ce mois; la réunion se fera au Val-de-Grace à six heures matin, les voitures nécessaires s'y trouveront.

Tous les Militaires des différens Corps de la garnison qui ont passé à un premier examen, se rendront di prochain et mercredi 26 du courant, depuis huit heures du matin jusqu'à deux heures après midi, Val-de-Grace, pour y passer une dernière visite, qui sera faite par les Officiers de santé de l'hôpital, formément à l'instruction du Ministre du 30 germinal an 10. Ceux-là seuls qui, s'étant présentés, ont été jugés dans le cas d'être envoyés aux eaux de Bourbonne, pourront se rendre vendredi prochain heure et au lieu de départ ci-dessus indiqués.

Conformément aux ordres du Général en chef Gouverneur, le Général Chef de l'État-major général crit aux Chefs des Corps stationnés à Paris, de tenir la main à la stricte exécution des dispositions -énoncées, afin que le premier envoi de malades n'éprouve pas de retard.

Général de Brigade Chef de l'État-major général du Gouvernement et de la 1.re Division milit.re

CÉSAR BERTHIER.

GOUVERNEMENT DE PARIS.

1.re DIVISION MILITAIRE.

LIBERTÉ.

ÉGALITÉ.

ÉTAT-MAJOR GÉNÉRAL.

Au quartier général, à Paris, le 24 Floréal, an 12 de la République française.

SERVICE DE L'ÉTAT-MAJOR GÉNÉRAL.

Du 24 au 25 Floréal.

Le Capitaine Adjoint de service à l'État-major général.................. AUGIAS.
Officier de santé de service à l'Etat-major............................ POISSON.
Secrétaire de service à l'État-major................................... LECLERC.

Du 25 au 26 Floréal.

Le Capitaine Adjoint de service à l'État-major général.................. GUIARDELLE.
Officier de santé de service à l'État-major............................ DANTREVILLE.
Secrétaire de service à l'État-major................................... DUBOIS.

ORDRE GÉNÉRAL.

Rien de nouveau.

Le Général de Brigade Chef de l'État-major général du Gouvernement et de la 1.re Division milit.re

CÉSAR BERTHIER.

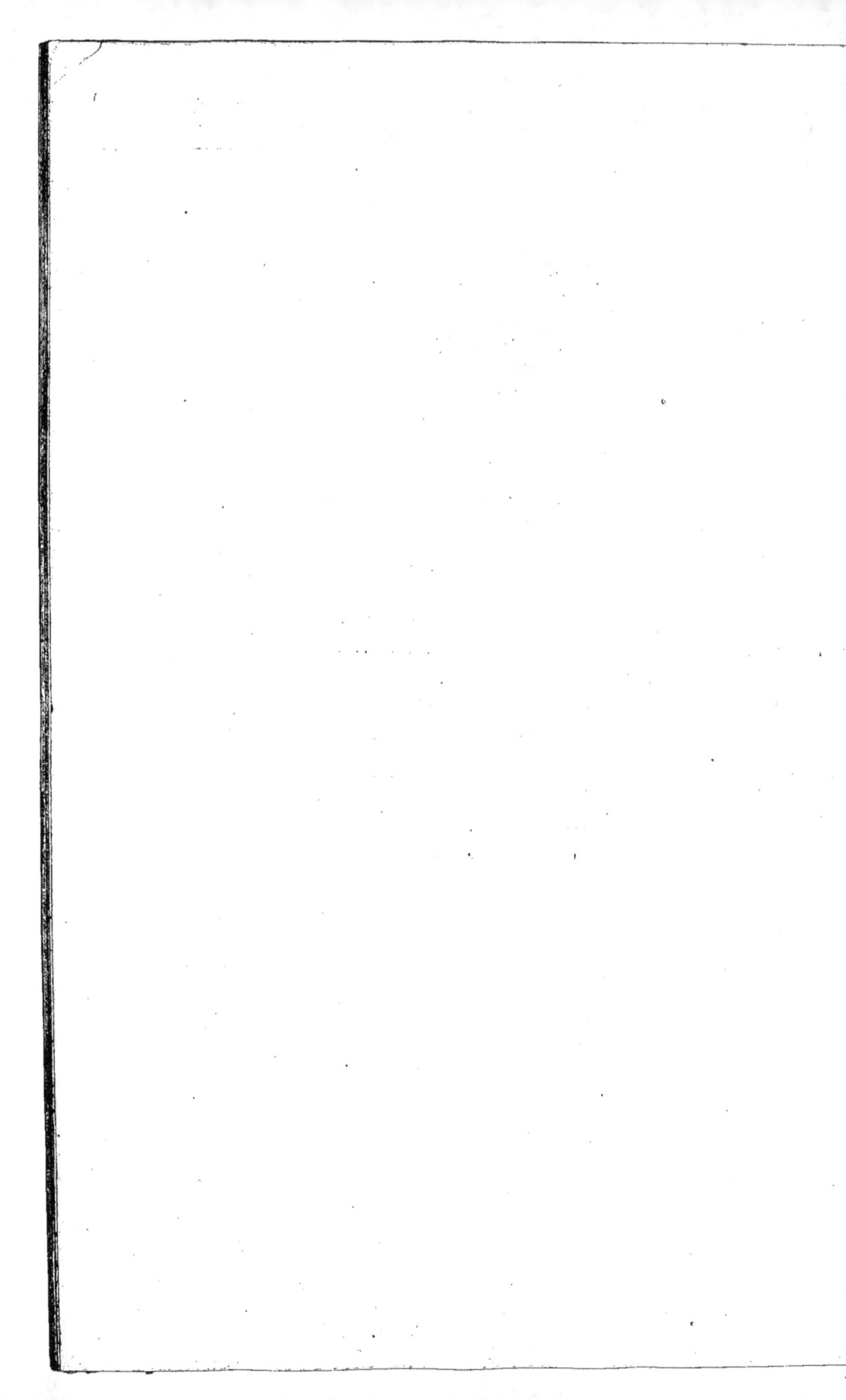

GOUVERNEMENT DE PARIS.

1.re DIVISION MILITAIRE.

LIBERTÉ.  *ÉGALITÉ.*

ÉTAT-MAJOR GÉNÉRAL.

Au quartier général, à Paris, le 25 Floréal, an 12 de la République française.

SERVICE DE L'ÉTAT-MAJOR GÉNÉRAL.

Du 25 au 26 Floréal.

Le Capitaine Adjoint de service à l'État-major général................ GUIARDELLE.
Officier de santé de service à l'État-major........................... DANTREVILLE.
Secrétaire de service à l'État-major................................... DESMOULINS.

Du 26 au 27 Floréal.

Le Capitaine Adjoint de service à l'État-major général................ DELORME.
Officier de santé de service à l'Etat-major........................... POISSON.
Secrétaire de service à l'État-major................................... GEORGE.

ORDRE GÉNÉRAL.

Rien de nouveau.

Le Général de Brigade Chef de l'État-major général du Gouvernement et de la 1.re Division milit.re

CÉSAR BERTHIER.

GOUVERNEMENT DE PARIS.

1.re DIVISION MILITAIRE.

LIBERTÉ.  *ÉGALITÉ.*

ÉTAT-MAJOR GÉNÉRAL.

Au quartier général, à Paris, le 26 Floréal, an 12 de la République française.

SERVICE DE L'ÉTAT-MAJOR GÉNÉRAL.

Du 26 au 27 Floréal.

Le Capitaine Adjoint de service à l'État-major général.......... DELORME.
Officier de santé de service à l'Etat-major.......... POISSON.
Secrétaire de service à l'État-major.......... GEORGE.

Du 27 au 28 Floréal.

Le Capitaine Adjoint de service à l'État-major général.......... AUCLER.
Officier de santé de service à l'État-major.......... DANTREVILLE.
Secrétaire de service à l'État-major.......... DUBOIS.

ORDRE GÉNÉRAL.

Rien de nouveau.

Le Général de Brigade Chef de l'État-major général du Gouvernement et de la 1.re Division milit.re

CÉSAR BERTHIER.

GOUVERNEMENT DE PARIS.

1.re DIVISION MILITAIRE.

LIBERTÉ.  *ÉGALITÉ.*

ÉTAT-MAJOR GÉNÉRAL.

Au quartier général, à Paris, le 27 Floréal, an 12 de la République française.

SERVICE DE L'ÉTAT-MAJOR GÉNÉRAL.

Du 27 au 28 Floréal.

Le Capitaine Adjoint de service à l'État-major général.................. AUCLER.
Officier de santé de service à l'État-major.......................... DANTREVILLE.
Secrétaire de service à l'État-major............................... DUBOIS.

Du 28 au 29 Floréal.

Le Capitaine Adjoint de service à l'État-major général.................. LONGCHAMP.
Officier de santé de service à l'Etat-major.......................... POISSON.
Secrétaire de service à l'État-major............................... CORBET.

ORDRE GÉNÉRAL.

Rien de nouveau.

Le Général de Brigade Chef de l'État-major général du Gouvernement et de la 1.re Division milit.re

CÉSAR BERTHIER.

GOUVERNEMENT DE PARIS.

1.re DIVISION MILITAIRE.

LIBERTÉ.  *ÉGALITÉ.*

ÉTAT-MAJOR GÉNÉRAL.

Au quartier général, à Paris, le 28 Floréal, an 12 de la République française.

SERVICE DE L'ÉTAT-MAJOR GÉNÉRAL.

Du 28 au 29 Floréal.

apitaine Adjoint de service à l'État-major général.................. LONGCHAMP.
er de santé de service à l'Etat-major.............................. POISSON.
aire de service à l'État-major.................................... CORBET.

Du 29 au 30 Floréal.

pitaine Adjoint de service à l'État-major général.................. FORGEOT.
r de santé de service à l'État-major.............................. DANTREVILLE.
ire de service à l'État-major...................................... LECLERC.

ORDRE GÉNÉRAL.

de nouveau.

éral de Brigade Chef de l'État-major général du Gouvernement et de la 1.re Division milit.re

CÉSAR BERTHIER.

GOUVERNEMENT DE PARIS.

1.re DIVISION MILITAIRE.

LIBERTÉ.

ÉGALITÉ.

ÉTAT-MAJOR GÉNÉRAL.

Au quartier genéral, à Paris, le 29 Floréal, an 12 de la République française.

SERVICE DE L'ÉTAT-MAJOR GÉNÉRAL.

Du 29 au 30 Floréal.

Le Capitaine Adjoint de service à l'État-major général.................. FORGEOT.
Officier de santé de service à l'État-major.......................... DANTREVILLE.
Secrétaire de service à l'État-major.................................. BRUNEL.

Du 30 Floréal au 1.er Prairial.

Le Capitaine Adjoint de service à l'État-major général.................. AUGIAS.
Officier de santé de service à l'État-major.......................... POISSON.
Secrétaire de service à l'État-major.................................. DUBOIS.

ORDRE GÉNÉRAL.

D'après le rapport du Ministre de la guerre, et sur l'avis du Conseil d'État, le Gouvernement a décidé, le 27 germinal dernier, que, conformément aux Arrêtés des 19 germinal an 10, et 9 frimaire an 12, les Quartiers-maîtres des régimens de Dragons seraient admis à jouir d'*une* ration de fourrages, sur le pied de paix, et de *deux*, sur le pied de guerre; et que les Chirurgiens-majors n'auraient, comme ceux des autres troupes à cheval, qu'*une* seule ration de fourrages, tant sur le pied de paix que sur celui de guerre.

Conformément aux ordres du Général en chef Gouverneur, les Chefs des régimens de Dragons employés dans la 1.re Division militaire tiendront la main à ce que cette décision soit ponctuellement exécutée.

Le Général de Brigade Chef de l'État-major général du Gouvernement et de la 1.re Division milit.re

CÉSAR BERTHIER.

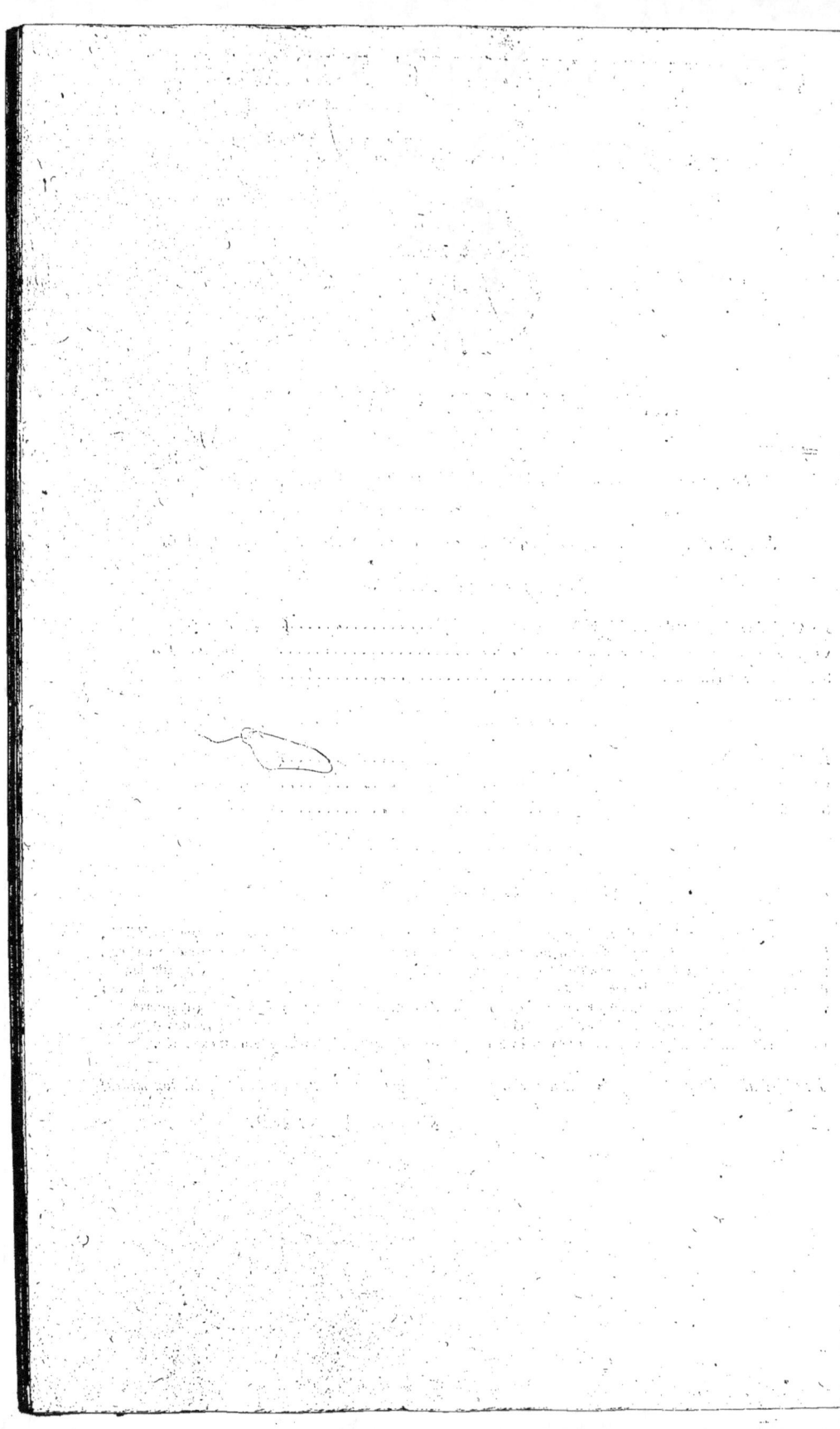

GOUVERNEMENT DE PARIS.

1.re DIVISION MILITAIRE.

LIBERTÉ.   *ÉGALITÉ.*

ÉTAT-MAJOR GÉNÉRAL.

Au quartier général, à Paris, le 30 Floréal, an 12 de la République française.

SERVICE DE L'ÉTAT-MAJOR GÉNÉRAL.

Du 30 Floréal au 1.er Prairial.

Le Capitaine Adjoint de service à l'État-major général.................. AUGIAS.
Officier de santé de service à l'Etat-major.............................. POISSON.
Secrétaire de service à l'État-major...................................... DUBOIS.

Du 1er au 2 Prairial.

Le Capitaine Adjoint de service à l'État-major général.................. GUIARDELLE.
Officier de santé de service à l'État-major.............................. DANTREVILLE.
Secrétaire de service à l'État-major...................................... PLANTIER.

ORDRE GÉNÉRAL.

Rien de nouveau.

Le Général de Brigade Chef de l'État-major général du Gouvernement et de la 1.re Division milit.re

CÉSAR BERTHIER.

GOUVERNEMENT DE PARIS.

1.re DIVISION MILITAIRE.

LIBERTÉ.  *ÉGALITÉ.*

ÉTAT-MAJOR GÉNÉRAL.

Au quartier général, à Paris, le 1.er Prairial, an 12 de la République française.

SERVICE DE L'ÉTAT-MAJOR GÉNÉRAL.

Du 1.er au 2 Prairial.

Le Capitaine Adjoint de service à l'État-major général.................. GUIARDELLE.
Officier de santé de service à l'Etat-major.......................... DANTREVILLE.
Secrétaire de service à l'État-major................................ PLANTIER.

Du 2 au 3 Prairial.

Le Capitaine Adjoint de service à l'État-major général.................. DELORME.
Officier de santé de service à l'État-major........................... POISSON.
Secrétaire de service à l'État-major................................ LECLERE.

ORDRE GÉNÉRAL.

Rien de nouveau.

Le Général de Brigade Chef de l'État-major général du Gouvernement et de la 1.re Division milit.re

CÉSAR BERTHIER.

GOUVERNEMENT DE PARIS.

1.re DIVISION MILITAIRE.

LIBERTÉ.  *ÉGALITÉ.*

ÉTAT-MAJOR GÉNÉRAL.

Au quartier général, à Paris, le 2 Prairial, an 12 de la République française.

SERVICE DE L'ÉTAT-MAJOR GÉNÉRAL.

Du 2 au 3 Prairial.

Le Capitaine Adjoint de service à l'État-major général.................. DELORME.
Officier de santé de service à l'État-major.......................... POISSON.
Secrétaire de service à l'État-major.................................. LECLERE.

Du 3 au 4 Prairial.

Le Capitaine Adjoint de service à l'État-major général.................. AUCLER.
Officier de santé de service à l'Etat-major.......................... DANTREVILLE.
Secrétaire de service à l'État-major.................................. GEORGE.

Rien de nouveau.

Le Général de Brigade Chef de l'État-major général du Gouvernement et de la 1.re Division milit.re

CÉSAR BERTHIER.

GOUVERNEMENT DE PARIS.

1.re DIVISION MILITAIRE.

LIBERTÉ.  *ÉGALITÉ.*

ÉTAT-MAJOR GÉNÉRAL.

Au quartier général, à Paris, le 3 Prairial, an 12 de la République française.

SERVICE DE L'ÉTAT-MAJOR GÉNÉRAL.

Du 3 au 4 Prairial.

Le Capitaine Adjoint de service à l'État-major général.................. AUCLER.
Officier de santé de service à l'Etat-major.............................. DANTREVILLE.
Secrétaire de service à l'État-major..................................... GEORGE.

Du 4 au 5 Prairial.

Le Capitaine Adjoint de service à l'État-major général.................. LONGCHAMP.
Officier de santé de service à l'État-major.............................. POISSON.
Secrétaire de service à l'État-major..................................... DESMOULINS.

Rien de nouveau.

Le Général de Brigade Chef de l'État-major général du Gouvernement et de la 1.re Division milit.re

CÉSAR BERTHIER.

GOUVERNEMENT DE PARIS.

1.re DIVISION MILITAIRE.

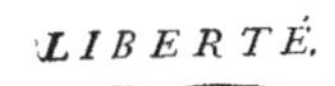

LIBERTÉ.

ÉGALITÉ.

ÉTAT-MAJOR GÉNÉRAL.

Au quartier général, à Paris, le 4 Prairial, an 12 de la République française.

SERVICE DE L'ÉTAT-MAJOR GÉNÉRAL.

Du 4 au 5 Prairial.

Le Capitaine Adjoint de service à l'État-major général.................... LONGCHAMP.
Officier de santé de service à l'État-major.......................... POISSON.
Secrétaire de service à l'État-major................................ DESMOULINS.

Du 5 au 6 Prairial.

Le Capitaine Adjoint de service à l'État-major général.................... AUGIAS.
Officier de santé de service à l'Etat-major.......................... DANTREVILLE.
Secrétaire de service à l'État-major................................ CORBET.

Rien de nouveau.

Le Général de Brigade Chef de l'État-major général du Gouvernement et de la 1.re Division milit.re

CÉSAR BERTHIER.

GOUVERNEMENT DE PARIS.

1.re *DIVISION MILITAIRE.*

ÉTAT-MAJOR GÉNÉRAL.

Au quartier général, à Paris, le 5 Prairial de l'an 12.

SERVICE DE L'ÉTAT-MAJOR GÉNÉRAL.

Du 5 au 6 Prairial.

Le Capitaine Adjoint de service à l'État-major général........................ AUGIAS.
Officier de santé de service à l'Etat-major.................................. DANTREVILLE.
Secrétaire de service à l'État-major... CORBET.

Du 6 au 7 Prairial.

Le Capitaine Adjoint de service à l'État-major général........................ GUIARDELLE.
Officier de santé de service à l'État-major.................................. POISSON.
Secrétaire de service à l'État-major... DUBOIS.

ORDRE GÉNÉRAL.

Les deux ateliers de déserteurs condamnés aux travaux publics établis à Saint-Quentin, étant complets, M. le Maréchal Ministre de la guerre a décidé, le 28 floréal dernier, qu'il en serait formé un troisième dans le même lieu, et qu'il serait mis de suite en activité.

En conséquence, et conformément aux ordres de M. le Maréchal Gouverneur de Paris, le Général chef de l'État-major s'empresse de faire connaître cette disposition aux Troupes employées dans la 1.re Division militaire, en prévenant les Chefs de corps que c'est sur ce nouvel atelier que seront désormais dirigés les militaires condamnés aux travaux publics pour cause de désertion.

Le Général de Brigade Chef de l'État-major général du Gouvernement de Paris et de la 1.re Division militaire,

CÉSAR BERTHIER.

GOUVERNEMENT DE PARIS.

1.re *DIVISION MILITAIRE.*

ÉTAT-MAJOR GÉNÉRAL.

Au quartier général, à Paris, le 6 Prairial de l'an 12.

SERVICE DE L'ÉTAT-MAJOR GÉNÉRAL.

Du 6 au 7 Prairial.

Le Capitaine Adjoint de service à l'État-major général.................. GUIARDELLE.
Officier de santé de service à l'État-major.......................... POISSON.
Secrétaire de service à l'État-major................................ DUBOIS.

Du 7 au 8 Prairial.

Le Capitaine Adjoint de service à l'État-major général.................. DELORME.
Officier de santé de service à l'Etat-major.......................... DANTREVILLE.
Secrétaire de service à l'État-major................................ LECLERC.

Rien de nouveau.

Le Général de Brigade Chef de l'État-major général du Gouvernement de Paris et de la 1.re Division militaire,

CÉSAR BERTHIER.

GOUVERNEMENT DE PARIS.

1.re *DIVISION MILITAIRE.*

ÉTAT-MAJOR GÉNÉRAL.

Au quartier general, à Paris, le 7 Prairial de l'an 12.

SERVICE DE L'ÉTAT-MAJOR GÉNÉRAL.

Du 7 au 8 Prairial.

Le Capitaine Adjoint de service à l'État-major général.................. DELORME.
Officier de santé de service à l'Etat-major.......................... DANTREVILLE.
Secrétaire de service à l'État-major.................................. LECLERC.

Du 8 au 9 Prairial.

Le Capitaine Adjoint de service à l'État-major général.................. AUCLER.
Officier de santé de service à l'État-major.......................... POISSON.
Secrétaire de service à l'État-major.................................. BRUNEL.

Rien de nouveau.

Le Général de Brigade Chef de l'Etat-major général du Gouvernement de Paris et de la 1.re Division militaire,

CÉSAR BERTHIER.

GOUVERNEMENT DE PARIS.

1.re *DIVISION MILITAIRE.*

ÉTAT-MAJOR GÉNÉRAL.

Au quartier general, à Paris, le 8 Prairial de l'an 12.

SERVICE DE L'ÉTAT-MAJOR GÉNÉRAL.

Du 8 au 9 Prairial.

Le Capitaine Adjoint de service à l'État-major général.................... AUCLER.
Officier de santé de service à l'État-major.......................... POISSON.
Secrétaire de service à l'État-major................................ BRUNEL.

Du 9 au 10 Prairial.

Le Capitaine Adjoint de service à l'État-major général.................... LONGCHAMP.
Officier de santé de service à l'Etat-major.......................... DANTREVILLE.
Secrétaire de service à l'État-major................................ PLANTIER.

Rien de nouveau.

Le Général de Brigade Chef de l'Etat-major général du Gouvernement de Paris et de la 1.re Division militaire,

CÉSAR BERTHIER.

GOUVERNEMENT DE PARIS.

1.re DIVISION MILITAIRE.

ÉTAT-MAJOR GÉNÉRAL.

Au quartier général, à Paris, le 9 Prairial de l'an 12.

SERVICE DE L'ÉTAT-MAJOR GÉNÉRAL.

Du 9 au 10 Prairial.

Le Capitaine Adjoint de service à l'État-major général.................. LONGCHAMP.
Officier de santé de service à l'Etat-major.............................. DANTREVILLE.
Secrétaire de service à l'État-major...................................... PLANTIER.

Du 10 au 11 Prairial.

Le Capitaine Adjoint de service à l'État-major général.................. FORGEOT.
Officier de santé de service à l'État-major.............................. POISSON.
Secrétaire de service à l'État-major...................................... LECLERC.

Rien de nouveau.

Le Général de Brigade Chef de l'Etat-major général du Gouvernement de Paris et de la 1.re Division militaire,

CÉSAR BERTHIER.

GOUVERNEMENT DE PARIS.

1.re *DIVISION MILITAIRE.*

ÉTAT-MAJOR GÉNÉRAL.

Au quartier général, à Paris, le 10 Prairial de l'an 12.

SERVICE DE L'ÉTAT-MAJOR GÉNÉRAL.

Du 10 au 11 Prairial.

Le Capitaine Adjoint de service à l'État-major général.................. FORGEOT.
Officier de santé de service à l'État-major.................................. POISSON.
Secrétaire de service à l'État-major.. LECLERC.

Du 11 au 12 Prairial.

Le Capitaine Adjoint de service à l'État-major général.................. AUGIAS.
Officier de santé de service à l'Etat-major.................................. DANTRÉVILLE.
Secrétaire de sèrvice à l'État-major.. DESMOULINS.

ORDRE GÉNÉRAL.

D'après les ordres de M. le Maréchal Gouverneur de Paris, à dater de ce jour 10 prairial, le vinaigre sera distribué journellement aux troupes employées dans la 1.re Division militaire, dans la proportion déterminée par les réglemens.

Cette distribution aura lieu tout le temps que la saison rendra l'usage de ce liquide nécessaire pour corriger l'insalubrité des eaux. Les militaires détenus à l'Abbaye et à Montaigu y participeront.

Le Maréchal de l'Empire, Gouverneur de Paris, en conformité de l'instruction du Ministre de la guerre, en date du 5 floréal an 9, fait connaître par la voie de l'Ordre général, l'ordonnance de perquisition rendue le 3 de ce mois par le Président du 1.er Conseil de guerre séant à Paris, contre un militaire contumax.

1.er CONSEIL DE GUERRE PERMANENT DE LA 1.ere DIVISION MILITAIRE.

Ordonnance de perquisition.

Cejourd'hui, mercredi, troisième du mois de prairial, an douze,

Nous, *Jean-Baptiste Duplessis*, Général divisionnaire, Chef de la dixième demi-brigade de vétérans en activité, Président du 1.er Conseil de guerre permanent de la 1.ere Division militaire;

Lecture prise d'une lettre en date de ce jour, par laquelle M. *Delon*, substitut du Rapporteur près ledit Conseil, nous annonce que le nommé *Alexandre Vallée*, fusilier au 26.e régiment d'infanterie légère, traduit au Conseil comme prévenu de vol de plomb dans un édifice public, ne s'est pas présenté en justice dans les dix jours de la notification qui en a été faite à son domicile;

Ordonnons, qu'en vertu de l'article 462 du Code des délits et des peines, du 3 brumaire an IV, perquisition soit faite de la personne dudit *Alexandre Vallée*, âgé de 32 ans, né à Paris, département de la Seine, et y ayant demeuré, en dernier lieu, rue Mouffetard, n.° 25.

MANDONS et ordonnons de mettre à exécution la présente, qui, conformément au Code précité, sera publiée à son de trompe ou de tambour, et affichée au jour voulu par la loi, tant à la porte de l'auditoire du Conseil, qu'à celle du domicile du contumax;

Voulons, en outre, que copie d'icelle soit adressée de suite à monsieur le Maréchal de l'Empire, Gouverneur de Paris, pour ladite être encore rendue publique par la voie de l'ordre.

Ainsi ordonné, à Paris, au greffe du Conseil, les jour mois et an que dessus, sous nos seing et scel.

Signé DUPLESSIS.

Pour expédition conforme, le Greffier, FOUCHER.

Le Général de Brigade Chef de l'Etat-major général du Gouvernement de Paris et de la 1.re Division militaire,

CÉSAR BERTHIER.

GOUVERNEMENT DE PARIS.

1.re *DIVISION MILITAIRE.*

ÉTAT-MAJOR GÉNÉRAL.

Au quartier général, à Paris, le 11 Prairial de l'an 12.

SERVICE DE L'ÉTAT-MAJOR GÉNÉRAL.

Du 11 au 12 Prairial.

Le Capitaine Adjoint de service à l'État-major général.................. AUGIAS.
Officier de santé de service à l'Etat-major.......................... DANTREVILLE.
Secrétaire de service à l'État-major................................. DESMOULINS.

Du 12 au 13 Prairial.

Le Capitaine Adjoint de service à l'État-major général.................. GUIARDELLE.
Officier de santé de service à l'État-major.......................... POISSON.
Secrétaire de service à l'État-major................................. GEORGE.

Rien de nouveau.

Le Général de Brigade Chef de l'État-major général du Gouvernement de Paris et de la 1.re Division militaire,

CÉSAR BERTHIER.

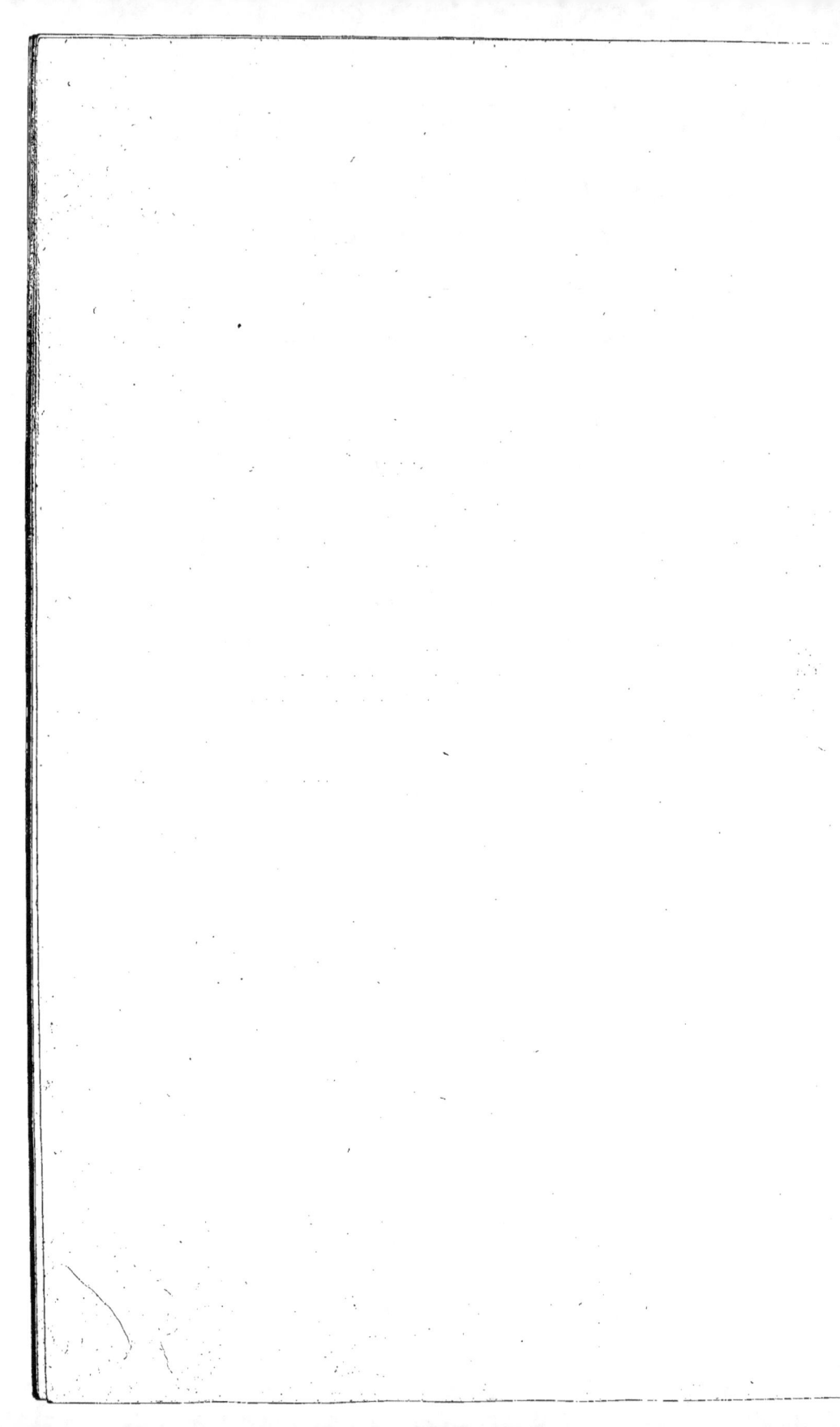

GOUVERNEMENT DE PARIS.

1.re *DIVISION MILITAIRE.*

ÉTAT-MAJOR GÉNÉRAL.

Au quartier général, à Paris, le 12 Prairial de l'an 12.

SERVICE DE L'ÉTAT-MAJOR GÉNÉRAL.

Du 12 au 13 Prairial.

Le Capitaine Adjoint de service à l'État-major général.................. GUIARDELLE.
Officier de santé de service à l'État-major.......................... POISSON.
Secrétaire de service à l'État-major.................................. GEORGE.

Du 13 au 14 Prairial.

Le Capitaine Adjoint de service à l'État-major général.................. DELORME.
Officier de santé de service à l'Etat-major............................ DANTREVILLE.
Secrétaire de service à l'État-major.................................. GEORGE.

Rien de nouveau.

Le Général de Brigade Chef de l'État-major général du Gouvernement de Paris et de la 1.re Division militaire,

CÉSAR BERTHIER.

GOUVERNEMENT DE PARIS.

1.re DIVISION MILITAIRE.

ÉTAT-MAJOR GÉNÉRAL.

Au quartier général, à Paris, le 13 Prairial de l'an 12.

SERVICE DE L'ÉTAT-MAJOR GÉNÉRAL.

Du 13 au 14 Prairial.

Le Capitaine Adjoint de service à l'État-major général.................. DELORME.
Officier de santé de service à l'Etat-major............................ DANTREVILLE.
Secrétaire de service à l'État-major................................... CORBET.

Du 14 au 15 Prairial.

Le Capitaine Adjoint de service à l'État-major général.................. AUCLER.
Officier de santé de service à l'État-major............................ POISSON.
Secrétaire de service à l'État-major................................... DESMOULINS.

Rien de nouveau.

Le Général de Brigade Chef de l'État-major général du Gouvernement de Paris et de la 1.re Division militaire,

CÉSAR BERTHIER.

GOUVERNEMENT DE PARIS.

1.re DIVISION MILITAIRE.

ÉTAT-MAJOR GÉNÉRAL.

Au quartier général, à Paris, le 14 Prairial de l'an 12.

SERVICE DE L'ÉTAT-MAJOR GÉNÉRAL.

Du 14 au 15 Prairial.

Le Capitaine Adjoint de service à l'État-major général.................. AUCLER.
Officier de santé de service à l'État-major.......................... POISSON.
Secrétaire de service à l'État-major.................................... DESMOULINS.

Du 15 au 16 Prairial.

Le Capitaine Adjoint de service à l'État-major général.................. LONGCHAMP.
Officier de santé de service à l'Etat-major.............................. DANTREVILLE.
Secrétaire de service à l'État-major.................................... DUBOIS.

Rien de nouveau.

Le Général de Brigade Chef de l'État-major général du Gouvernement de Paris et de la 1.re Division militaire,

CÉSAR BERTHIER.

GOUVERNEMENT DE PARIS.

1.re *DIVISION MILITAIRE.*

ÉTAT-MAJOR GÉNÉRAL.

Au quartier général, à Paris, le 15 Prairial de l'an 12.

SERVICE DE L'ÉTAT-MAJOR GÉNÉRAL.

Du 15 au 16 Prairial.

Le Capitaine Adjoint de service à l'État-major général.................. LONGCHAMP.
Officier de santé de service à l'État-major.......................... DANTREVILLE.
Secrétaire de service à l'État-major................................. DUBOIS.

Du 16 au 17 Prairial.

Le Capitaine Adjoint de service à l'État-major général.................. FORGEOT.
Officier de santé de service à l'Etat-major.......................... POISSON.
Secrétaire de service à l'État-major................................. BRUNEL.

Rien de nouveau.

Le Général de Brigade Chef de l'État-major général du Gouvernement de Paris et de la 1.re Division militaire,

CÉSAR BERTHIER.

GOUVERNEMENT DE PARIS.

1.re *DIVISION MILITAIRE.*

ÉTAT-MAJOR GÉNÉRAL.

Au quartier général, à Paris, le 16 Prairial de l'an 12.

SERVICE DE L'ÉTAT-MAJOR GÉNÉRAL.

Du 16 au 17 Prairial.

Le Capitaine Adjoint de service à l'État-major général.................. GUIARDELLE.
Officier de santé de service à l'Etat-major.......................... POISSON.
Secrétaire de service à l'État-major.................................. BRUNEL.

Du 17 au 18 Prairial.

Le Capitaine Adjoint de service à l'État-major général.................. DELORME.
Officier de santé de service à l'État-major.......................... DANTREVILLE.
Secrétaire de service à l'État-major.................................. PLANTIER.

ORDRE GÉNÉRAL.

Paris, le 8 prairial an 12.

Le Maréchal de l'Empire, Ministre de la guerre,

Au Maréchal MURAT, *Gouverneur de Paris, commandant la 1.re Division militaire.*

Je suis informé, Monsieur le Maréchal, que des Officiers de recrutement, conducteurs de détachemens de Conscrits, les abandonnent pour se mettre dans des voitures publiques, et les devancent de plusieurs jours.

Je vous prie de donner vos ordres pour que ceux qui dorénavant se permettraient un semblable oubli de leur devoir, et ne feraient pas, jour par jour, route avec les détachemens confiés à leur escorte, soient arrêtés et mis en prison, et pour qu'il m'en soit rendu compte.

Signé le Maréchal BERTHIER.

Le Maréchal Gouverneur de Paris prescrit aux Officiers généraux et superieurs chargés de surveiller dans les départemens de la première division militaire, les opérations relatives au recrutement, de tenir la main à l'exécution des dispositions contenues dans la lettre ci-dessus, et de lui faire connaître ceux des Officiers placés sous leurs ordres qui y contreviendraient.

J. MURAT.

Pour copie conforme :

Le Général de Brigade Chef de l'État-major général du Gouvernement de Paris et de la 1.re Division militaire,

CÉSAR BERTHIER.

GOUVERNEMENT DE PARIS.

1re DIVISION MILITAIRE.

ÉTAT-MAJOR GÉNÉRAL.

Paris, le 16 Prairial

SERVICE DE L'ÉTAT-MAJOR

Du 16 au 17 Prairial.

Du 17 au 18 Prairial.

ORDRE GÉNÉRAL.

GOUVERNEMENT DE PARIS.

1.re *DIVISION MILITAIRE.*

ÉTAT-MAJOR GÉNÉRAL.

Au quartier général, à Paris, le 17 Prairial de l'an 12.

SERVICE DE L'ÉTAT-MAJOR GÉNÉRAL.

Du 17 au 18 Prairial.

Les Capitaines Adjoints de service à l'État-major général...............	AUCLER. LONGCHAMP.
Officier de santé de service à l'État-major.........................	DANTREVILLE.
Secrétaire de service à l'État-major..................................	PLANTIER.

Du 18 au 19 Prairial.

Les Capitaines Adjoints de service à l'État-major général...............	FORGEOT. AUGIAS.
Officier de santé de service à l'Etat-major.........................	POISSON.
Secrétaire de service à l'État-major..................................	LECLERC.

ORDRE GÉNÉRAL.

Monsieur le Maréchal, Ministre de la guerre, ayant été consulté sur la question de savoir si un militaire qui en désertant a emporté son habillement, et a été ensuite reconduit à son corps avec la totalité de cet habillement, doit être puni comme celui qui ayant commis le même crime, et l'ayant aggravé par la même circonstance, a en outre vendu son habillement,

A répondu négativement; attendu que ces deux individus sont à la vérité déserteurs avec habillement, et passibles par conséquent des peines portées par l'arrêté du 19 vendémiaire dernier; mais que le second a en outre commis un crime prévu par l'article 13, section 3 du Code pénal militaire, du 12 mai 1793, portant : *Tout militaire qui vendra ou qui mettra en gage, en tout ou en partie, ses armes, son habillement, fourniment, ou son cheval, et équipement, le tout fourni par la nation, sera puni de cinq ans de fers;* or comme la peine des fers est plus forte que celle des travaux publics, le Conseil de guerre spécial doit renvoyer le déserteur qui a vendu son habillement, devant un des Conseils de guerre permanens de la Division, conformément à ce que prescrit l'article 34 de l'arrêté précité.

Le Maréchal Gouverneur recommande aux Généraux subdivisionnaires, et Commandans d'armes sous ses ordres, de tenir la main à la ponctuelle exécution de ces dispositions dans l'étendue de leurs arrondissemens respectifs.

Les trois ateliers de déserteurs condamnés aux travaux publics, à Saint-Quentin, étant complets, Monsieur le Maréchal Ministre de la guerre, a décidé, le 11 prairial présent mois, qu'il en serait formé un quatrième dans le même lieu, et qu'il serait mis de suite en activité.

En conséquence, et conformément aux ordres de Monsieur le Maréchal Gouverneur de Paris, le Général chef de l'État-major s'empresse de faire connaître cette disposition aux troupes employées dans la 1.re Division militaire, en prévenant les Chefs de corps que c'est sur ce nouvel atelier que seront désormais dirigés les militaires condamnés aux travaux publics pour cause de désertion.

Le Général de Brigade Chef de l'État-major général du Gouvernement de Paris et de la 1.re Division militaire,

CÉSAR BERTHIER.

GOUVERNEMENT DE PARIS.

1.re *DIVISION MILITAIRE.*

ÉTAT-MAJOR GÉNÉRAL.

Au quartier général, à Paris, le 18 Prairial de l'an 12.

SERVICE DE L'ÉTAT-MAJOR GÉNÉRAL.

Du 18 au 19 Prairial.

Les Capitaines Adjoints de service à l'État-major général............... FORGEOT. AUGIAS.

Officier de santé de service à l'Etat-major........................ POISSON.

Secrétaire de service à l'État-major............................ LECLERC.

Du 19 au 20 Prairial.

Les Capitaines Adjoints de service à l'État-major général............... GUIARDELLE. DELORME.

Officier de santé de service à l'État-major........................ DANTREVILLE.

Secrétaire de service à l'État-major............................ DESMOULINS.

ORDRE GÉNÉRAL.

RÉPARTITION du Service de la Place de Paris, entre les Commissaires des guerres qui y sont employés, à l'époque du 15 Prairial an 12.

SAVOIR:

DUFRESNE, *Rue de Varennes, maison Rohan-Rochefort.*	La police des magasins des vivres, fourrages et liquides; de celui des effets d'habillement et des corps-de-garde.
LEFEBVRE-MONTABON, *Rue Neuve-des-Capucines, à l'État-major général.*	Les détails relatifs aux États-majors, le casernement, la police des Corps, de l'Artillerie et de la Gendarmerie du département de la Seine, et les fonctions de Commissaire du Gouvernement près le Conseil de révision.
FRADIEL, *Rue de Varennes, maison Rohan-Rochefort,*	L'expédition des feuilles de route; le service concernant les militaires isolés et les conscrits, et celui des convois militaires directs et indirects.
ROLLAND, *Rue Saint-Jacques, au Val-de-Grâce.*	La police de l'hôpital militaire du Val-de-Grâce, des magasins généraux d'effets et de pharmacie; celle de la Place et de l'hôpital militaire de Saint-Denis, des maisons d'arrêt militaires de Paris et de Bourg-Egalité; les détails relatifs aux Conseils de guerre, enfin ceux des transports militaires, (entreprise *Dufourt-Montlouis*).
LEPELLETIER, *Rue de Varennes, Maison Rohan-Rochefort.*	Les traitemens de retraite et de réforme, les transports intérieurs de Paris.

CERTIFIÉ conforme par moi Commissaire ordonnateur de la 1.re Division militaire,

Signé DUBRETON.

Le Général de Brigade Chef de l'État-major général du Gouvernement de Paris et de la 1.re Division militaire,

CÉSAR BERTHIER.

GOUVERNEMENT DE PARIS.

1.re *DIVISION MILITAIRE.*

ÉTAT-MAJOR GÉNÉRAL.

Au quartier général, à Paris, le 19 Prairial de l'an 12.

SERVICE DE L'ÉTAT-MAJOR GÉNÉRAL.

Du 19 au 20 Prairial.

Les Capitaines Adjoints de service à l'État-major général..............	GUIARDELLE. DELORME.
Officier de santé de service à l'État-major..............................	DANTREVILLE.
Secrétaire de service à l'État-major.....................................	DESMOULINS.

Du 20 au 21 Prairial.

Les Capitaines Adjoints de service à l'État-major général..............	AUCLER. LONGCHAMP.
Officier de santé de service à l'Etat-major.............................	POISSON.
Secrétaire de service à l'État-major.....................................	GEORGE.

Rien de nouveau.

Le Général de Brigade Chef de l'État-major général du Gouvernement de Paris et de la 1.re Division militaire,

CÉSAR BERTHIER.

GOUVERNEMENT DE PARIS.

1.re *DIVISION MILITAIRE.*

ÉTAT-MAJOR GÉNÉRAL.

Au quartier général, à Paris, le 20 Prairial de l'an 12.

SERVICE DE L'ÉTAT-MAJOR GÉNÉRAL.

Du 20 au 21 Prairial.

Les Capitaines Adjoints de service à l'État-major général	AUCLER. LONGCHAMP.
Officier de santé de service à l'État-major	POISSON.
Secrétaire de service à l'État-major	GEORGE.

Du 21 au 22 Prairial.

Les Capitaines Adjoints de service à l'État-major général	FORGEOT. AUGIAS.
Officier de santé de service à l'État-major	DANTREVILLE.
Secrétaire de service à l'État-major	BRUNEL.

Rien de nouveau.

Le Général de Brigade Chef de l'État-major général du Gouvernement de Paris et de la 1.re Division militaire,

CÉSAR BERTHIER.

GOUVERNEMENT DE PARIS.

1.re DIVISION MILITAIRE.

ÉTAT-MAJOR GÉNÉRAL.

Au quartier général, à Paris, le 21 Prairial de l'an 12.

SERVICE DE L'ÉTAT-MAJOR GÉNÉRAL.

Du 21 au 22 Prairial.

Les Capitaines Adjoints de service à l'État-major général........ { FORGEOT. AUGIAS.

Officier de santé de service à l'État-major........ DANTREVILLE.

Secrétaires de service à l'État-major........ { BRUNEL. GEORGE.

Du 22 au 23 Prairial.

Les Capitaines Adjoints de service à l'État-major général........ { GUIARDELLE. DELORME.

Officier de santé de service à l'État-major........ POISSON.

Secrétaires de service à l'État-major........ { CORBET. DUBOIS.

ORDRE GÉNÉRAL.

Le Maréchal Gouverneur de Paris s'empresse de faire connaître, d'après les intentions de M. le Maréchal Ministre de la guerre, aux Officiers généraux employés dans la 1.re Division, et aux Troupes sous leurs ordres, le Décret impérial dont la teneur suit :

EXTRAIT DES MINUTES DE LA SECRÉTAIRERIE D'ÉTAT.

Au Palais de Saint-Cloud, le 13 Prairial an 12.

NAPOLÉON, par la grâce de Dieu et les constitutions de la République, EMPEREUR DES FRANÇAIS, voulant marquer le moment de son avénement à l'Empire par des actes d'indulgence et de bienfaisance;

Sur le rapport des Ministres;

Le Conseil d'état entendu,

DÉCRÈTE :

TITRE I.er

Mise en liberté des individus condamnés correctionnellement, qui ne sont plus détenus que pour le paiement de l'amende et des frais.

ART. 1.er Les individus actuellement détenus en vertu de jugemens de police correctionnelle, et qui ayant subi le temps de détention porté à leur jugement, sont encore retenus ou seraient dans le cas de l'être, après leur temps expiré, faute de paiement de l'amende ou des frais, seront dispensés de payer lesdits frais ou amende, et mis en liberté à l'expiration du temps fixé pour la peine.

TITRE II.

Débiteurs de l'État contraints ou poursuivables par corps, qui pourront être déchargés de la contrainte par corps.

2. Les Ministres du trésor public et des finances feront à l'Empereur un rapport sur chacun des

individus détenus pour dettes à la requête de l'agent du trésor public ou des préposés à la perceptio des contributions publiques, pour que sa Majesté juge quels sont ceux qui peuvent obtenir, en faveu des circonstances, leur élargissement ou la décharge du droit de contrainte par corps, et les conditior auxquelles on peut leur accorder l'un ou l'autre.

TITRE III.

Paiement par le Trésorier de la liste civile, des mois de nourrice dus par les habitans d Paris et de la banlieue qui seront jugés hors d'état de payer eux-mêmes.

3. Les sommes dues au bureau des nourrices de la ville et banlieue de Paris, depuis le 18 brumai an 8, par les pères ou mères les plus nécessiteux, seront payées à leur décharge par le trésorier de l liste civile.

4. Le ministre de l'intérieur nommera, en conséquence, une commission extraordinaire, qui, d concert avec chacun des bureaux de bienfaisance de Paris et des municipalités de la banlieue, fera l'éta des pères ou mères qui devront jouir du bénéfice de l'article précédent.

5. Le trésorier de la liste civile tiendra à la disposition de la commission une somme de cent cinquant mille francs.

6. Toutes les sommes payées au bureau des nourrices, en vertu du présent décret impérial, seror employées sans délai au paiement des nourrices auxquelles il est dû des mois arriérés.

TITRE IV.

Dotation d'une Fille pauvre et honnête, par arrondissement communal et par chaque municipali des villes de Paris, Lyon, Bordeaux et Marseille.

7. Il est accordé, pour chacune des municipalités de Paris, Lyon, Marseille et Bordeaux, et pou chaque arrondissement communal de l'Empire, une somme de six cents francs, destinée à la dotatio d'une fille pauvre et de bonne conduite.

8. La désignation en sera faite à Paris, Lyon, Marseille, Bordeaux, et dans les arrondissemer du chef-lieu des préfectures, par les préfets ; dans les autres arrondissemens, par le sous-préfet.

9. Les mariages se célébreront au jour qui sera fixé pour le couronnement de l'Empereur.

TITRE V.

Amnistie aux Sous-officiers et Soldats des troupes de terre et de mer, déserteurs à l'intérieur qui rejoindront au terme fixé ; et Remise de l'amende encourue par eux ou leurs pères e mères.

10. Amnistie est accordée à tout sous-officier ou soldat des troupes de terre ou de mer, condamn aux travaux publics pour fait de désertion.

11. Tout individu condamné auxdits travaux et actuellement détenu dans les ateliers ou dans le prisons civiles ou militaires, sera conduit à son corps par la gendarmerie.

Tout individu condamné auxdits travaux, mais non détenu, devra, pour jouir du bienfait du présen décret impérial, se présenter, au plus tard, dans le mois qui suivra sa publication, par-devant un sous préfet, inspecteur ou sous-inspecteur aux revues, ou commissaire des guerres, et déclarer qu'il es repentant de son crime, qu'il demande à reprendre du service et à rejoindre de suite son corps.

12. Amnistie est pareillement accordée à tout sous-officier et soldat actuellement en congé expiré ou en état de désertion, et non jugé, en par lui faisant, dans le délai prescrit par l'article 11, la décla ration y contenue, entre les mains de l'un des fonctionnaires y dénommés.

13. Ceux des individus désignés dans l'article précédent, qui sont détenus dans les prisons civiles o militaires, seront conduits par la gendarmerie à leurs corps respectifs.

Les déserteurs condamnés ou non condamnés, qui se seront librement présentés pour faire leur déclara tion, recevront des fonctionnaires entre les mains desquels ils l'auront faite, une route pour se rendre à leurs corps respectifs : cette route fera mention de leur déclaration. Lesdits fonctionnaires publics donneron avis aux corps respectifs, des déclarations qu'ils auront reçues, et de l'époque à laquelle les déclarans devron avoir rejoint.

14. Rémission est accordée à tout conscrit réfractaire qui, dans le mois de la publication du présen décret impérial, fera à l'un des fonctionnaires dénommés dans l'article 11, la déclaration prescrite par le même article.

Tous les conscrits réfractaires réunis dans les dépôts créés par l'arrêté du 19 vendémiaire, seront conduit à leurs corps respectifs, par des officiers ou sous-officiers desdits dépôts. Ceux qui sont actuellement détenus dans des prisons civiles ou militaires, y seront conduits par la gendarmerie.

Ceux qui se seront librement présentés, recevront une route pour s'y rendre, ainsi qu'il est prescrit pa l'article 13 ci-dessus, à l'égard des sous-officiers et soldats déserteurs.

Les conscrits réfractaires qui n'auraient pas précédemment reçu de destination, seront envoyés au corps d'infanterie le plus voisin du lieu où ils auront fait leur déclaration.

15. Tout déserteur ou conscrit réfractaire sera, en arrivant à son corps, présenté au conseil d'administration chargé de l'admettre à l'amnistie ou à la rémission : après que le conseil aura prononcé l'amnistie ou la rémission, lesdits individus passeront en présence du corps sous le drapeau ou étendard du premier bataillon ou escadron ; puis ils seront admis à prêter individuellement le serment prescrit par le sénatus-consulte du 28 floréal dernier.

16. Le chef du corps remettra à chaque individu en faveur duquel on aura prononcé l'amnistie ou la rémission, un certificat signé par les membres du conseil, et visé par l'inspecteur aux revues. Ce certificat qui constatera la prestation du serment de l'individu y dénommé et signalé, sera de suite adressé au conseiller d'état directeur général de la régie de l'enregistrement. Au vu dudit certificat, le directeur général fera cesser toute poursuite en paiement de l'amende encourue par ledit individu ou par ses père et mère.

17. Le chef de chaque corps dénoncera de nouveau, au 15 fructidor prochain, au premier inspecteur général de la gendarmerie, et à leurs préfets respectifs, tous les individus de son corps qui, appelés à jouir du bénéfice du présent décret impérial, n'auront pas rejoint leurs drapeaux.

Il dénoncera, à la même époque, au conseil de guerre spécial, ceux qui, ayant fait leur déclaration, n'auront pas rejoint au terme qui leur aura été fixé. Les conseils de guerre les jugeront de suite, et les condamneront à la peine du boulet, comme coupables d'avoir déserté une seconde fois.

18. Le terme de rigueur fixé par l'arrêté du 15 floréal dernier aux marins déserteurs et aux individus soumis à la conscription maritime, pour être admis à jouir de l'amnistie accordée par le susdit arrêté, est prorogé jusqu'au 1.er fructidor, dans le cas prévu par l'article 2 de l'arrêté précité ; jusqu'au 1.er brumaire, dans le premier cas prévu par l'article 3 ; et jusqu'au 1.er ventôse, dans le deuxième cas prévu par cet article.

19. Les Ministres sont chargés, chacun en ce qui le concerne, de l'exécution du présent Décret impérial, qui sera inséré au Bulletin des lois.

Signé NAPOLÉON.

Par l'Empereur :

Le Secrétaire d'état, signé HUGUES B. MARET.

Le Ministre de la guerre, signé M.al BERTHIER.

Les Officiers généraux commandans des subdivisions, les Chefs de corps, les Commandans d'armes et militaires, tiendront la main, chacun en ce qui le concerne, à l'exécution du présent Décret.

Le Maréchal Gouverneur de Paris, J. MURAT.

Pour copie conforme :

Le Général de Brigade Chef de l'État-major général du Gouvernement de Paris et de la 1.re Division militaire,

CÉSAR BERTHIER.

GOUVERNEMENT DE PARIS.

1.re *DIVISION MILITAIRE.*

ÉTAT-MAJOR GÉNÉRAL.

Au quartier général, à Paris, le 22 Prairial de l'an 12.

SERVICE DE L'ÉTAT-MAJOR GÉNÉRAL.

Du 22 au 23 Prairial.

Les Capitaines Adjoints de service à l'État-major général .... GUIARDELLE.
Officier de santé de service à l'État-major.......................... POISSON.
Secrétaires de service à l'État-major................................ DUBOIS.

Du 23 au 24 Prairial.

Les Capitaines Adjoints de service à l'Etat-major général............... DELORME.
Officier de santé de service à l'État-major.......................... DANTREVILLE.
Secrétaires de service à l'État-major................................ BRUNEL.

ORDRE GÉNÉRAL.

Rien de nouveau.

Le Général de Brigade Chef de l'État-major général du Gouvernement de Paris et de la 1.re Division militaire,

CÉSAR BERTHIER.

GOUVERNEMENT DE PARIS.

1.re DIVISION MILITAIRE.

ÉTAT-MAJOR GÉNÉRAL.

Au quartier général, à Paris, le 23 Prairial de l'an 12.

SERVICE DE L'ÉTAT-MAJOR GÉNÉRAL.

Du 23 au 24 Prairial.

Les Capitaines Adjoints de service à l'Etat-major général................ DELORME.
Officier de santé de service à l'État-major.............................. DANTREVILLE.
Secrétaires de service à l'État-major.................................... BRUNEL.

Du 24 au 25 Prairial.

Les Capitaines Adjoints de service à l'État-major général................ AUCLER.
Officier de santé de service à l'État-major.............................. POISSON.
Secrétaires de service à l'État-major.................................... PLANTIER.

ORDRE GÉNÉRAL.

Rien de nouveau.

Le Général de Brigade Chef de l'État-major général du Gouvernement de Paris et de la 1.re Division militaire,

CÉSAR BERTHIER.

GOUVERNEMENT DE PARIS.

1.re DIVISION MILITAIRE.

ÉTAT-MAJOR GÉNÉRAL.

Au quartier général, à Paris, le 24 Prairial de l'an 12.

SERVICE DE L'ÉTAT-MAJOR GÉNÉRAL.

Du 24 au 25 Prairial.

Les Capitaines Adjoints de service à l'État-major général .... AUCLER.
Officier de santé de service à l'État-major .... POISSON.
Secrétaire de service à l'État-major .... PLANTIER.

Du 25 au 26 Prairial.

Les Capitaines Adjoints de service à l'Etat-major général .... LONGCHAMP.
Officier de santé de service à l'État-major .... DANTREVILLE.
Secrétaire de service à l'État-major .... LECLERC.

ORDRE GÉNÉRAL.

Paris, le 30 Floréal, an 12.

LE MINISTRE de la Guerre,

Aux Généraux commandant les Armées, les Camps et les Divisions militaires; aux Commandans d'Armes, aux Chefs des Corps et aux Capitaines de recrutement.

Je suis informé, Citoyens, que des conscrits qui étaient dirigés sur un Corps, et qui n'avaient pas encore été reçus sous les drapeaux, ont été condamnés comme déserteurs par des Conseils de guerre spéciaux, sous prétexte qu'ils avaient abandonné en route le détachement dont ils faisaient partie.

Une telle manière de procéder est contraire aux lois et réglemens militaires. Ces individus auraient dû être dénoncés par l'Officier conducteur du détachement au Capitaine de recrutement; celui-ci en aurait donné avis au Préfet, qui, après les avoir déclarés réfractaires, aurait adressé son arrêté au Commissaire du Gouvernement près le Tribunal de première instance de l'arrondissement, pour qu'il fût procédé à leur égard conformément à la loi du 6 floréal an 11.

Les Conseils de guerre spéciaux ne sont compétens que dans les cas suivans : 1.° lorsqu'un sous-officier ou soldat est accusé de désertion ; 2.° lorsqu'il s'agit d'un conscrit qui, après avoir été déclaré réfractaire, et avoir été conduit dans un dépôt de conscrits réfractaires, est accusé de désertion ; 3.° enfin, lorsqu'il s'agit d'un individu qui, en exécution de l'arrêté du 1.er frimaire an 12, a fait sa déclaration de rejoindre, et qui ne s'est pas rendu à son corps avant le 10 nivôse dernier.

Je vous recommande, Citoyens, de vous bien pénétrer des dispositions contenues dans la présente, de vous y conformer, et de tenir la main à ce que les militaires qui sont sous vos ordres s'y conforment.

Les Chefs de corps auront soin de m'adresser un état nominatif des individus qui, en contravention aux lois et réglemens militaires, auraient été jugés par des Conseils de guerre spéciaux, et je m'empresserai de faire réparer les erreurs commises.

Je vous salue, *signé* ALEX. BERTHIER.

Pour ampliation, *le Secrétaire général*, signé LESPERUT.

Pour copie conforme :

Le Général de Brigade Chef de l'État-major général du Gouvernement de Paris et de la 1.re Division militaire,

CÉSAR BERTHIER.

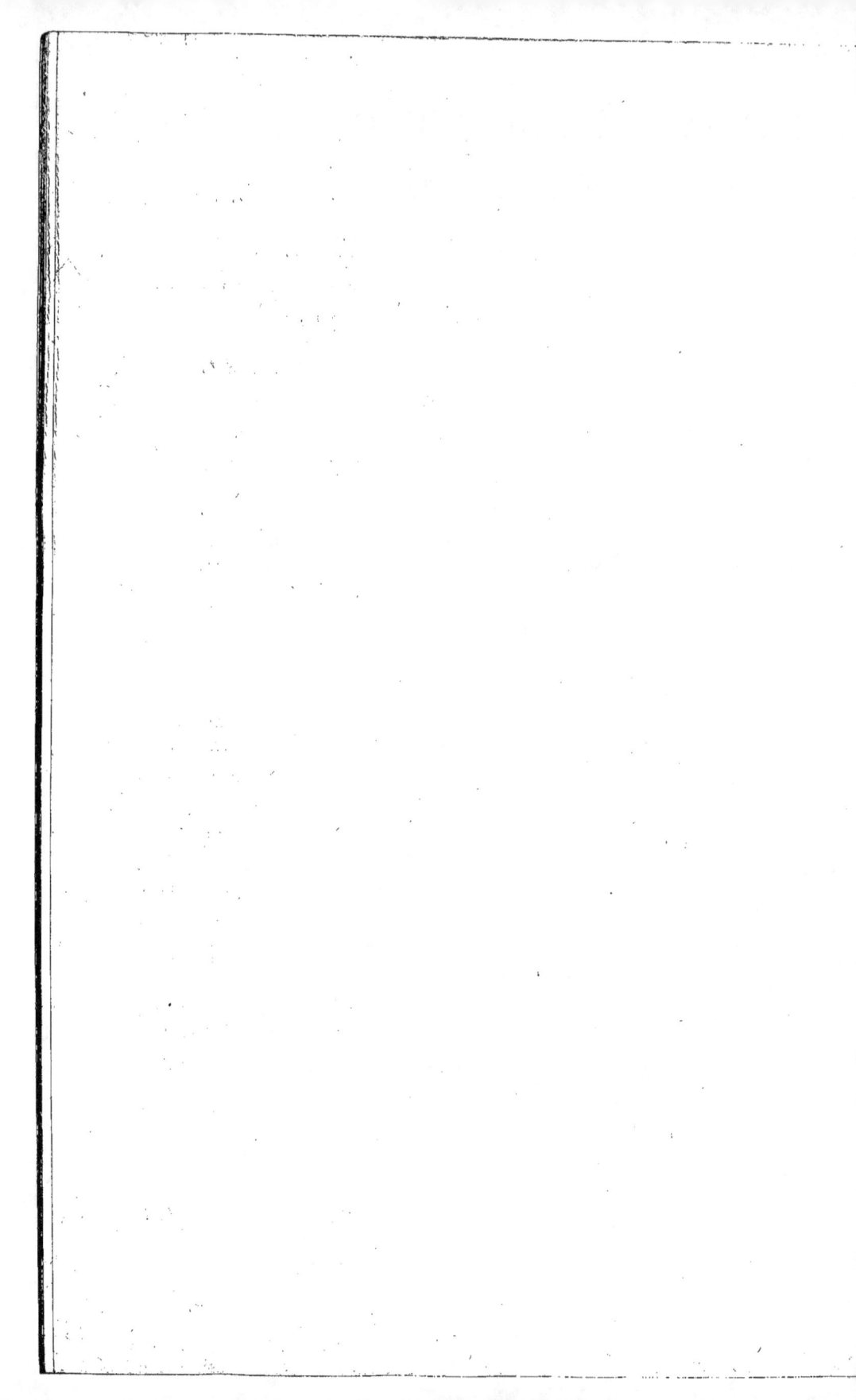

GOUVERNEMENT DE PARIS.

1.re *DIVISION MILITAIRE.*

ÉTAT-MAJOR GÉNÉRAL.

Au quartier général, à Paris, le 25 Prairial de l'an 12.

SERVICE DE L'ÉTAT-MAJOR GÉNÉRAL.

Du 25 au 26 Prairial.

Les Capitaines Adjoints de service à l'Etat-major général............... LONGCHAMP.
Officier de santé de service à l'État-major.............................. DANTREVILLE.
Secrétaire de service à l'État-major..................................... LECLERC.

Du 26 au 27 Prairial.

Les Capitaines Adjoints de service à l'État-major général............... FORGEOT.
Officier de santé de service à l'État-major.............................. POISSON.
Secrétaire de service à l'État-major..................................... DESMOULINS.

ORDRE GÉNÉRAL.

Rien de nouveau.

Le Général de Brigade Chef de l'État-major général du Gouvernement de Paris et de la 1.re Division militaire,

CÉSAR BERTHIER.

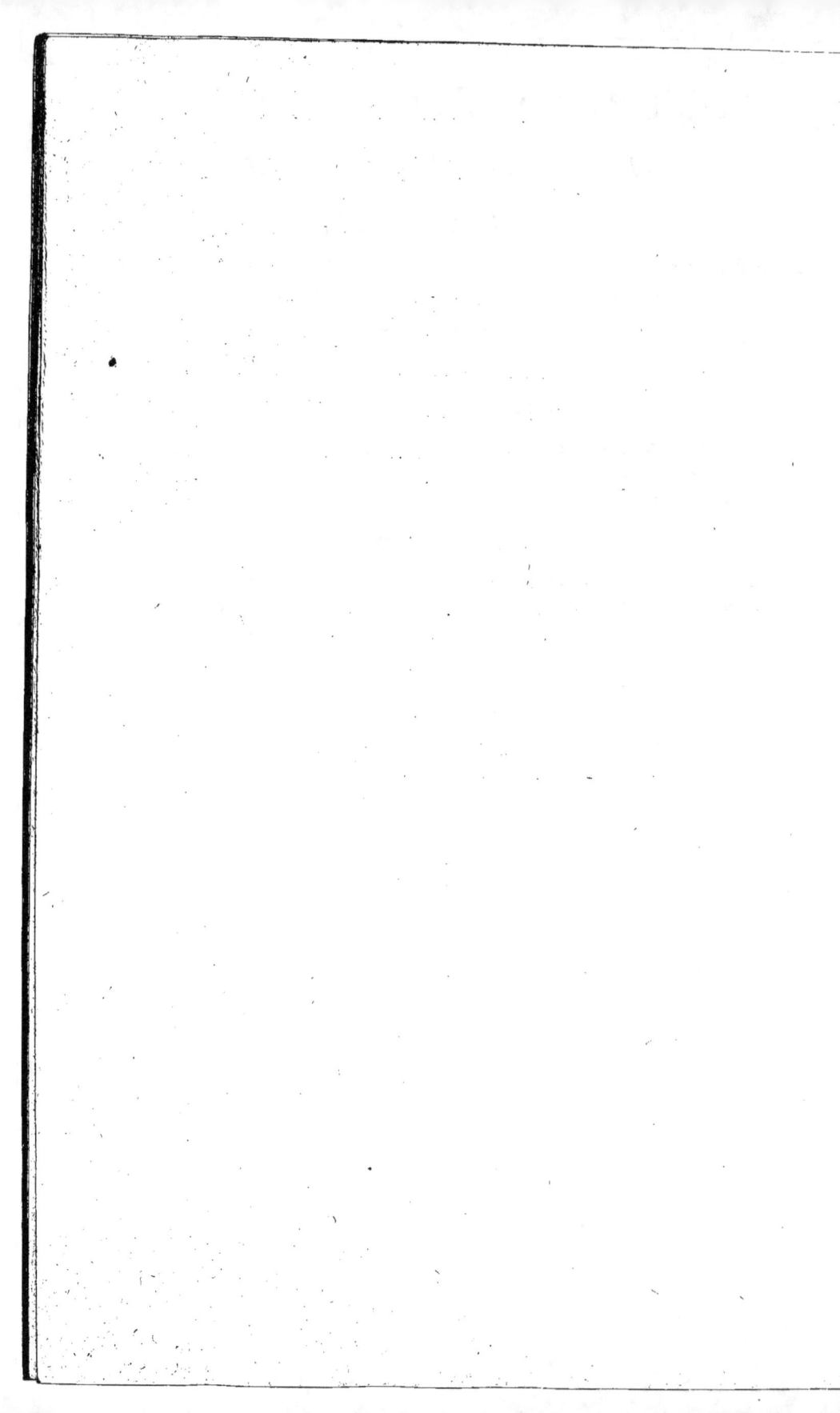

GOUVERNEMENT DE PARIS.

1.re *DIVISION MILITAIRE.*

ÉTAT-MAJOR GÉNÉRAL.

Au quartier général, à Paris, le 26 Prairial de l'an 12.

SERVICE DE L'ÉTAT-MAJOR GÉNÉRAL.

Du 26 au 27 Prairial.

Les Capitaines Adjoints de service à l'État-major général............... FORGEOT.
Officier de santé de service à l'État-major............................... POISSON.
Secrétaire de service à l'État-major...................................... DESMOULINS.

Du 27 au 28 Prairial.

Les Capitaines Adjoints de service à l'Etat-major général............... AUGIAS.
Officier de santé de service à l'État-major............................... DANTREVILLE.
Secrétaire de service à l'État-major...................................... GEORGE.

ORDRE GÉNÉRAL.

Rien de nouveau.

Le Général de Brigade Chef de l'État-major général du Gouvernement de Paris et de la 1.re Division militaire,

CÉSAR BERTHIER.

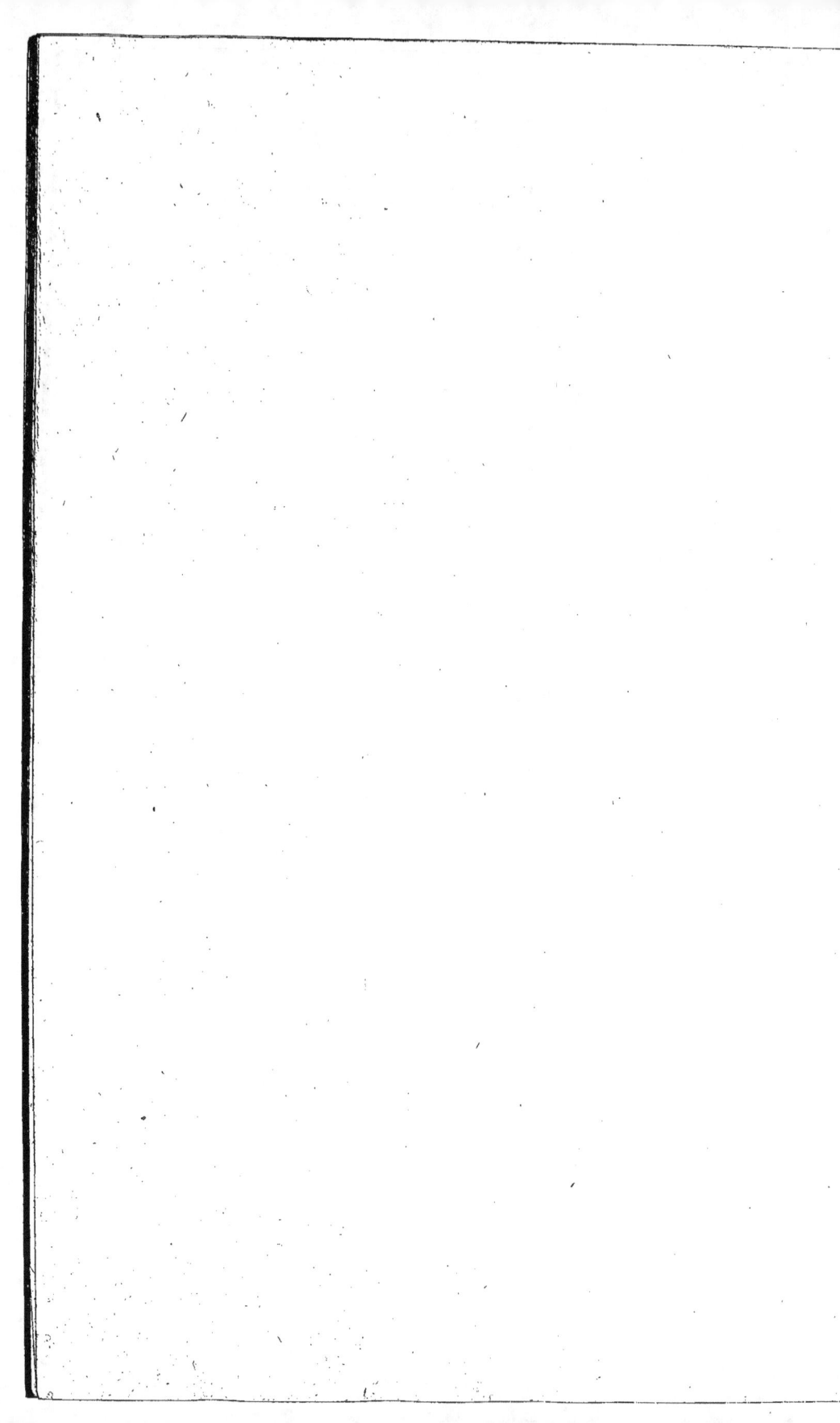

GOUVERNEMENT DE PARIS.

1.re *DIVISION MILITAIRE.*

ÉTAT-MAJOR GÉNÉRAL.

Au quartier général, à Paris, le 27 Prairial de l'an 12.

SERVICE DE L'ÉTAT-MAJOR GÉNÉRAL.

Du 27 au 28 Prairial.

Le Capitaine Adjoint de service à l'Etat-major général.................. AUGIAS.
Officier de santé de service à l'État-major........................... DANTREVILLE.
Secrétaire de service à l'État-major................................. GEORGE.

Du 28 au 29 Prairial.

Le Capitaine Adjoint de service à l'État-major général.................. GUIARDELLE.
Officier de santé de service à l'État-major........................... POISSON.
Secrétaire de service à l'État-major................................. DUBOIS.

ORDRE GÉNÉRAL.

Paris, le 22 Prairial, an 12.

LE MINISTRE de la Guerre,

A M. le Maréchal Murat, *Gouverneur de Paris.*

LE Décret impérial du 13 de ce mois, qui accorde amnistie aux sous-officiers et soldats déserteurs, et aux conscrits réfractaires, porte, monsieur le Maréchal, qu'ils seront dirigés, par l'autorité à laquelle ils auront fait la déclaration prescrite, sur leurs corps respectifs. Plusieurs de ces corps se trouvant au-delà du complet, pourraient refuser d'admettre les hommes qui leur seraient adressés; veuillez bien prescrire à ceux qui seraient dans ce cas, de recevoir tous les amnistiés qui leur seront légalement envoyés.

J'ai l'honneur de vous saluer, *signé* M.al BERTHIER.

Le Maréchal Gouverneur de Paris ordonne aux Colonels des régimens et aux commandans les dépôts stationnés dans la première division, de se conformer strictement à l'exécution des dispositions contenues dans la lettre ci-dessus.

Signé J. MURAT.

Pour copie conforme :

Le Général de Brigade Chef de l'État-major général du Gouvernement de Paris et de la 1.re Division militaire,

CÉSAR BERTHIER.

GOUVERNEMENT DE PARIS.

1.re DIVISION MILITAIRE.

ÉTAT-MAJOR GÉNÉRAL.

Au quartier général, à Paris, le 28 Prairial de l'an 12.

SERVICE DE L'ÉTAT-MAJOR GÉNÉRAL.

Du 28 au 29 Prairial.

Le Capitaine Adjoint de service à l'État-major général.................. WATHIEZ.
Officier de santé de service à l'État-major.............................. POISSON.
Secrétaire de service à l'État-major...................................... DUBOIS.

Du 29 au 30 Prairial.

Le Capitaine Adjoint de service à l'Etat-major général.................. GUIARDELLE.
Officier de santé de service à l'État-major.............................. DANTREVILLE.
Secrétaire de service à l'État-major...................................... CORBET.

ORDRE GÉNÉRAL.

Paris, le 23 Prairial, an 12.

LE MARÉCHAL MINISTRE de la Guerre,

Au Maréchal Murat, *Gouverneur de Paris.*

EN exécution de l'arrêté du Gouvernement, du 15 germinal an 11, Monsieur le Maréchal, les Conseils d'administration des régimens de toute arme, doivent être renouvelés, tous les ans, au 1.er vendémiaire.

Conformément aux dispositions de l'article 5 de cet arrêté, les Officiers supérieurs et les Capitaines doivent, avant la revue de l'Inspecteur général, se réunir chez le Colonel pour former une liste de candidats. Procès-verbal de cette opération est dressé et remis, lors de sa revue, à l'Inspecteur général qui me le transmet avec son avis sur chacun des individus proposés. Je choisis alors sur cette liste les Officiers et Sous-officiers qui me paraissent les plus propres à être membres ou suppléans du Conseil.

Comme les Inspecteurs généraux ne sont pas encore en tournée, et que cependant il est instant de s'occuper du renouvellement des Conseils, puisqu'ils doivent être installés au 1.er vendémiaire, j'ai décidé, monsieur le Maréchal, que les Généraux commandant les camps et les divisions militaires rempliraient à cet égard les fonctions d'Inspecteur général. Je vous engage donc à donner de suite des ordres à tous les corps employés sous votre commandement, pour que les Officiers supérieurs et les capitaines se réunissent chez le Colonel, et procèdent à la formation d'une liste de candidats.

Cette liste, pour les Conseils d'administration généraux, devra comprendre,

1.° Huit Capitaines;
2.° Deux autres Capitaines, pour remplacer et seconder le Major dans la tenue des contrôles;
3.° Deux Lieutenans ou Sous-Lieutenans, pour remplacer et seconder le Quartier-maître;
4.° Quatre Sous-officiers.

Il sera tenu procès-verbal de cette désignation, et du nombre de suffrages que chaque Capitaine aura obtenus.

Les membres actuellement en exercice pouvant être réélus, on pourra les porter sur la liste; et, à défaut d'officiers d'un grade, on pourra les remplacer par ceux du grade immédiatement inférieur.

Ces procès-verbaux devront vous être adressés dans le plus court délai, et vous me les transmettrez avec votre avis sur les Officiers et Sous-officiers que vous croirez les plus capables de siéger au Conseil.

Dans le cas où vous n'auriez pas sur leurs talens et leur moralité tous les renseignemens suffisans, vous vous les ferez donner par les Généraux les plus à portée de les connaître et de les juger.

Quant aux Conseils d'administration des bataillons de sapeurs et de pontonniers, des compagnies d'ouvriers et mineurs, de bataillons du train d'artillerie, et à ceux des bataillons ou escadrons détachés, dont la composition est différente, il sera procédé au choix des candidats de la manière indiquée ci-dessus ; mais la liste ne devra présenter qu'un nombre d'Officiers et de Sous-officiers double de celui déterminé par les articles 8, 9, 10 et 11 de l'arrêté du 15 germinal.

J'ai l'honneur de vous saluer, *signé* M.al BERTHIER.

Pour copie conforme :

Le Général de Brigade Chef de l'État-major général,

CÉSAR BERTHIER.

Conformément aux ordres de M. le Maréchal Gouverneur de Paris, les chefs des différens corps employés dans la 1.re Division militaire sont invités à se conformer, sans délai, aux dispositions de la lettre de M. le Maréchal Ministre de la guerre ci-dessus transcrite, et à envoyer aussitôt à M. le Maréchal Gouverneur les procès-verbaux relatifs à l'opération qui est le motif de cette lettre.

Le Général de Brigade Chef de l'État-major général du Gouvernement de Paris et de la 1.re Division militaire,

CÉSAR BERTHIER.

GOUVERNEMENT DE PARIS.

1.re *DIVISION MILITAIRE.*

ÉTAT-MAJOR GÉNÉRAL.

Au quartier général, à Paris, le 29 Prairial de l'an 12.

SERVICE DE L'ÉTAT-MAJOR GÉNÉRAL.

Du 29 au 30 Prairial.

Le Capitaine Adjoint de service à l'Etat-major général.................. GUIARDELLE.
Officier de santé de service à l'État-major.......................... DANTREVILLE.
Secrétaire de service à l'État-major................................. CORBET.

Du 30 Prairial au 1.er Messidor.

Le Capitaine Adjoint de service à l'État-major général.................. DELORME.
Officier de santé de service à l'État-major.......................... POISSON.
Secrétaire de service à l'État-major................................. DUBOIS.

Rien de nouveau.

Le Général de Brigade Chef de l'État-major général du Gouvernement de Paris et de la 1.re Division militaire,

CÉSAR BERTHIER.

GOUVERNEMENT DE PARIS.

1.re DIVISION MILITAIRE.

ÉTAT-MAJOR GÉNÉRAL.

Au quartier général, à Paris, le 30 Prairial de l'an 12.

SERVICE DE L'ÉTAT-MAJOR GÉNÉRAL.

Du 30 Prairial au 1.er Messidor.

Le Capitaine Adjoint de service à l'État-major général.................. DELORME.
Officier de santé de service à l'État-major......................... POISSON.
Secrétaire de service à l'État-major.............................. DUBOIS.

Du 1.er au 2 Messidor.

Le Capitaine Adjoint de service à l'Etat-major général.................. AUCLER.
Officier de santé de service à l'État-major......................... DANTREVILLE.
Secrétaire de service à l'État-major.............................. BRUNEL.

ORDRE GÉNÉRAL.

SA MAJESTÉ IMPÉRIALE a fait grace, le 5 de ce mois, à Jean *Poitevin*, dragon au neuvième régiment, en garnison à Versailles. Ce dragon avait été condamné à trois ans de travaux publics, et à 1,500 francs d'amende, pour cause de désertion.

Le Général de Brigade Chef de l'État-major général du Gouvernement de Paris et de la 1.re Division militaire,

CÉSAR BERTHIER.

GOUVERNEMENT DE PARIS.

1.re *DIVISION MILITAIRE.*

ÉTAT-MAJOR GÉNÉRAL.

Au quartier général, à Paris, le 1.er Messidor de l'an 12.

SERVICE DE L'ÉTAT-MAJOR GÉNÉRAL.

Du 1.er au 2 Messidor.

Le Capitaine Adjoint de service à l'Etat-major général.................. AUCLER.
Officier de santé de service à l'État-major.............................. DANTREVILLE.
Secrétaire de service à l'État-major..................................... PLANTIER.

Du 2 au 3 Messidor.

Le Capitaine Adjoint de service à l'État-major général.................. LONGCHAMP.
Officier de santé de service à l'État-major.............................. POISSON.
Secrétaire de service à l'État-major..................................... BRUNEL.

ORDRE GÉNÉRAL.

M. le Maréchal Gouverneur de Paris informe les différens corps de troupes employés sous ses ordres, que M. le Maréchal Ministre de la guerre a chargé le Comité central des revues, de procéder de suite aux revues des corps qui auraient des réclamations à faire pour solde des six premiers mois de l'an 8, et de terminer ce travail d'ici au 1.er fructidor prochain, terme de rigueur.

Il est en conséquence prescrit à ceux de ces corps qui ont de semblables réclamations à former, de les adresser, sans délai, à M. le Maréchal Ministre de la guerre, attendu que, passé le terme de rigueur précité, il n'en admettra plus aucune, et qu'il rendra compte à Sa Majesté l'Empereur, des lenteurs que les Conseils d'administration auraient apportées dans l'exécution de cette disposition.

Les corps qui n'ont aucune réclamation à faire, doivent en adresser, dans le même délai, à M. le Maréchal Ministre de la guerre, la déclaration négative.

Par ordre de M. le Maréchal Gouverneur,

Le Général de Brigade Chef de l'État-major général,

CÉSAR BERTHIER.

M. le Commissaire des guerres *Dufresne* ayant été promu à l'emploi de Sous-inspecteur aux revues, M. le Commissaire ordonnateur de la 1.re division a désigné M. le Commissaire des guerres *Lepelletier*, pour remplir provisoirement, et jusqu'à ce que M. le Maréchal Ministre de la guerre ait remplacé M. *Dufresne*, les fonctions dont ce Commissaire des guerres était chargé, et qui sont ci-après détaillées; savoir :

La Police des magasins d'habillemens,
Des vivres,
Des fourrages,
Des liquides,
Et des bois et lumières.

C'est en conséquence à M. *Lepelletier* que les corps de la garnison de Paris s'adresseront désormais pour tout ce qui est relatif à ces différens objets.

Le Général de Brigade Chef de l'État-major général du Gouvernement de Paris et de la 1.re Division militaire,

CÉSAR BERTHIER.

GOUVERNEMENT DE PARIS.

1.re DIVISION MILITAIRE.

ÉTAT-MAJOR GÉNÉRAL.

Au quartier général, à Paris, le 2 Messidor de l'an 12.

SERVICE DE L'ÉTAT-MAJOR GÉNÉRAL.

Du 2 au 3 Messidor.

Le Capitaine Adjoint de service à l'État-major général.................. LONGCHAMP.
Officier de santé de service à l'État-major........................... POISSON.
Secrétaire de service à l'État-major.................................. BRUNEL.

Du 3 au 4 Messidor.

Le Capitaine Adjoint de service à l'Etat-major général.................. FORGEOT.
Officier de santé de service à l'État-major........................... DANTREVILLE.
Secrétaire de service à l'État-major.................................. LECLERC.

Rien de nouveau.

Le Général de Brigade Chef de l'État-major général du Gouvernement de Paris et de la 1.re Division militaire,

CÉSAR BERTHIER.

GOUVERNEMENT DE PARIS.

1.re *DIVISION MILITAIRE.*

ÉTAT-MAJOR GÉNÉRAL.

Au quartier général, à Paris, le 3 Messidor de l'an 12.

SERVICE DE L'ÉTAT-MAJOR GÉNÉRAL.

Du 3 au 4 Messidor.

Le Capitaine Adjoint de service à l'Etat-major général.................... FORGEOT.
Officier de santé de service à l'État-major.............................. DANTREVILLE.
Secrétaire de service à l'État-major.................................... LECLERC.

Du 4 au 5 Messidor.

Le Capitaine Adjoint de service à l'État-major général.................... AUGIAS.
Officier de santé de service à l'État-major.............................. POISSON.
Secrétaire de service à l'État-major.................................... DESMOULINS.

Rien de nouveau.

Le Général de Brigade Chef de l'État-major général du Gouvernement de Paris et de la 1.re Division militaire,

CÉSAR BERTHIER.

GOUVERNEMENT DE PARIS.

1.re *DIVISION MILITAIRE.*

ÉTAT-MAJOR GÉNÉRAL.

Au quartier général, à Paris, le 4 Messidor de l'an 12.

SERVICE DE L'ÉTAT-MAJOR GÉNÉRAL.

Du 4 au 5 Messidor.

Le Capitaine Adjoint de service à l'État-major général.................. AUGIAS.
Officier de santé de service à l'État-major.......................... POISSON.
Secrétaire de service à l'État-major................................ DESMOULINS.

Du 5 au 6 Messidor.

Le Capitaine Adjoint de service à l'Etat-major général.................. GUIARDELLE.
Officier de santé de service à l'État-major.......................... DANTREVILLE.
Secrétaire de service à l'État-major................................ CORBET.

Rien de nouveau.

Le Général de Brigade Chef de l'État-major général du Gouvernement de Paris et de la 1.re Division militaire,

CÉSAR BERTHIER.

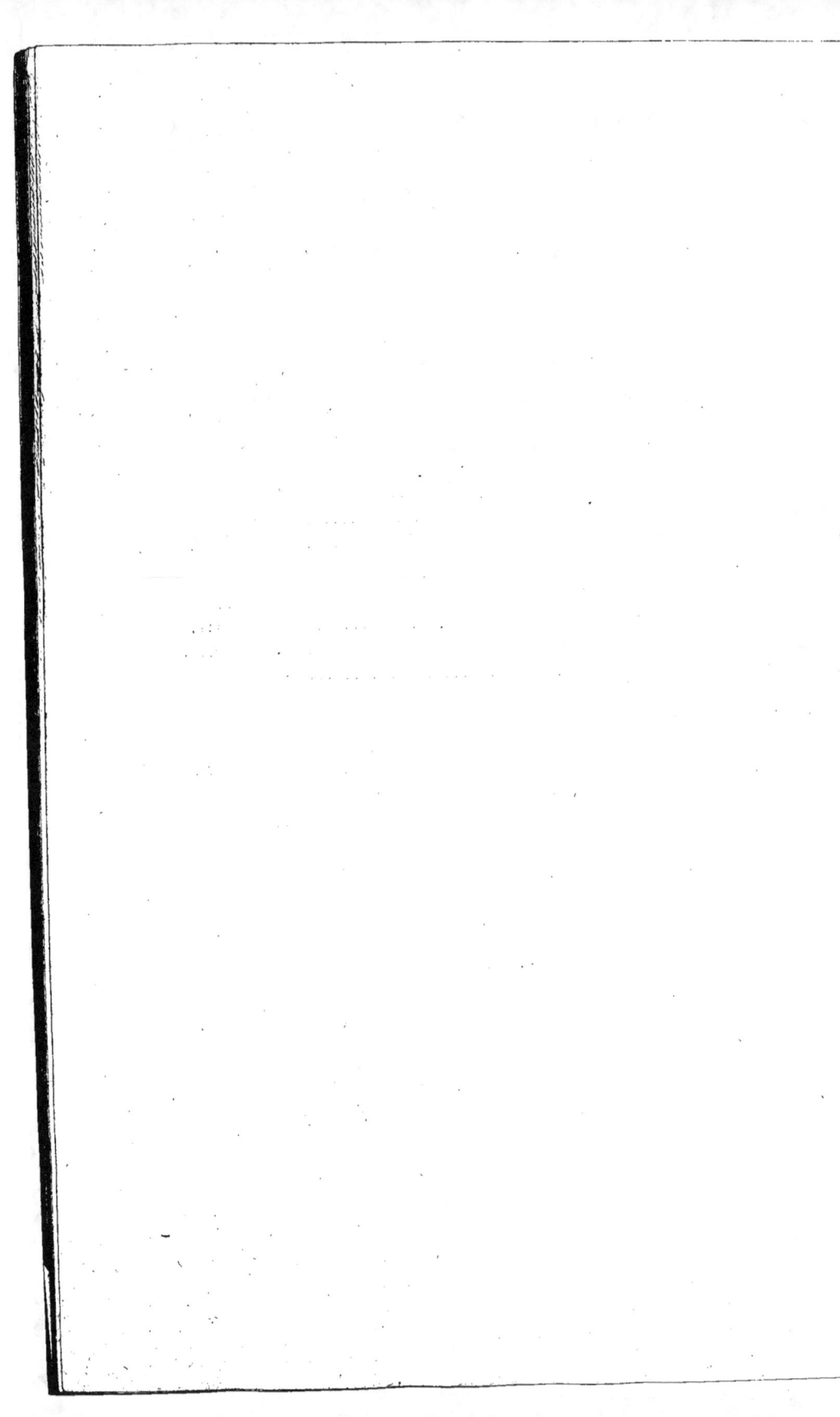

GOUVERNEMENT DE PARIS.

1.re DIVISION MILITAIRE.

ÉTAT-MAJOR GÉNÉRAL.

Au quartier général, à Paris, le 5 Messidor de l'an 12.

SERVICE DE L'ÉTAT-MAJOR GÉNÉRAL.

Du 5 au 6 Messidor.

Le Capitaine Adjoint de service à l'État-major général.................... GUIARDELLE,
Officier de santé de service à l'État-major.......................... DANTREVILLE,
Secrétaire de service à l'État-major.................................. CORBET.

Du 6 au 7 Messidor.

Le Capitaine Adjoint de service à l'État-major général.................... WATHIEZ,
Officier de santé de service à l'État-major.......................... POISSON.
Secrétaire de service à l'État-major.................................. GEORGE.

Rien de nouveau.

Le Général de Brigade Chef de l'État-major général du Gouvernement de Paris et de la 1.re Division militaire,

CÉSAR BERTHIER.

GOUVERNEMENT DE PARIS.

1.re *DIVISION MILITAIRE.*

ÉTAT-MAJOR GÉNÉRAL.

Au quartier général, à Paris, le 6 Messidor de l'an 12.

SERVICE DE L'ÉTAT-MAJOR GÉNÉRAL.

Du 6 au 7 Messidor.

Le Capitaine Adjoint de service à l'État-major général.................. WATHIEZ.
Officier de santé de service à l'État-major.......................... POISSON.
Secrétaire de service à l'Etat-major.................................. GEORGE.

Du 7 au 8 Messidor.

Le Capitaine Adjoint de service à l'Etat-major général.................. GUIARDELLE.
Officier de santé de service à l'État-major.......................... DANTREVILLE.
Secrétaire de service à l'État-major.................................. CORBET.

Rien de nouveau.

Le Général de Brigade Chef de l'État-major général du Gouvernement de Paris et de la 1.re Division militaire,

CÉSAR BERTHIER.

GOUVERNEMENT DE PARIS.

1.re *DIVISION MILITAIRE.*

ÉTAT-MAJOR GÉNÉRAL.

Au quartier général, à Paris, le 7 Messidor de l'an 12.

SERVICE DE L'ÉTAT-MAJOR GÉNÉRAL.

Du 7 au 8 Messidor.

Le Capitaine Adjoint de service à l'Etat-major général................. GUIARDELLE.
Officier de santé de service à l'État-major......................... DANTREVILLE.
Secrétaire de service à l'État-major................................. CORBET.

Du 8 au 9 Messidor.

Le Capitaine Adjoint de service à l'État-major général................. DELORME.
Officier de santé de service à l'État-major......................... POISSON.
Secrétaire de service à l'Etat-major................................. DUBOIS.

Rien de nouveau.

Le Général de Brigade Chef de l'État-major général du Gouvernement de Paris et de la 1.re Division militaire,

CÉSAR BERTHIER.

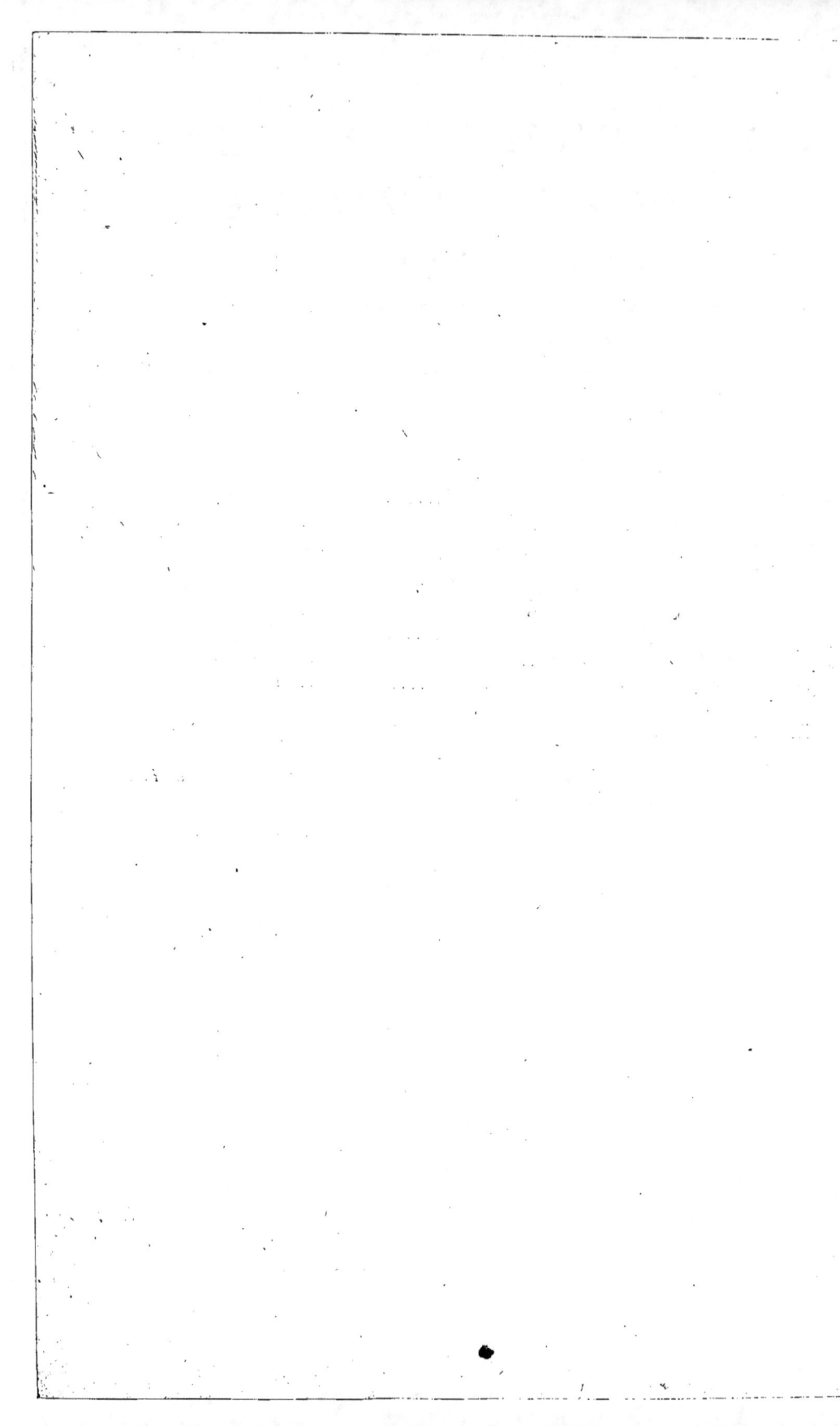

GOUVERNEMENT DE PARIS.

1.re *DIVISION MILITAIRE.*

ÉTAT-MAJOR GÉNÉRAL.

Au quartier général, à Paris, le 8 Messidor de l'an 12.

SERVICE DE L'ÉTAT-MAJOR GÉNÉRAL.

Du 8 au 9 Messidor.

Le Capitaine Adjoint de service à l'État-major général................ DELORME.
Officier de santé de service à l'État-major........................... POISSON.
Secrétaire de service à l'Etat-major.................................. DUBOIS.

Du 9 au 10 Messidor.

Le Capitaine Adjoint de service à l'Etat-major général................ AUCLER.
Officier de santé de service à l'État-major........................... DANTREVILLE.
Secrétaire de service à l'État-major.................................. BRUNEL.

Rien de nouveau.

Le Général de Brigade Chef de l'État-major général du Gouvernement de Paris et de la 1.re Division militaire,

CÉSAR BERTHIER.

GOUVERNEMENT DE PARIS.

1.re *DIVISION MILITAIRE.*

ÉTAT-MAJOR GÉNÉRAL.

Au quartier général, à Paris, le 9 Messidor de l'an 12.

SERVICE DE L'ÉTAT-MAJOR GÉNÉRAL.

Du 9 au 10 Messidor.

Le Capitaine Adjoint de service à l'Etat-major général................ AUCLER.
Officier de santé de service à l'État-major........................ DANTREVILLE.
Secrétaire de service à l'État-major.............................. BRUNEL.

Du 10 au 11 Messidor.

Le Capitaine Adjoint de service à l'État-major général................ LONGCHAMP.
Officier de santé de service à l'État-major........................ POISSON.
Secrétaire de service à l'Etat-major.............................. PLANTIER.

ORDRE du 9 Messidor an 12.

Monseigneur le Maréchal, Gouverneur de Paris, en témoignant aux Troupes qu'il a commandées hier matin au Champ-de-Mars, sa satisfaction sur l'ensemble, la précision des manœuvres qu'elles ont exécutées, recommande aux Chefs de Corps, de redoubler d'ardeur et d'assiduité dans les exercices de détail, afin que les Officiers et Soldats ne laissent bientôt plus rien à desirer dans l'exécution des grandes manœuvres ; M. le Maréchal, Gouverneur, appréciera, avec plaisir, les soins que les officiers supérieurs donneront à une partie aussi essentielle.

Ce sera une satisfaction pour lui de les présenter à S. M. l'Empereur, qui ne tardera pas à les faire manœuvrer elle-même.

Monseigneur le Maréchal a ordonné que tous les jours de grandes manœuvres, l'eau-de-vie soit distribuées immédiatement après la rentrée des Corps dans leurs quartiers.

Le Général de Brigade Chef de l'État-major général du Gouvernement de Paris et de la 1.re Division militaire,

CÉSAR BERTHIER.

GOUVERNEMENT DE PARIS.

1.re DIVISION MILITAIRE.

ÉTAT-MAJOR GÉNÉRAL.

Au quartier général, à Paris, le 10 Messidor de l'an 12.

SERVICE DE L'ÉTAT-MAJOR GÉNÉRAL.

Du 10 au 11 Messidor.

Le Capitaine Adjoint de service à l'État-major général.................. LONGCHAMP.
Officier de santé de service à l'État-major.......................... POISSON.
Secrétaire de service à l'Etat-major................................. PLANTIER.

Du 11 au 12 Messidor.

Le Capitaine Adjoint de service à l'Etat-major général.................. FORGEOT.
Officier de santé de service à l'État-major.......................... DANTREVILLE.
Secrétaire de service à l'État-major................................. LECLERC.

Rien de nouveau.

Le Général de Brigade Chef de l'État-major général du Gouvernement de Paris et de la 1.re Division militaire,

CÉSAR BERTHIER.

GOUVERNEMENT DE PARIS.

1.re *DIVISION MILITAIRE.*

ÉTAT-MAJOR GÉNÉRAL.

Au quartier général, à Paris, le 11 Messidor de l'an 12.

SERVICE DE L'ÉTAT-MAJOR GÉNÉRAL.

Du 11 au 12 Messidor.

Le Capitaine Adjoint de service à l'Etat-major général.................. FORGEOT.
Officier de santé de service à l'État-major.......................... DANTREVILLE.
Secrétaire de service à l'État-major.................................. LECLERC.

Du 12 au 13 Messidor.

Le Capitaine Adjoint de service à l'État-major général.................. AUGIAS.
Officier de santé de service à l'État-major.......................... POISSON.
Secrétaire de service à l'Etat-major.................................. LECLERC.

ORDRE GÉNÉRAL.

Monsieur le Maréchal, Gouverneur de Paris, en conformité de l'instruction de M. le Maréchal et Ministre de la guerre, en date du 5 floréal an 9, fait connaître, par la voie de l'Ordre général, l'ordonnance de perquisition rendue le 1.er de ce mois par le Président du 1.er Conseil de guerre séant à Paris, contre un militaire contumax.

1.er CONSEIL DE GUERRE PERMANENT DE LA 1.ere DIVISION MILITAIRE.

Ordonnance de perquisition.

Cejourd'hui, jeudi, premier du mois de messidor, an douze,

Nous, *Jean-Baptiste Duplessis*, Général divisionnaire, membre de la Légion d'honneur, et Commandant du dixième Régiment de Vétérans, Président du 1.er Conseil de guerre permanent de la 1.ere Division militaire;

Lecture prise d'une lettre en date de ce jour, par laquelle M. *Delon*, substitut du Rapporteur, nous annonce que le nommé *Jean-Baptiste Vallon*, fusilier au 1.er Régiment de la Garde municipale de Paris, traduit au Conseil comme prévenu d'insubordination, de révolte et de menaces envers ses supérieurs, ne s'est pas présenté en justice pour y répondre à l'accusation portée contre lui;

Ordonnons qu'en vertu de l'article 462 du Code des délits et des peines, du 3 brumaire an IV, perquisition soit faite de la personne du nommé *Jean-Baptiste Vallon*, âgé de 28 ans, fils de *Joseph* et de *Anne Perioline*, natif d'Annonay, département de l'Ardèche, cheveux et sourcils châtains, yeux bruns, nez long, bouche moyenne, menton rond, front découvert, de la taille d'un mètre 828 millimètres;

MANDONS et ordonnons de mettre à exécution la présente, qui, conformément au Code précité, sera publiée à son de trompe ou de tambour, et affichée aux jour et lieux voulus par la loi;

Voulons, en outre, que copie d'icelle soit adressée de suite à monsieur le Maréchal de l'Empire, MURAT, Gouverneur de Paris, pour ladite être encore rendue publique par la voie de l'ordre.

Ainsi ordonné, à Paris, au greffe du Conseil, les jour mois et an que dessus, sous nos seing et scel.

Signé DUPLESSIS.

Pour expédition conforme, le Greffier, FOUCHER.

EXTRAIT *des Jugemens rendus par le premier Conseil de guerre de la 1.re Division militaire pendant le mois de Prairial an 12.*

NUMÉROS des Jugemens.	DATES.	NOMS ET PRÉNOMS des INDIVIDUS JUGÉS.	QUALITÉ, MILITAIRE ou Profession.	LIEUX de NAISSANCE.	ANALYSE DES JUGEMENS.	
1786.	10.	Bost, *dit* Roussel......	Dragon au 15.e Régiment.	Thiviers, département de la Dordogne.	Convaincu de vol dans un édifice public.	Condamné à un an de prison.
1787.	*Id.*	Simon, *(Pierre-René)*...	Caporal au 1.er Régiment de Vétérans.	Rennes, département d'Ille-et-Vilaine.	Convaincu du vol d'une somme d'argent envers un de ses camarades.	Condamné à six ans de fers, à la dégradation militaire et au remboursement de la somme volée.
1788.	27.	Bataille, *(Constant)*....	Caporal au 2.e Régiment de la Garde de Paris.	Douai, département du Nord.	Accusé d'un vol commis la nuit sur la voie publique en l'an 6, avec violence, attroupement et armes meurtrières, et condamné par contumace pour le fait, le 4 messidor an 6, à 24 ans de fers.	Relevé du jugement de condamnation rendu en l'an 6, par contumace, lequel est déclaré nul pour ce qui concerne ledit *Bataille*, acquitté de l'accusation de vol portée contre lui, et mis en liberté.
1789.	*Id.*	Dumont, *(Antoine)*....	Dragon au 27.e Régiment.	Saint-Par-Delevure, départem.t de la Corrèze.	Accusé de vol dans une maison où il logeait.	Acquitté et mis en liberté.
1790.	*Id.*	Vallée, *(Alexandre)* contumax.	déserteur du 26.e Régiment d'infanterie légère.	Paris, département de la Seine.	Déclaré coupable d'un vol dans un édifice public.	Condamné à quatre ans de fers et à la dégradation militaire.

Total des jugemens rendus par le 1.er Conseil de guerre pendant le mois de prairial, an 12, ci.... 5.

Total des individus jugés pendant le même mois par ce Conseil, ci......... { présens 4. contumax 1. } 5.

Pour extraits conformes aux expéditions desdits jugemens :

Le Général de Brigade Chef de l'État-major général du Gouvernement de Paris et de la 1.re Division militaire,

CÉSAR BERTHIER.

GOUVERNEMENT DE PARIS.

1.re DIVISION MILITAIRE.

ÉTAT-MAJOR GÉNÉRAL.

Au quartier général, à Paris, le 12 Messidor de l'an 12.

SERVICE DE L'ÉTAT-MAJOR GÉNÉRAL.

Du 12 au 13 Messidor.

Le Capitaine Adjoint de service à l'État-major général.................. AUGIAS.
Officier de santé de service à l'État-major.......................... POISSON.
Secrétaire de service à l'Etat-major................................ LECLERC.

Du 13 au 14 Messidor.

Le Capitaine Adjoint de service à l'Etat-major général.................. GUIARDELLE.
Officier de santé de service à l'État-major.......................... DANTREVILLE.
Secrétaire de service à l'État-major................................ DESMOULINS.

Rien de nouveau.

Le Général de Brigade Chef de l'État-major général du Gouvernement de Paris et de la 1.re Division militaire,

CÉSAR BERTHIER.

GOUVERNEMENT DE PARIS.

1.re DIVISION MILITAIRE.

ÉTAT-MAJOR GÉNÉRAL.

Au quartier général, à Paris, le 13 Messidor de l'an 12.

SERVICE DE L'ÉTAT-MAJOR GÉNÉRAL.

Du 13 au 14 Messidor.

Le Capitaine Adjoint de service à l'Etat-major général.................... GUIARDELLE,
Officier de santé de service à l'État-major.......................... DANTREVILLE,
Secrétaire de service à l'État-major.................................. DESMOULINS,

Du 14 au 15 Messidor.

Le Capitaine Adjoint de service à l'État-major général.................... DELORME.
Officier de santé de service à l'État-major.......................... POISSON.
Secrétaire de service à l'Etat-major.................................. GEORGE.

Rien de nouveau.

Le Général de Brigade Chef de l'État-major général du Gouvernement de Paris et de la 1.re Division militaire,

CÉSAR BERTHIER.

GOUVERNEMENT DE PARIS.

1.re DIVISION MILITAIRE.

ÉTAT-MAJOR GÉNÉRAL.

Au quartier général, à Paris, le 14 Messidor de l'an 12.

SERVICE DE L'ÉTAT-MAJOR GÉNÉRAL.

Du 14 au 15 Messidor.

Le Capitaine Adjoint de service à l'État-major général................. DELORME.
Officier de santé de service à l'État-major.......................... POISSON.
Secrétaire de service à l'Etat-major................................. GEORGE.

Du 15 au 16 Messidor.

Le Capitaine Adjoint de service à l'Etat-major général................. AUCLER.
Officier de santé de service à l'État-major.......................... DANTREVILLE.
Secrétaire de service à l'État-major................................. CORBET.

Rien de nouveau.

Le Général de Brigade Chef de l'État-major général du Gouvernement de Paris et de la 1.re Division militaire,

CÉSAR BERTHIER.

GOUVERNEMENT DE PARIS.

1.re DIVISION MILITAIRE.

ÉTAT-MAJOR GÉNÉRAL.

Au quartier général, à Paris, le 15 Messidor de l'an 12.

SERVICE DE L'ÉTAT-MAJOR GÉNÉRAL.

Du 15 au 16 Messidor.

Le Capitaine Adjoint de service à l'Etat-major général................. AUCLER.
Officier de santé de service à l'État-major.......................... DANTREVILLE.
Secrétaire de service à l'État-major.................................. CORBET.

Du 16 au 17 Messidor.

Le Capitaine Adjoint de service à l'État-major général................. LONGCHAMP.
Officier de santé de service à l'État-major.......................... POISSON.
Secrétaire de service à l'Etat-major.................................. DUBOIS.

ORDRE GÉNÉRAL.

M. le Directeur-Ministre de l'Administration de la guerre ayant accordé de nouvelles lettres de service, pour le département de l'Aisne, au Commissaire des guerres *Meurizet*, M. le Commissaire ordonnateur a arrêté que ce Commissaire serait chargé, à partir du 16 de ce mois, de tous les détails de service des arrondissemens de Soissons et Château-Thierry, et que le Commissaire des guerres *Desjardins*, aussi employé dans le même département, conserverait le service des arrondissemens de Saint-Quentin, Vervins et Laon, ainsi que celui des soldes de retraite, et traitement de réforme, jusqu'au 1.er vendémiaire an 13, époque à laquelle il en fera la remise au Commissaire *Meurizet*.

Le Général de Brigade Chef de l'État-major général du Gouvernement de Paris et de la 1.re Division militaire,

CÉSAR BERTHIER.

GOUVERNEMENT DE PARIS.

1.re DIVISION MILITAIRE.

ÉTAT-MAJOR GÉNÉRAL.

Au quartier général, à Paris, le 16 Messidor de l'an 12.

SERVICE DE L'ÉTAT-MAJOR GÉNÉRAL.

Du 16 au 17 Messidor.

Le Capitaine Adjoint de service à l'État-major général.................. LONGCHAMP.
Officier de santé de service à l'État-major.......................... POISSON.
Secrétaire de service à l'Etat-major.................................. DUBOIS.

Du 17 au 18 Messidor.

Le Capitaine Adjoint de service à l'Etat-major général.................. FORGEOT.
Officier de santé de service à l'État-major.......................... DANTREVILLE.
Secrétaire de service à l'État-major.................................. BRUNEL.

ORDRE GÉNÉRAL.

Informé que plusieurs Officiers généraux, supérieurs et autres, autorisés par M. le Maréchal Ministre de la guerre à venir momentanément à Paris, y sont encore, quoique le délai de leurs permissions soit expiré; ces Officiers devront se rendre de suite à leur poste, afin de m'éviter le désagrément d'être obligé d'en rendre compte à Sa Majesté Impériale.

Je préviens en même-temps les Commandans des subdivisions, qu'ils ne peuvent quitter leur résidence sans mon autorisation expresse; et lorsque je la leur accorderai, je déterminerai l'époque à laquelle ils devront y être de retour.

Le Maréchal Gouverneur de Paris,
Signé J. MURAT.

Pour copie conforme :

Le Général de Brigade Chef de l'État-major général du Gouvernement de Paris et de la 1.re Division militaire,

CÉSAR BERTHIER.

GOUVERNEMENT DE PARIS.

1.re DIVISION MILITAIRE.

ÉTAT-MAJOR GÉNÉRAL.

Au quartier général, à Paris, le 17 Messidor de l'an 12.

SERVICE DE L'ÉTAT-MAJOR GÉNÉRAL.

Du 17 au 18 Messidor.

Le Capitaine Adjoint de service à l'Etat-major général.................... FORGEOT.
Officier de santé de service à l'État-major.......................... DANTREVILLE.
Secrétaire de service à l'État-major............................ BRUNEL.

Du 18 au 19 Messidor.

Le Capitaine Adjoint de service à l'État-major général................. AUGIAS.
Officier de santé de service à l'État-major.......................... POISSON.
Secrétaire de service à l'Etat-major............................ PLANTIER.

ORDRE GÉNÉRAL.

M. le Maréchal Gouverneur de Paris, en conformité de l'instruction de M. le Maréchal-Ministre de la guerre, en date du 5 floréal an 9, fait connaître, par la voie de l'Ordre général, les Ordonnances de séquestre et de perquisition rendues par le 2.e Conseil de guerre, dont la teneur suit :

Une Ordonnance de déchéance rendue par M. le premier Président du 1.er Conseil de guerre, et une d'appel en justice rendue par le Capitaine Rapporteur, dont la teneur suit également :

2.e CONSEIL DE GUERRE PERMANENT DE LA 1.ere DIVISION MILITAIRE.

Ordonnance de séquestre.

Cejourd'hui, premier messidor an douze ;

Nous, *Jean-Baptiste-Joseph-Noël Borrel*, Adjudant-commandant, Officier de la Légion d'honneur, Président du 2.e Conseil de guerre ;

Vu l'article 464 de la loi du 3 brumaire an 4, et notre Ordonnance de perquisition en date du 1.er prairial dernier ;

Ordonnons que le nommé *Jacques Gillet*, canonnier au 1.er régiment d'artillerie à pied, 2.e bataillon, 5.e compagnie, âgé de 22 ans, natif de Villefranche, département du Rhône, prévenu de faux, absent et *contumax*, et traduit au Conseil de guerre pour ce délit, soit déclaré rebelle à la loi ; qu'en conséquence il soit déchu du titre et des droits de citoyen français ; que ses biens soient et demeurent séquestrés au profit de l'État pendant tout le temps de sa *contumace ;* que toute action en justice lui soit interdite pendant le même temps, et qu'il soit procédé contre lui malgré son absence.

MANDONS et ordonnons de mettre la présente à exécution, laquelle, conformément à l'art. 465 de la même loi, sera publiée et affichée, tant au domicile du *contumax* qu'à la porte de l'auditoire du Conseil.

Ordonnons que copie d'icelle sera transmise au Général Chef de l'État-major général de la Division, pour être rendue publique par la voie de l'Ordre général de la Division, ainsi qu'à M. le Procureur impérial près le tribunal de première instance séant à Villefranche.

Chargeons M. *Rousset*, Rapporteur, de surveiller l'exécution de la présente dans tout son contenu.

Ainsi ordonné, à Paris, les jour, mois et an que dessus, sous notre seing et scellé. Signé *l'Adjudant-Commandant, Président.* J. B. BORREL.

Pour copie conforme : LHUILLIER, *Greffier du Conseil.*

Ordonnance de perquisition.

Cejourd'hui, cinq messidor an douze;

Nous, *Jean-Baptiste-Joseph-Noël Borrel*, Adjudant-Commandant, Président du 2.e Conseil de guerre;

Vu les pièces de la procédure relative au nommé *Pierre Hurreau*, Vétéran, 1.er régiment, 3.e bataillon, 5.e compagnie, âgé de 26 ans, natif de Saint-Denis-en-Val, près Orléans, département du Loiret, taille d'un mètre 70 centimètres, cheveux et sourcils châtains, front rond, yeux bleus, nez pointu, bouche moyenne, menton rond, visage ovale, traduit au Conseil de guerre, comme prévenu d'avoir vendu une partie de ses effets; vu l'acte d'appel en justice, en date du 1.er prairial dernier, ordonnons, en vertu de l'article 462 de ladite loi du 3 brumaire an 4, que perquisition sera faite de la personne dudit *Hurreau;*

MANDONS et ordonnons de mettre la présente à exécution, laquelle, conformément à l'article 463 de ladite loi, sera publiée et affichée, tant au domicile présumé du *contumax*, qu'à la porte de l'auditoire du Conseil;

Ordonnons, en outre, que copie d'icelle sera transmise au Général en chef, à l'effet de la rendre publique par la voie de l'ordre général de la Division, ainsi qu'au Commandant de la Gendarmerie nationale à Orléans;

Chargeons M. *Vantage*, Rapporteur, de surveiller l'exécution de la présente dans tout son contenu.

Ainsi ordonné, à Paris, les jour, mois et an que dessus, sous notre seing et scellé. *L'Adjudant-Commandant, Président,* signé J. B. BORREL.

Pour copie conforme : LHUILLIER, *Greffier du 2.e Conseil de guerre.*

1.er CONSEIL DE GUERRE PERMANENT DE LA 1.re DIVISION MILITAIRE.

Ordonnance de déchéance et de séquestre.

Cejourd'hui samedi, onzième messidor de l'an douzième;

Nous, *Jean-Baptiste Duplessis*, Général divisionnaire, Chef du dixième régiment de Vétérans, et Commandant de la Légion d'honneur, Président du 1.er Conseil de guerre permanent de la 1.re Division militaire;

Vu l'article 464 du Code des délits et des peines, du 3 brumaire an 4;

Déclarons rebelle à la loi le nommé *Jean-Baptiste Vallon*, âgé de 26 ans, fils de *Joseph* et de *Anne Péréoline*, natif d'Annonay, département de l'Ardèche, fusilier au 1.er régiment de la Garde municipale de Paris, de la taille d'un mètre 828 millimètres, cheveux et sourcils châtains, yeux bruns, nez long, bouche moyenne, menton rond, front découvert;

Ordonnons en conséquence qu'il soit déchu du titre et des droits de citoyen francais; que ses biens soient et demeurent séquestrés au profit de la République pendant tout le temps de sa *contumace;* que toute action en justice lui soit interdite pendant le même temps, et qu'il soit procédé contre lui malgré son absence.

MANDONS et ordonnons de mettre à exécution la présente, qui, conformément au Code précité, sera de suite publiée à son de trompe ou de tambour, et affichée, tant à la porte de l'auditoire du Conseil, qu'à celle du domicile du *contumax.*

Ordonnons, en outre, que copie d'icelle soit envoyée à M. le Maréchal de l'Empire *Murat*, Gouverneur de Paris, au Directeur des Domaines nationaux et droits d'enregistrement du département de l'Ardèche.

Ainsi ordonné, à Paris, les jour, mois et an que dessus, sous nos seing et scel. Ainsi *signé* DUPLESSIS.

Pour expédition conforme : *Le Greffier*, FOUCHER.

Ordonnance d'appel en justice.

Cejourd'hui, onze messidor de l'an douzième;

Nous, *Édouard Delon*, Capitaine, Substitut du Rapporteur, enjoignons au nommé *Hercule-Xavier-Joseph Carlier*, Sous-lieutenant, retiré avec pension de réforme, et présumé être résident à Lille, département du Nord, de se représenter à la justice, en se rendant sans délai au greffe du premier Conseil, séant rue du Cherche-Midi, n.o 804, faubourg Saint-Germain, à Paris, devant lequel il est traduit, comme prévenu d'escroquerie.

Fait à Paris, en notre cabinet, les jour, mois et an que dessus, sous nos seing et scel. *Signé* DELON, FOUCHER.

Pour expédition conforme : *Le Greffier*, FOUCHER.

Le Général de Brigade Chef de l'État-major général du Gouvernement de Paris et de la 1.re Division militaire,

CÉSAR BERTHIER.

GOUVERNEMENT DE PARIS.

1.re *DIVISION MILITAIRE.*

ÉTAT-MAJOR GÉNÉRAL.

Au quartier général, à Paris, le 18 Messidor de l'an 12.

SERVICE DE L'ÉTAT-MAJOR GÉNÉRAL.

Du 18 au 19 Messidor.

Le Capitaine Adjoint de service à l'État-major général................ AUGIAS.
Officier de santé de service à l'État-major........................... POISSON.
Secrétaire de service à l'Etat-major................................. PLANTIER.

Du 19 au 20 Messidor.

Le Capitaine Adjoint de service à l'Etat-major général................ GUIARDELLE.
Officier de santé de service à l'État-major........................... DANTREVILLE.
Secrétaire de service à l'État-major................................. DESMOULINS.

Rien de nouveau.

Le Général de Brigade Chef de l'État-major général du Gouvernement de Paris et de la 1.re Division militaire,

CÉSAR BERTHIER.

GOUVERNEMENT DE PARIS.

1.re *DIVISION MILITAIRE.*

ÉTAT-MAJOR GÉNÉRAL.

Au quartier général, à Paris, le 19 Messidor de l'an 12.

SERVICE DE L'ÉTAT-MAJOR GÉNÉRAL.

Du 19 au 20 Messidor.

Le Capitaine Adjoint de service à l'Etat-major général................ GUIARDELLE.
Officier de santé de service à l'État-major.......................... DANTREVILLE.
Secrétaire de service à l'État-major.................................. DESMOULINS.

Du 20 au 21 Messidor.

Le Capitaine Adjoint de service à l'État-major général................ DELORME.
Officier de santé de service à l'État-major.......................... POISSON.
Secrétaire de service à l'Etat-major.................................. LECLERC.

Rien de nouveau.

Le Général de Brigade Chef de l'État-major général du Gouvernement de Paris et de la 1.re Division militaire,

CÉSAR BERTHIER.

GOUVERNEMENT DE PARIS.

1.re DIVISION MILITAIRE.

ÉTAT-MAJOR GÉNÉRAL.

Au quartier général, à Paris, le 20 Messidor de l'an 12.

SERVICE DE L'ÉTAT-MAJOR GÉNÉRAL.

Du 20 au 21 Messidor.

e Capitaine Adjoint de service à l'État-major général.................. DELORME,
fficier de santé de service à l'État-major.............................. POISSON.
crétaire de service à l'Etat-major...................................... LECLERC,

Du 21 au 22 Messidor.

e Capitaine Adjoint de service à l'Etat-major général................... AUGIAS.
fficier de santé de service à l'État-major.............................. DANTREVILLE,
crétaire de service à l'État-major...................................... DESMOULINS,

Rien de nouveau.

Le Général de Brigade Chef de l'État-major général du Gouvernement de Paris et de la 1.re Division militaire,

CÉSAR BERTHIER.

GOUVERNEMENT DE PARIS.

1.re *DIVISION MILITAIRE.*

ÉTAT-MAJOR GÉNÉRAL.

Au quartier général, à Paris, le 21 Messidor de l'an 12.

SERVICE DE L'ÉTAT-MAJOR GÉNÉRAL.

Du 21 au 22 Messidor.

Le Capitaine Adjoint de service à l'Etat-major général.................. AUCLER.
Officier de santé de service à l'État-major.......................... DANTREVILLE.
Secrétaire de service à l'État-major................................ DESMOULINS.

Du 22 au 23 Messidor.

Le Capitaine Adjoint de service à l'État-major général.................. LONGCHAMP.
Officier de santé de service à l'État-major.......................... POISSON.
Secrétaire de service à l'Etat-major................................ GEORGE.

Rien de nouveau.

Le Général de Brigade Chef de l'État-major général du Gouvernement de Paris et de la 1.re Division militaire,

CÉSAR BERTHIER.

GOUVERNEMENT DE PARIS.

1.re DIVISION MILITAIRE.

ÉTAT-MAJOR GÉNÉRAL.

Au quartier général, à Paris, le 22 Messidor de l'an 12.

SERVICE DE L'ÉTAT-MAJOR GÉNÉRAL.

Du 22 au 23 Messidor.

Le Capitaine Adjoint de service à l'État-major général.................. LONGCHAMP.
Officier de santé de service à l'État-major.......................... POISSON.
Secrétaire de service à l'Etat-major.................................. GEORGE.

Du 23 au 24 Messidor.

Le Capitaine Adjoint de service à l'Etat-major général.................. FORGEOT.
Officier de santé de service à l'État-major.......................... DANTREVILLE.
Secrétaire de service à l'État-major.................................. CORBET.

Rien de nouveau.

Le Général de Brigade Chef de l'État-major général du Gouvernement de Paris et de la 1.re Division militaire,

CÉSAR BERTHIER.

GOUVERNEMENT DE PARIS.

1.re DIVISION MILITAIRE.

ÉTAT-MAJOR GÉNÉRAL.

Au quartier général, à Paris, le 23 Messidor de l'an 12.

SERVICE DE L'ÉTAT-MAJOR GÉNÉRAL.

Du 23 au 24 Messidor.

Le Capitaine Adjoint de service à l'Etat-major général.................... FORGEOT.
Officier de santé de service à l'État-major.......................... DANTREVILLE.
Secrétaire de service à l'État-major................................ DUBOIS.

Du 24 au 25 Messidor.

Le Capitaine Adjoint de service à l'État-major général.................... AUGIAS.
Officier de santé de service à l'État-major.......................... POISSON.
Secrétaire de service à l'Etat-major................................ BRUNEL.

Rien de nouveau.

Le Général de Brigade Chef de l'État-major général du Gouvernement de Paris et de la 1.re Division militaire,

CÉSAR BERTHIER.

GOUVERNEMENT DE PARIS.

1.re DIVISION MILITAIRE.

ÉTAT-MAJOR GÉNÉRAL.

Au quartier général, à Paris, le 24 Messidor de l'an 12.

SERVICE DE L'ÉTAT-MAJOR GÉNÉRAL.

Du 24 au 25 Messidor.

Le Capitaine Adjoint de service à l'État-major général.................. AUGIAS.
Officier de santé de service à l'État-major.......................... POISSON.
Secrétaire de service à l'Etat-major.................................... BRUNEL.

Du 25 au 26 Messidor.

Le Capitaine Adjoint de service à l'Etat-major général.................. GUIARDELLE.
Officier de santé de service à l'État-major.......................... DANTREVILLE.
Secrétaire de service à l'État-major.................................... PLANTIER.

ORDRE GÉNÉRAL.

Conformément aux intentions de S. M. Impériale, M. le Maréchal, Gouverneur de Paris, invite MM. les Généraux commandant les Subdivisions de la 1.re Division militaire, à se trouver Dimanche prochain, 26 du courant, au quartier-général à Paris, à dix heures précises du matin, avec tous les Militaires et autres membres de la Légion d'honneur, qui se trouvent dans l'étendue de leur commandement, pour assister à la cérémonie de la prestation du serment, entre les mains de S. M., qui aura lieu le même jour à midi, dans l'église de l'hôtel des Invalides.

Cette invitation est commune à MM. les Chefs des Corps de la garnison de Paris.

Le Général de Brigade Chef de l'État-major général du Gouvernement de Paris et de la 1.re Division militaire,

CÉSAR BERTHIER.

GOUVERNEMENT DE PARIS.

1.re *DIVISION MILITAIRE.*

ÉTAT-MAJOR GÉNÉRAL.

Au quartier général, à Paris, le 25 Messidor de l'an 12.

SERVICE DE L'ÉTAT-MAJOR GÉNÉRAL.

Du 25 au 26 Messidor.

Le Capitaine Adjoint de service à l'Etat-major général.................. GUIARDELLE.
Officier de santé de service à l'État-major.......................... DANTREVILLE.
Secrétaire de service à l'État-major.................................. PLANTIER.

Du 26 au 27 Messidor.

Le Capitaine Adjoint de service à l'État-major général.................. DELORME.
Officier de santé de service à l'État-major.......................... POISSON.
Secrétaire de service à l'Etat-major.................................. GEORGE.

ORDRE GÉNÉRAL.

Conformément aux ordres de M. le Maréchal Gouverneur, l'eau-de-vie sera distribuée, dimanche 26 du courant, aux Troupes de la garnison, ainsi qu'aux Escadrons des 3.e et 11.e Régimens de Cuirassiers arrivés de Saint-Germain et de Versailles à Paris. Les Chefs de Corps enverront à cette distribution aux Carmélites, rue de Grenelle Saint-Germain.

Le Général de Brigade Chef de l'État-major général du Gouvernement de Paris et de la 1.re Division militaire,

CÉSAR BERTHIER.

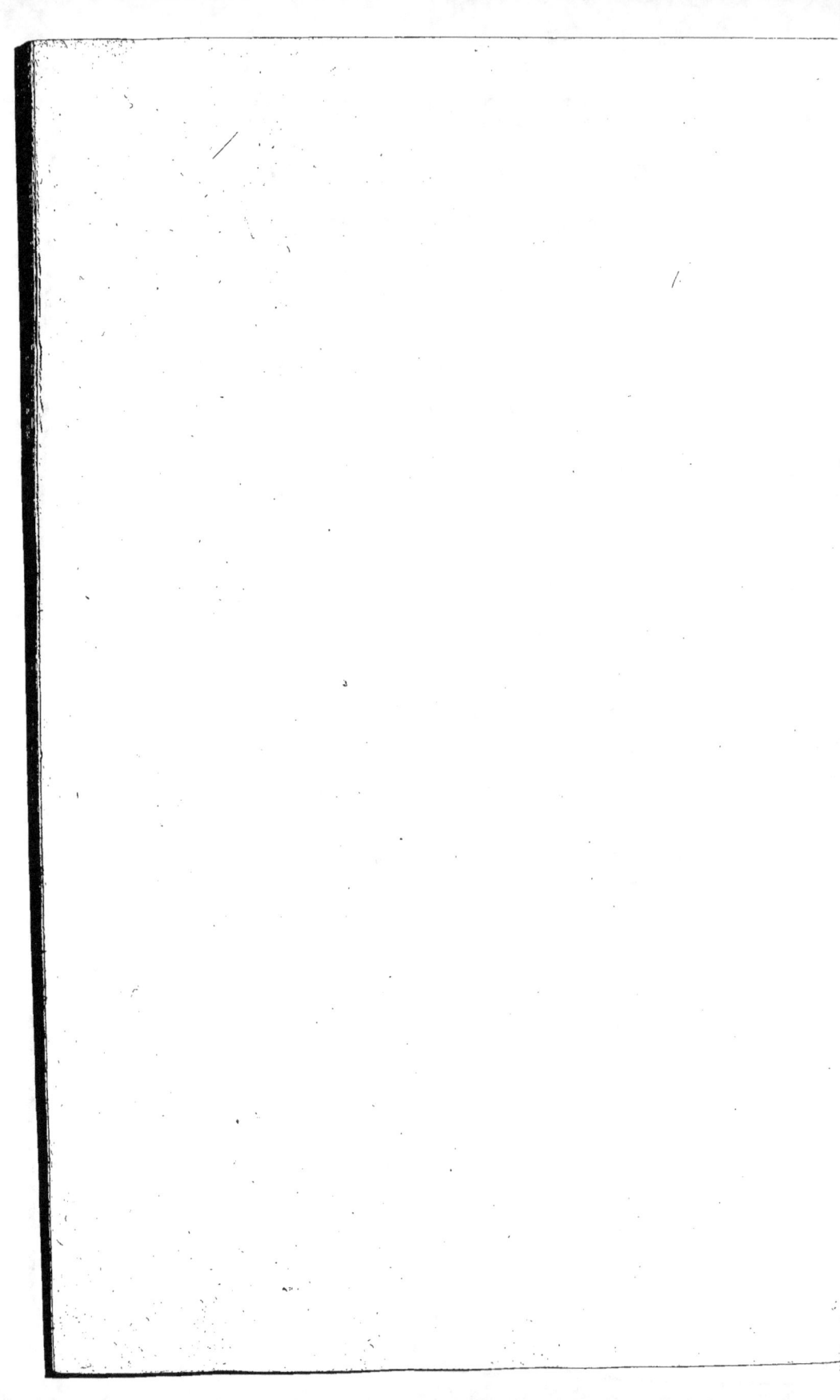

GOUVERNEMENT DE PARIS.

1.re DIVISION MILITAIRE.

ÉTAT-MAJOR GÉNÉRAL.

Au quartier général, à Paris, le 26 Messidor de l'an 12.

SERVICE DE L'ÉTAT-MAJOR GÉNÉRAL.

Du 26 au 27 Messidor.

Le Capitaine Adjoint de service à l'État-major général.................. DELORME.
Officier de santé de service à l'État-major.......................... POISSON.
Secrétaire de service à l'Etat-major................................. GEORGE.

Du 27 au 28 Messidor.

Le Capitaine Adjoint de service à l'Etat-major général.................. AUCLER.
Officier de santé de service à l'État-major.......................... DANTREVILLE.
Secrétaire de service à l'État-major................................. LECLERC.

ORDRE GÉNÉRAL.

D'après la décision de M. le Maréchal Ministre de la guerre, M. *Dufresne,* Sous-inspecteur aux revues, est provisoirement employé près M. l'Inspecteur *Dhaugeranville,* chargé du travail des revues de la 1.re Division pendant l'absence de M. l'Inspecteur *Aubernon.*

Le Général de Brigade Chef de l'État-major général du Gouvernement de Paris et de la 1.re Division militaire,

CÉSAR BERTHIER.

GOUVERNEMENT DE PARIS.

1.re DIVISION MILITAIRE.

ÉTAT-MAJOR GÉNÉRAL.

Au quartier général, à Paris, le 27 Messidor de l'an 12.

SERVICE DE L'ÉTAT-MAJOR GÉNÉRAL.

Du 27 au 28 Messidor.

Le Capitaine Adjoint de service à l'Etat-major général.................. AUCLER.
Officier de santé de service à l'État-major.............................. DANTREVILLE.
Secrétaire de service à l'État-major....................................... LECLERC.

Du 28 au 29 Messidor.

Le Capitaine Adjoint de service à l'État-major général.................. LONGCHAMP.
Officier de santé de service à l'État-major.............................. POISSON.
Secrétaire de service à l'Etat-major....................................... DESMOULINS.

Rien de nouveau.

Le Général de Brigade Chef de l'État-major général du Gouvernement de Paris et de la 1.re Division militaire,

CÉSAR BERTHIER.

GOUVERNEMENT DE PARIS.

1.re *DIVISION MILITAIRE.*

ÉTAT-MAJOR GÉNÉRAL.

Au quartier général, à Paris, le 28 Messidor de l'an 12.

SERVICE DE L'ÉTAT-MAJOR GÉNÉRAL.

Du 28 au 29 Messidor.

Le Capitaine Adjoint de service à l'État-major général.................. LONGCHAMP.
Officier de santé de service à l'État-major.............................. POISSON.
Secrétaire de service à l'Etat-major.................................... DESMOULINS.

Du 29 au 30 Messidor.

Le Capitaine Adjoint de service à l'Etat-major général.................. FORGEOT.
Officier de santé de service à l'État-major.............................. DANTREVILLE.
Secrétaire de service à l'État-major.................................... GEORGE.

ORDRE GÉNÉRAL.

Le 1.er thermidor étant fixé pour le départ des militaires qui doivent aller aux eaux de Bourbonne, Messieurs les Chefs des corps sont invités à adresser, sans délai, au Commissaire des guerres *Lefebvre-Montabon*, au quartier général, la liste de ceux qui se trouvent dans ce cas.

La visite de ces militaires aura lieu au Val-de-Grace, où ils devront se rendre le 29 de ce mois, depuis huit heures du matin jusqu'à deux heures de l'après-midi.

Le Général de Brigade Chef de l'État-major général du Gouvernement de Paris et de la 1.re Division militaire,

CÉSAR BERTHIER.

GOUVERNEMENT DE PARIS.

1.re DIVISION MILITAIRE.

ÉTAT-MAJOR GÉNÉRAL.

Au quartier général, à Paris, le 29 Messidor de l'an 12.

SERVICE DE L'ÉTAT-MAJOR GÉNÉRAL.

Du 29 au 30 Messidor.

Le Capitaine Adjoint de service à l'Etat-major général.................. FORGEOT.
Officier de santé de service à l'État-major.......................... DANTREVILLE.
Secrétaire de service à l'État-major................................ GEORGE.

Du 30 Messidor au 1.er Thermidor.

Le Capitaine Adjoint de service à l'État-major général.................. AUGIAS.
Officier de santé de service à l'État-major.......................... POISSON.
Secrétaire de service à l'Etat-major................................ CORBET.

Rien de nouveau.

Le Général de Brigade Chef de l'État-major général du Gouvernement de Paris et de la 1.re Division militaire,

CÉSAR BERTHIER.

GOUVERNEMENT DE PARIS.

1.re *DIVISION MILITAIRE.*

ÉTAT-MAJOR GÉNÉRAL.

Au quartier général, à Paris, le 30 Messidor de l'an 12.

SERVICE DE L'ÉTAT-MAJOR GÉNÉRAL.

Du 30 Messidor au 1.er Thermidor.

Le Capitaine Adjoint de service à l'État-major général.................. AUGIAS.
Officier de santé de service à l'État-major.......................... POISSON.
Secrétaire de service à l'Etat-major................................ CORBET.

Du 1.er au 2 Thermidor.

Le Capitaine Adjoint de service à l'Etat-major général.................. WATHIEZ.
Officier de santé de service à l'État-major.......................... DANTREVILLE.
Secrétaire de service à l'État-major................................ DUBOIS.

Rien de nouveau.

Le Général de Brigade Chef de l'État-major général du Gouvernement de Paris et de la 1.re Division militaire,

CÉSAR BERTHIER.

GOUVERNEMENT DE PARIS.

1.re DIVISION MILITAIRE.

ÉTAT - MAJOR GÉNÉRAL.

Au quartier général, à Paris, le 1.er Thermidor de l'an 12.

SERVICE DE L'ÉTAT - MAJOR GÉNÉRAL.

Du 1.er au 2 Thermidor.

Le Capitaine Adjoint de service à l'Etat - major général................ WATHIEZ.
Officier de santé de service à l'État - major.......................... DANTREVILLE.
Secrétaire de service à l'État-major.................................. DUBOIS.

Du 2 au 3 Thermidor.

Le Capitaine Adjoint de service à l'État - major général................ GUIARDELLE.
Officier de santé de service à l'État - major.......................... POISSON.
Secrétaire de service à l'Etat - major................................. BRUNEL.

ORDRE GÉNÉRAL.

Monsieur le Maréchal Ministre de la guerre, informé qu'il se répand dans l'armée des bruits qui tendent à provoquer et à favoriser la désertion, en assurant que le couronnement de l'Empereur sera l'occasion d'une nouvelle amnistie, me charge de démentir de la manière la plus formelle, des bruits qui ne peuvent être accrédités que par la malveillance, et de faire rechercher et punir ceux qui en sont les auteurs ou les propagateurs.

Déjà les déserteurs ont ressenti les effets de la clémence de Sa Majesté; ceux qui ne profiteront pas de la rémission qu'elle leur a accordée par son décret du 13 du mois dernier, seront poursuivis suivant toute la rigueur des lois.

Il est enjoint à tous les Chefs de corps employés dans la première Division militaire, de surveiller l'exécution des dispositions de cet ordre, auquel ils devront donner la plus grande publicité, chacun dans son régiment respectif.

Le Maréchal Gouverneur de Paris,
Signé J. MURAT.

Pour copie conforme :

Le Général de Brigade Chef de l'État-major général du Gouvernement de Paris et de la 1.re Division militaire,

CÉSAR BERTHIER.

GOUVERNEMENT DE PARIS.

1.re DIVISION MILITAIRE.

ÉTAT-MAJOR GÉNÉRAL.

Au quartier général, à Paris, le 2 Thermidor de l'an 12.

SERVICE DE L'ÉTAT-MAJOR GÉNÉRAL.

Du 2 au 3 Thermidor.

Le Capitaine Adjoint de service à l'État-major général.................. GUIARDELLE.
Officier de santé de service à l'État-major.......................... POISSON.
Secrétaire de service à l'État-major.................................. BRUNEL.

Du 3 au 4 Thermidor.

Le Capitaine Adjoint de service à l'État-major général.................. DELORME.
Officier de santé de service à l'État-major.......................... DANTRÉVILLE.
Secrétaire de service à l'État-major.................................. CORBET.

EXTRAITS des Jugemens rendus par le premier Conseil de guerre de la 1.re Division militaire pendant le mois de Messidor an 12.

NUMÉROS DES JUGEMENS.	DATES.	NOMS ET PRÉNOMS des INDIVIDUS JUGÉS.	QUALITÉ MILITAIRE ou PROFESSION.	LIEUX de NAISSANCE.	ANALYSE DES JUGEMENS.	
1790.	28.	Bruniaux (*Hubert-Joseph*).	Lieutenant au 1.er régiment de Vétérans.	Poix, départ. du Nord.	Convaincu de vol de montres avec effraction extérieure, dans une maison habitée.	Condamné à quatorze années de fers, et à la dégradation militaire.
1791.	*Idem.*	Delval (*Jean-Marie-François*).	Fusilier au 32.e régim.t d'infanterie de ligne.	Laon, départ. de l'Aisne.	Prévenu du vol d'une chemise à un de ses camarades.	Acquitté de l'accusation dirigée contre lui, mais, attendu qu'il a fait usage d'une chemise appartenant à un de ses camarades, sans son aveu, condamné, par forme de discipline militaire, à six jours de prison, et ensuite renvoyé à son corps pour y continuer son service.
1792.	*Idem.*	Petit-Pas (*Ambroise*)....	Dragon au 9.e régiment.	Vaujour, départ. de Seine-et-Oise.	Prévenu de complicité de vol d'une montre d'or.	Acquitté de l'accusation dirigée contre lui, et mis en liberté.
Idem.	*Idem.*	Poisson (*Joseph*).......	Fusilier au 1.er régim.t de la Garde de Paris.	Douai, départ. du Nord.	Convaincu du même délit.	Condamné à deux ans de prison, et ensuite renvoyé à son corps pour y continuer son service.
1793.	*Idem.*	Vallon (*Jean-Baptiste*).. (contumax).	*Idem.*	Annonay, départ. de l'Ardèche.	Convaincu d'insubordination, de révolte et menaces envers ses supérieurs.	Condamné, par contumace, à cinq années de fers, et à la dégradation militaire.

Total des jugemens rendus par le 1.er Conseil de guerre pendant le mois de Messidor, an 12, ci.. 4.

Total des individus jugés pendant le même mois par ce Conseil, ci........ { présens.. 4. contumax. 1. } 5.

Pour extraits conformes aux expéditions desdits jugemens :

Le Général de Brigade Chef de l'État-major général du Gouvernement de Paris et de la 1.re Division militaire,

CÉSAR BERTHIER.

GOUVERNEMENT DE PARIS.

1.re DIVISION MILITAIRE.

ÉTAT-MAJOR GÉNÉRAL.

Au quartier général, à Paris, le 3 Thermidor de l'an 12.

SERVICE DE L'ÉTAT-MAJOR GÉNÉRAL.

Du 3 au 4 Thermidor.

Le Capitaine Adjoint de service à l'Etat-major général........................ AUCLER.
Officier de santé de service à l'État-major........................ DANTREVILLE.
Secrétaire de service à l'État-major........................ CORBET.

Du 4 au 5 Thermidor.

Le Capitaine Adjoint de service à l'État-major général........................ LONGCHAMP.
Officier de santé de service à l'État-major........................ POISSON.
Secrétaire de service à l'Etat-major........................ PLANTIER.

EXTRAITS *des Jugemens rendus par le deuxième Conseil de guerre de la 1.re Division militaire pendant le mois de Messidor an 12.*

NUMÉROS DES JUGEMENS.	DATES.	NOMS ET PRÉNOMS des INDIVIDUS JUGÉS.	QUALITÉ MILITAIRE ou PROFESSION.	LIEUX de NAISSANCE.	ANALYSE DES JUGEMENS.	
777.	2.	Bouvier (*Jean*)........	Vétéran au 4.e régiment.	Dolomieu, dép.t de l'Isère.	Convaincu de vol d'effets appartenant à un particulier.	Condamné à un an de prison, et à l'expiration de la peine, mis à la disposition de l'état-major, pour être employé selon le bien du service.
778.	*Idem.*	Brigoulet (*Antoine*)... contumax.	Fusilier au 18.e régiment de ligne.	Upel, départem.t de la Corrèse.	Convaincu de vol avec effraction.	Condamné, par contumace, à la peine de huit années de fers, et à la dégradation militaire.
779.	*Idem.*	Moreux, dit *Moustache*...	Cuirassier au 3.e régiment.	Monturel, dép.t de l'Aisne.	Convaincu du vol d'un cheval appartenant à la République.	Condamné à quatre années de fers, et à la dégradation militaire.
780.	4.	Boucher (*Louis-Marie*)..	Fusil. au 1.er rég.t de la garde de Paris.	Courbevoie, dép.t de Seine-et-Oise.	Convaincu de vol d'effets et d'argent à un particulier.	Condamné à un an de prison, à dater du jour du jugement, et à l'expiration de la peine, mis à la disposition de l'état-major, pour être employé selon le bien du service.
781.	*Idem.*	Dupuis (*Étienne*)......	Fusilier au 3.e régiment de ligne.	Toulouse, dép.t de la Haute-Garonne.	Convaincu de vol avec escalade dans une maison habitée.	Condamné à dix ans de fers, et à la dégradation militaire.

NUMÉROS DES JUGEMENS.	DATES.	NOMS ET PRÉNOMS des INDIVIDUS JUGÉS.	QUALITÉ MILITAIRE ou PROFESSION.	LIEUX de NAISSANCE.	ANALYSE DES JUGEMENS.	
782.	4.	Gaudet (*Claude*)......	Fusilier au 18.e régiment de ligne	Saint-Martin-de-Lave, départem.t de Saône-et-Loire	Prévenu de vol d'effets et d'argent appartenant à un de ses camarades.	Acquitté de l'accusation dirigée contre lui, mis en liberté et renvoyé à la disposition de l'état-major du Gouvernem.t, pour être employé selon le bien du service.
783.	*Idem.*	Chabannes (*Léonard-L.is*)	Fusilier au 2.e ré. de la Garde de Paris.	Paris, départem.t de la Seine.	Convaincu d'avoir attenté à la sûreté d'un citoyen.	Condamné à 6 mois de prison, à compter du jour du jugem.t et ensuite renvoyé à son corps pour y continuer son service.
784.	15.	Lagrange (*Jean*)......	Grenadier au 18.e régiment.	Châlons - sur-Saône.	Convaincu de désobéissance à ses supérieurs étant ivre.	Condamné par mesure de police militaire à 15 jours de prison, attendu son ivresse; et ensuite renvoyé à son corps pour y continuer son service.
785.	18.	Délégat (*Jean*).......	Fusilier au 32.e régiment.	Dagrès, département de la Charente-inférieure.	Prévenu de vol avec effraction.	Acquitté de l'accusation dirigée contre lui, et renvoyé à la disposition de l'état-major général pour statuer sur son sort.
786.	*Idem.*	André (*Henri*)........	Fusilier au 40.e régiment.	Courtan, départ. du Doubs.	Prévenu de vente de ses effets militaires.	Acquitté de l'accusation dirigée contre lui; mais attendu qu'il s'est défait de quelque partie de son habillem.t, condamné par mesure de police militaire à 15 jours de prison, et ensuite renvoyé à son corps pour y continuer son service.
787.	*Idem.*	Maillet (*Protais*)......	*Idem*..........	Lille, départem.t du Nord.	Prévenu de vente d'une partie de ses effets d'habillement.	*Idem.*
788.	25.	Sénéchal (*Henri*)......	Grenadier au 87.e régiment.	Bruxelles, départ. de la Dyle.	Prévenus de vol d'argent appartenant à un de leurs camarades.	Acquittés de l'accusation dirigée contre eux, et conduits de brigade en brigade à leurs corps respectifs.
Idem.	*Idem.*	Moyat (*Casimir*)......	Fusilier au 101.e régiment.	Noyon, départ. de l'Oise.		
Idem.	*Idem.*	Cochet (*Charles*)......	Fusilier au 1.er régiment d'infanterie légère.	Chevernerier, départ. de l'Aisne.		
Idem.	*Idem.*	Delleville (*François*)...	Grenadier au 2.e régiment d'inf.e de ligne.	Yssy, départ.t de la Seine.	Convaincu du même délit.	Condamné à 6 mois de prison, à compter du jour du présent jugement, et ensuite conduit à son corps par la gendarmerie pour y continuer son service.

Total des jugemens rendus par le 2.e Conseil de guerre pendant le mois de Messidor, an 12, ci.. 12.

Total des individus jugés pendant le même mois par ce Conseil, ci........ { présens.. 14. / contumax. 1. } 15.

Pour extraits conformes aux expéditions desdits jugemens :

Le Général de Brigade Chef de l'État-major général du Gouvernement de Paris et de la 1.re Division militaire,

CÉSAR BERTHIER.

GOUVERNEMENT DE PARIS.

1.re DIVISION MILITAIRE.

ÉTAT-MAJOR GÉNÉRAL.

Au quartier général, à Paris, le 4 Thermidor de l'an 12.

SERVICE DE L'ÉTAT-MAJOR GÉNÉRAL.

Du 4 au 5 Thermidor.

Le Capitaine Adjoint de service à l'État-major général................ LONGCHAMP.
Officier de santé de service à l'État-major............................ POISSON.
Secrétaire de service à l'Etat-major................................ PLANTIER.

Du 5 au 6 Thermidor.

Le Capitaine Adjoint de service à l'Etat-major général................ FORGEOT.
Officier de santé de service à l'État-major............................ DANTREVILLE.
Secrétaire de service à l'État-major................................ LECLERC.

ORDRE GÉNÉRAL.

D'après la lettre que M. le Grand-Chancelier de la Légion d'honneur a adressée le 29 du mois dernier à M. le Maréchal Gouverneur, Messieurs les Chefs des corps employés dans la 1.re Division militaire sont invités à faire dresser et envoyer de suite au quartier général, l'état nominatif des militaires de leur régiment, membres de la Légion d'honneur, qui n'ont pu être admis à recevoir, Dimanche dernier, leur décoration des mains de Sa Majesté l'Empereur.

M. le Maréchal Gouverneur ayant été délégué par Sa Majesté pour donner, en son nom, les grandes et petites Étoiles aux militaires de cette Division qui ne les ont pas reçues, les enverra à chaque corps, d'après l'état demandé, pour être délivrée en présence du régiment assemblé.

Le Général de Brigade Chef de l'État-major général du Gouvernement de Paris et de la 1.re Division militaire,

CÉSAR BERTHIER.

GOUVERNEMENT DE PARIS.

1.re *DIVISION MILITAIRE.*

ÉTAT-MAJOR GÉNÉRAL.

Au quartier général, à Paris, le 5 Thermidor de l'an 12.

SERVICE DE L'ÉTAT-MAJOR GÉNÉRAL.

Du 5 au 6 Thermidor.

Le Capitaine Adjoint de service à l'Etat-major général.................. FORGEOT.
Officier de santé de service à l'État-major.......................... DANTREVILLE.
Secrétaire de service à l'État-major................................. LECLERC.

Du 6 au 7 Thermidor.

Le Capitaine Adjoint de service à l'État-major général.................. AUGIAS.
Officier de santé de service à l'État-major.......................... POISSON.
Secrétaire de service à l'Etat-major................................. DESMOULINS.

Rien de nouveau.

Le Général de Brigade Chef de l'État-major général du Gouvernement de Paris et de la 1.re Division militaire,

CÉSAR BERTHIER.

GOUVERNEMENT DE PARIS.

1.re DIVISION MILITAIRE.

ÉTAT-MAJOR GÉNÉRAL.

Au quartier général, à Paris, le 6 Thermidor de l'an 12.

SERVICE DE L'ÉTAT-MAJOR GÉNÉRAL.

Du 6 au 7 Thermidor.

Le Capitaine Adjoint de service à l'État-major général.................. AUGIAS.
Officier de santé de service à l'État-major.......................... POISSON.
Secrétaire de service à l'Etat-major................................ DESMOULINS.

Du 7 au 8 Thermidor.

Le Capitaine Adjoint de service à l'Etat-major général.................. WATHIEZ.
Officier de santé de service à l'État-major.......................... DANTREVILLE.
Secrétaire de service à l'État-major................................ CORBET.

Rien de nouveau.

Le Général de Brigade Chef de l'État-major général du Gouvernement de Paris et de la 1.re Division militaire,

CÉSAR BERTHIER.

GOUVERNEMENT DE PARIS.

1.re *DIVISION MILITAIRE.*

ÉTAT-MAJOR GÉNÉRAL.

Au quartier général, à Paris, le 7 Thermidor de l'an 12.

SERVICE DE L'ÉTAT-MAJOR GÉNÉRAL.

Du 7 au 8 Thermidor.

Le Capitaine Adjoint de service à l'Etat-major général.................. DELORME.
Officier de santé de service à l'État-major.......................... DANTREVILLE.
Secrétaire de service à l'État-major.................................. CORBET.

Du 8 au 9 Thermidor.

Le Capitaine Adjoint de service à l'État-major général.................. GUIARDELLE.
Officier de santé de service à l'État-major.......................... POISSON.
Secrétaire de service à l'Etat-major.................................. DUBOIS.

ORDRE GÉNÉRAL.

A compter de vendredi prochain, 8 du courant, le 18.e Régiment d'Infanterie de ligne fournira, les jours de grandes manœuvres, deux Bataillons complétés à 700 hommes chacun, et le 4.e Régiment d'Infanterie légère, le même nombre de Bataillons, forts de 600 hommes chaque.

Conformément au Décret impérial en date du 22 Messidor dernier :

Dans tous les Corps employés dans la 1.re Division militaire, il sera donné la consigne à chaque Factionnaire de porter les armes aux Grands Officiers, Officiers et Membres de la Légion d'honneur, lorsqu'ils passeront décorés de l'étoile de cette Légion.

Les Chefs de corps tiendront la main à l'exécution de cette consigne.

Le Général de Brigade Chef de l'État-major général du Gouvernement de Paris et de la 1.re Division militaire,

CÉSAR BERTHIER.

GOUVERNEMENT DE PARIS.

1.re DIVISION MILITAIRE.

ÉTAT-MAJOR GÉNÉRAL.

Au quartier général, à Paris, le 8 Thermidor de l'an 12.

SERVICE DE L'ÉTAT-MAJOR GÉNÉRAL.

Du 8 au 9 Thermidor.

Le Capitaine Adjoint de service à l'État-major général.................. GUIARDELLE.
Officier de santé de service à l'État-major.......................... POISSON.
Secrétaire de service à l'Etat-major................................ DUBOIS.

Du 9 au 10 Thermidor.

Le Capitaine Adjoint de service à l'Etat-major général.................. WATHIEZ.
Officier de santé de service à l'État-major.......................... DANTREVILLE.
Secrétaire de service à l'État-major................................ BRUNEL.

Rien de nouveau.

Le Général de Brigade Chef de l'État-major général du Gouvernement de Paris et de la 1.re Division militaire,

CÉSAR BERTHIER.

GOUVERNEMENT DE PARIS.

1.re *DIVISION MILITAIRE.*

ÉTAT-MAJOR GÉNÉRAL.

Au quartier général, à Paris, le 9 Thermidor de l'an 12.

SERVICE DE L'ÉTAT-MAJOR GÉNÉRAL.

Du 9 au 10 Thermidor.

Le Capitaine Adjoint de service à l'Etat-major général.................. WATHIEZ.
Officier de santé de service à l'État-major.......................... DANTREVILLE.
Secrétaire de service à l'État-major.................................. BRUNEL.

Du 10 au 11 Thermidor.

Le Capitaine Adjoint de service à l'État-major général.................. AUCLER.
Officier de santé de service à l'État-major.......................... POISSON.
Secrétaire de service à l'Etat-major.................................. DUBOIS.

Rien de nouveau.

Le Général de Brigade Chef de l'État-major général du Gouvernement de Paris et de la 1.re Division militaire,

CÉSAR BERTHIER.

GOUVERNEMENT DE PARIS.

1.re *DIVISION MILITAIRE.*

ÉTAT-MAJOR GÉNÉRAL.

Au quartier général, à Paris, le 10 Thermidor de l'an 12.

SERVICE DE L'ÉTAT-MAJOR GÉNÉRAL.

Du 10 au 11 Thermidor.

Le Capitaine Adjoint de service à l'État-major général.................. AUCLER.
Officier de santé de service à l'État-major.......................... POISSON.
Secrétaire de service à l'Etat-major................................ DUBOIS.

Du 11 au 12 Thermidor.

Le Capitaine Adjoint de service à l'Etat-major général.................. LONGCHAMP.
Officier de santé de service à l'État-major.......................... DANTREVILLE.
Secrétaire de service à l'État-major................................ PLANTIER.

Rien de nouveau.

Le Général de Brigade Chef de l'État-major général du Gouvernement de Paris et de la 1.re Division militaire,

CÉSAR BERTHIER.

GOUVERNEMENT DE PARIS.

1.re *DIVISION MILITAIRE.*

ÉTAT-MAJOR GÉNÉRAL.

Au quartier général, à Paris, le 11 Thermidor de l'an 12.

SERVICE DE L'ÉTAT-MAJOR GÉNÉRAL.

Du 11 au 12 Thermidor.

Le Capitaine Adjoint de service à l'Etat-major général.................. LONGCHAMP.
Officier de santé de service à l'État-major.......................... DANTREVILLE.
Secrétaire de service à l'État-major................................ PLANTIER.

Du 12 au 13 Thermidor.

Le Capitaine Adjoint de service à l'État-major général.................. FORGEOT.
Officier de santé de service à l'État-major.......................... POISSON.
Secrétaire de service à l'Etat-major................................ LECLERC.

Rien de nouveau.

Le Général de Brigade Chef de l'État-major général du Gouvernement de Paris et de la 1.re Division militaire,

CÉSAR BERTHIER.

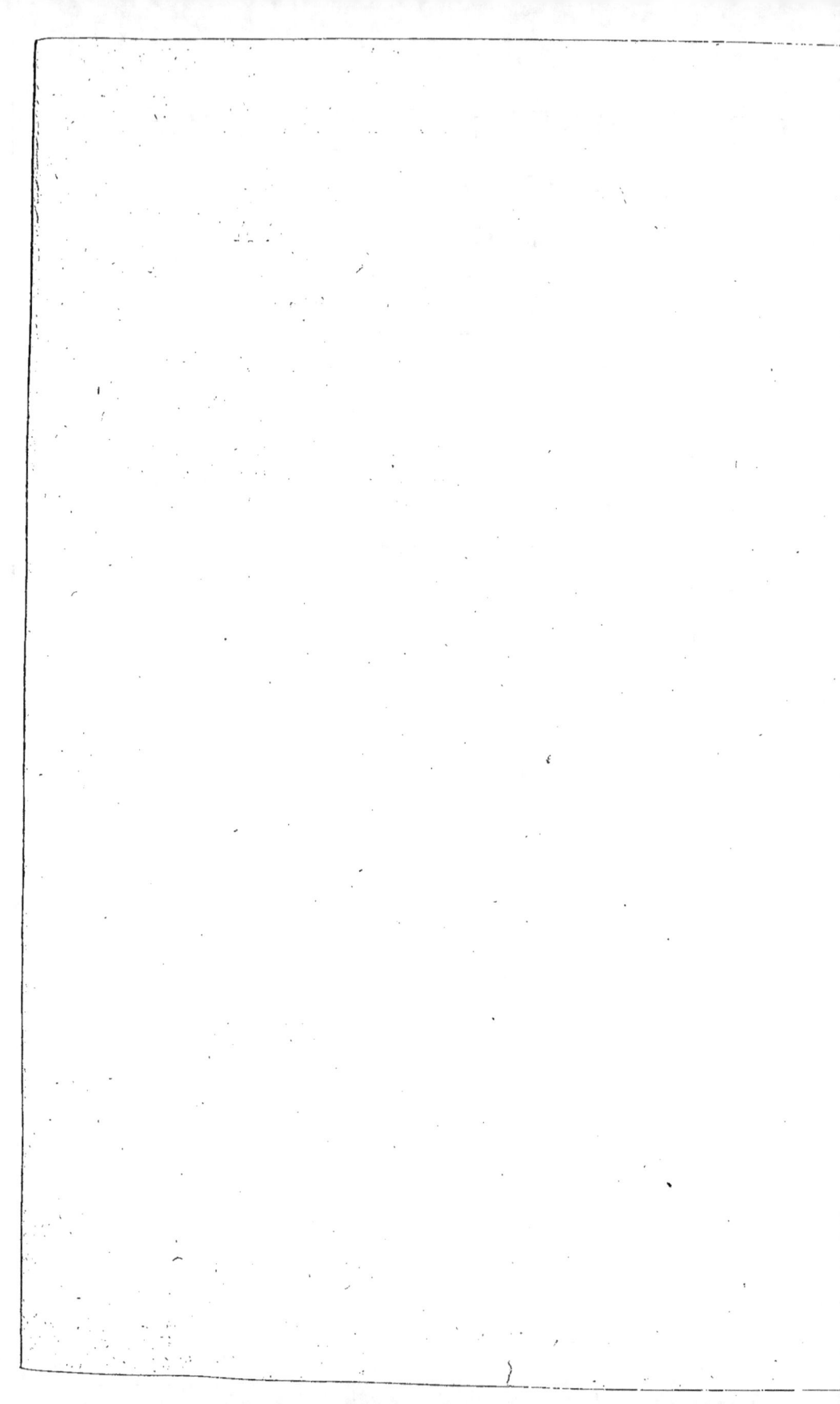

GOUVERNEMENT DE PARIS.

1.re DIVISION MILITAIRE.

ÉTAT-MAJOR GÉNÉRAL.

Au quartier général, à Paris, le 12 Thermidor de l'an 12.

SERVICE DE L'ÉTAT-MAJOR GÉNÉRAL.

Du 12 au 13 Thermidor.

Le Capitaine Adjoint de service à l'État-major général.................. FORGEOT.
Officier de santé de service à l'État-major.......................... POISSON.
Secrétaire de service à l'État-major................................. LECLERC.

Du 13 au 14 Thermidor.

Le Capitaine Adjoint de service à l'Etat-major général.................. GALDEMAR.
Officier de santé de service à l'État-major.......................... DANTREVILLE.
Secrétaire de service à l'État-major................................. DESMOULINS.

Rien de nouveau.

Le Général de Brigade Chef de l'État-major général du Gouvernement de Paris et de la 1.re Division militaire,

CÉSAR BERTHIER.

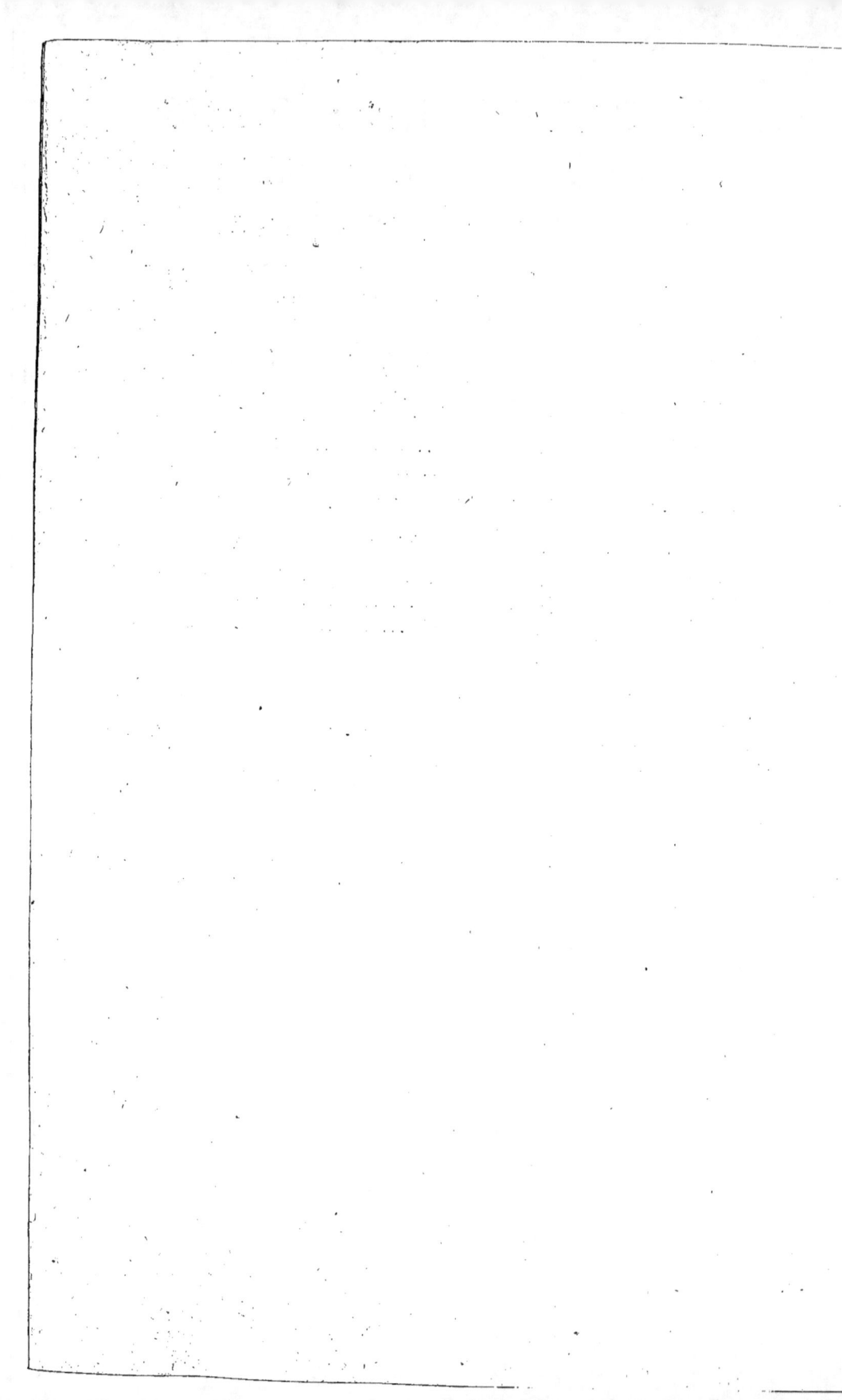

GOUVERNEMENT DE PARIS.

1.re *DIVISION MILITAIRE.*

ÉTAT-MAJOR GÉNÉRAL.

Au quartier général, à Paris, le 13 Thermidor de l'an 12.

SERVICE DE L'ÉTAT-MAJOR GÉNÉRAL.

Du 13 au 14 Thermidor.

Le Capitaine Adjoint de service à l'Etat-major général.................. GALDEMAR,
Officier de santé de service à l'État-major.............................. DANTREVILLE,
Secrétaire de service à l'État-major..................................... DESMOULINS,

Du 14 au 15 Thermidor.

Le Capitaine Adjoint de service à l'État-major général.................. AUGIAS,
Officier de santé de service à l'État-major.............................. POISSON,
Secrétaire de service à l'État-major..................................... CORBET,

Rien de nouveau.

Le Général de Brigade Chef de l'État-major général du Gouvernement de Paris et de la 1.re Division militaire,

CÉSAR BERTHIER.

GOUVERNEMENT DE PARIS.

1.re *DIVISION MILITAIRE.*

ÉTAT-MAJOR GÉNÉRAL.

Au quartier général, à Paris, le 14 Thermidor de l'an 12.

SERVICE DE L'ÉTAT-MAJOR GÉNÉRAL.

Du 14 au 15 Thermidor.

Le Capitaine Adjoint de service à l'État-major général.................. AUGIAS.
Officier de santé de service à l'État-major.......................... POISSON.
Secrétaire de service à l'État-major................................. CORBET.

Du 15 au 16 Thermidor.

Le Capitaine Adjoint de service à l'Etat-major général.................. WATHIEZ.
Officier de santé de service à l'État-major.......................... DANTREVILLE.
Secrétaire de service à l'État-major................................. DUBOIS.

Rien de nouveau.

Le Général de Brigade Chef de l'État-major général du Gouvernement de Paris et de la 1.re Division militaire,

CÉSAR BERTHIER.

GOUVERNEMENT DE PARIS.

1.re DIVISION MILITAIRE.

ÉTAT-MAJOR GÉNÉRAL.

Au quartier général, à Paris, le 15 Thermidor de l'an 12.

SERVICE DE L'ÉTAT-MAJOR GÉNÉRAL.

Du 15 au 16 Thermidor.

Le Capitaine Adjoint de service à l'État-major général.................. WATHIEZ.
Officier de santé de service à l'État-major.......................... DANTREVILLE.
Secrétaire de service à l'État-major.................................. DUBOIS.

Du 16 au 17 Thermidor.

Le Capitaine Adjoint de service à l'État-major général.................. DELORME.
Officier de santé de service à l'État-major.......................... POISSON.
Secrétaire de service à l'État-major.................................. BRUNEL.

Rien de nouveau.

Le Général de Brigade Chef de l'État-major général du Gouvernement de Paris et de la 1.re Division militaire,

CÉSAR BERTHIER.

GOUVERNEMENT DE PARIS.

1.re *DIVISION MILITAIRE.*

ÉTAT-MAJOR GÉNÉRAL.

Au quartier général, à Paris, le 16 Thermidor de l'an 12.

SERVICE DE L'ÉTAT-MAJOR GÉNÉRAL.

Du 16 au 17 Thermidor.

Le Capitaine Adjoint de service à l'État-major général.................. DELORME.
Officier de santé de service à l'État-major.......................... POISSON.
Secrétaire de service à l'État-major.................................. BRUNEL.

Du 17 au 18 Thermidor.

Le Capitaine Adjoint de service à l'Etat-major général.................. GUIARDELLE.
Officier de santé de service à l'État-major.......................... DANTREVILLE.
Secrétaire de service à l'État-major.................................. PLANTIER.

Rien de nouveau.

Le Général de Brigade Chef de l'État-major général du Gouvernement de Paris et de la 1.re Division militaire,

CÉSAR BERTHIER.

GOUVERNEMENT DE PARIS.

1.re DIVISION MILITAIRE.

ÉTAT-MAJOR GÉNÉRAL.

Au quartier général, à Paris, le 17 Thermidor de l'an 12.

SERVICE DE L'ÉTAT-MAJOR GÉNÉRAL.

Du 17 au 18 Thermidor.

Le Capitaine Adjoint de service à l'Etat-major général .... GUIARDELLE.
Officier de santé de service à l'État-major .... DANTREVILLE.
Secrétaire de service à l'État-major .... LECLERC.

Du 18 au 19 Thermidor.

Le Capitaine Adjoint de service à l'État-major général .... AUCLER.
Officier de santé de service à l'État-major .... POISSON.
Secrétaire de service à l'État-major .... PLANTIER.

Rien de nouveau.

Le Général de Brigade Chef de l'État-major général du Gouvernement de Paris et de la 1.re Division militaire,

CÉSAR BERTHIER.

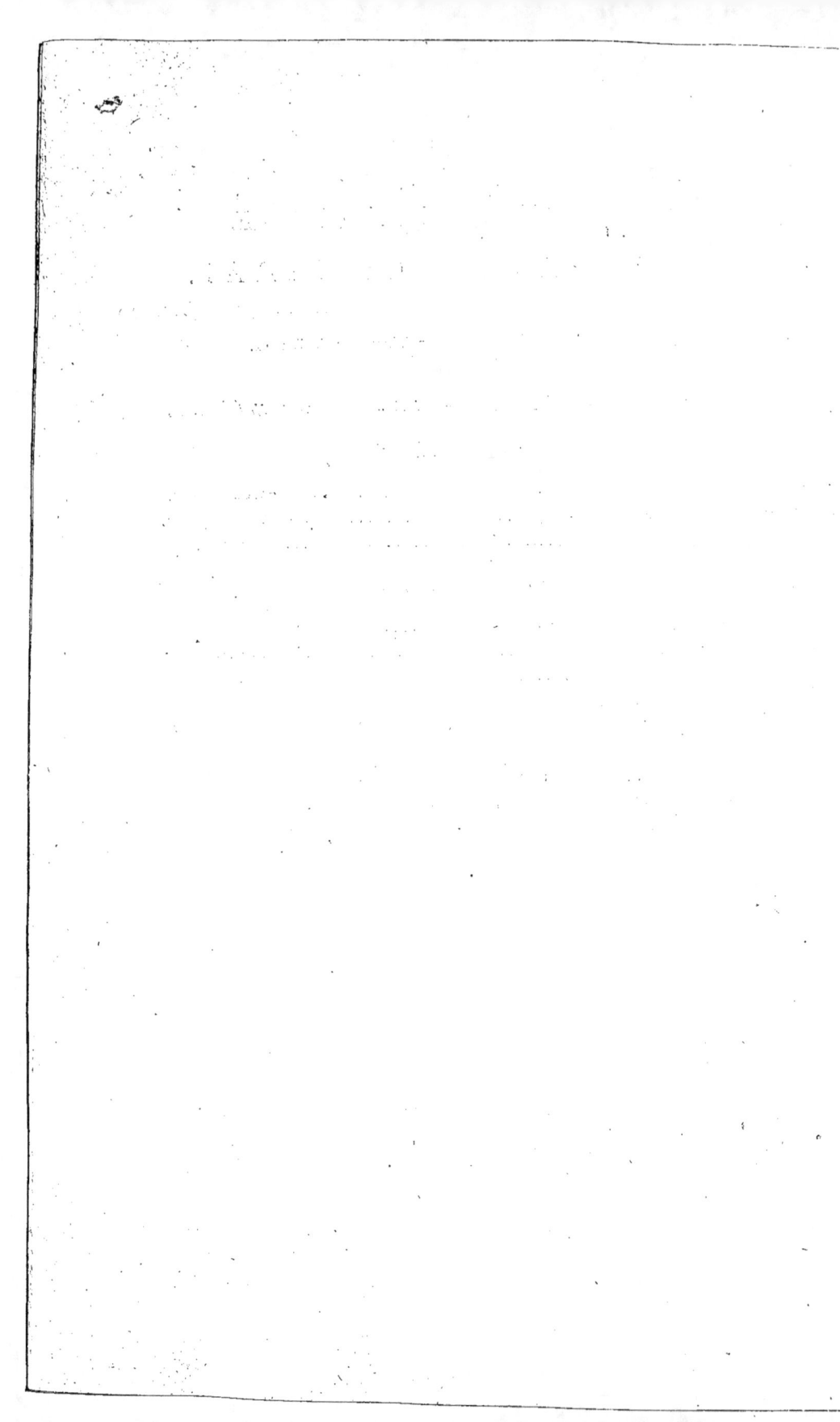

GOUVERNEMENT DE PARIS.

1.re DIVISION MILITAIRE.

ÉTAT-MAJOR GÉNÉRAL.

Au quartier général, à Paris, le 18 Thermidor de l'an 12.

SERVICE DE L'ÉTAT-MAJOR GÉNÉRAL.

Du 18 au 19 Thermidor.

Le Capitaine Adjoint de service à l'État-major général.................. AUCLER.
Officier de santé de service à l'État-major............................. POISSON.
Secrétaire de service à l'État-major.................................... PLANTIER.

Du 19 au 20 Thermidor.

Le Capitaine Adjoint de service à l'État-major général.................. LONGCHAMP.
Officier de santé de service à l'État-major............................. DANTREVILLE.
Secrétaire de service à l'État-major.................................... DESMOULINS.

Rien de nouveau.

Le Général de Brigade Chef de l'État-major général du Gouvernement de Paris et de la 1.re Division militaire,

CÉSAR BERTHIER.

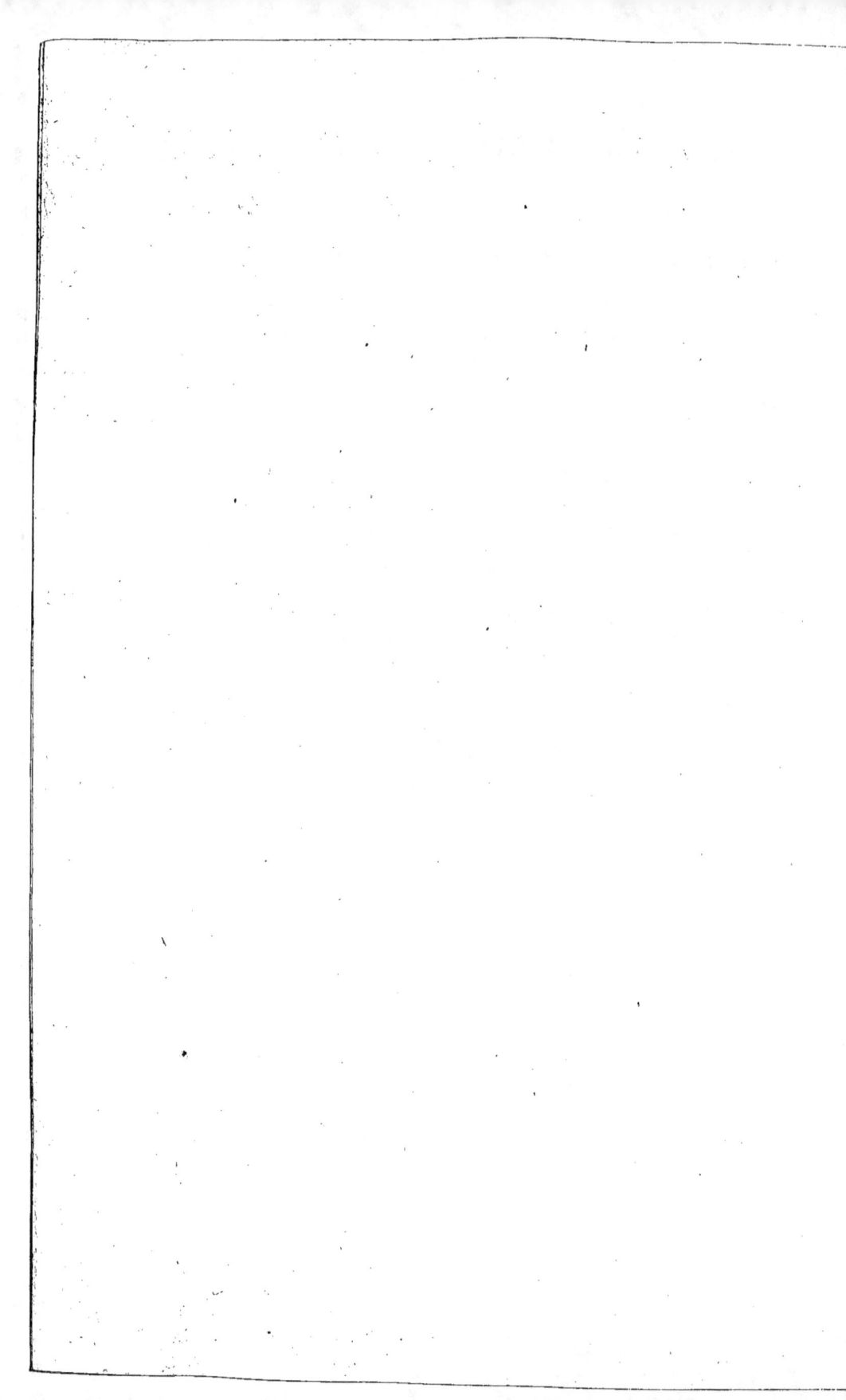

GOUVERNEMENT DE PARIS.

1.re DIVISION MILITAIRE.

ÉTAT-MAJOR GÉNÉRAL.

Au quartier général, à Paris, le 19 Thermidor de l'an 12.

SERVICE DE L'ÉTAT-MAJOR GÉNÉRAL.

Du 19 au 20 Thermidor.

Le Capitaine Adjoint de service à l'État-major général.................. LONGCHAMP.
Officier de santé de service à l'État-major.......................... DANTREVILLE.
Secrétaire de service à l'État-major.................................. DESMOULINS.

Du 20 au 21 Thermidor.

Le Capitaine Adjoint de service à l'État-major général.................. FORGEOT.
Officier de santé de service à l'État-major.......................... POISSON.
Secrétaire de service à l'État-major.................................. CORBET.

Rien de nouveau.

Le Général de Brigade Chef de l'État-major général du Gouvernement de Paris et de la 1.re Division militaire,

CÉSAR BERTHIER.

GOUVERNEMENT DE PARIS.

1.re *DIVISION MILITAIRE.*

ÉTAT-MAJOR GÉNÉRAL.

Au quartier général, à Paris, le 20 Thermidor de l'an 12.

SERVICE DE L'ÉTAT-MAJOR GÉNÉRAL.

Du 20 au 21 Thermidor.

Le Capitaine Adjoint de service à l'État-major général.................. FORGEOT.
Officier de santé de service à l'État-major.......................... POISSON.
Secrétaire de service à l'État-major................................ DUBOIS.

Du 21 au 22 Thermidor.

Le Capitaine Adjoint de service à l'État-major général.................. GALDEMAR.
Officier de santé de service à l'État-major.......................... DANTREVILLE.
Secrétaire de service à l'État-major................................ CORBET.

Rien de nouveau.

Le Général de Brigade Chef de l'État-major général du Gouvernement de Paris et de la 1.re Division militaire,

CÉSAR BERTHIER.

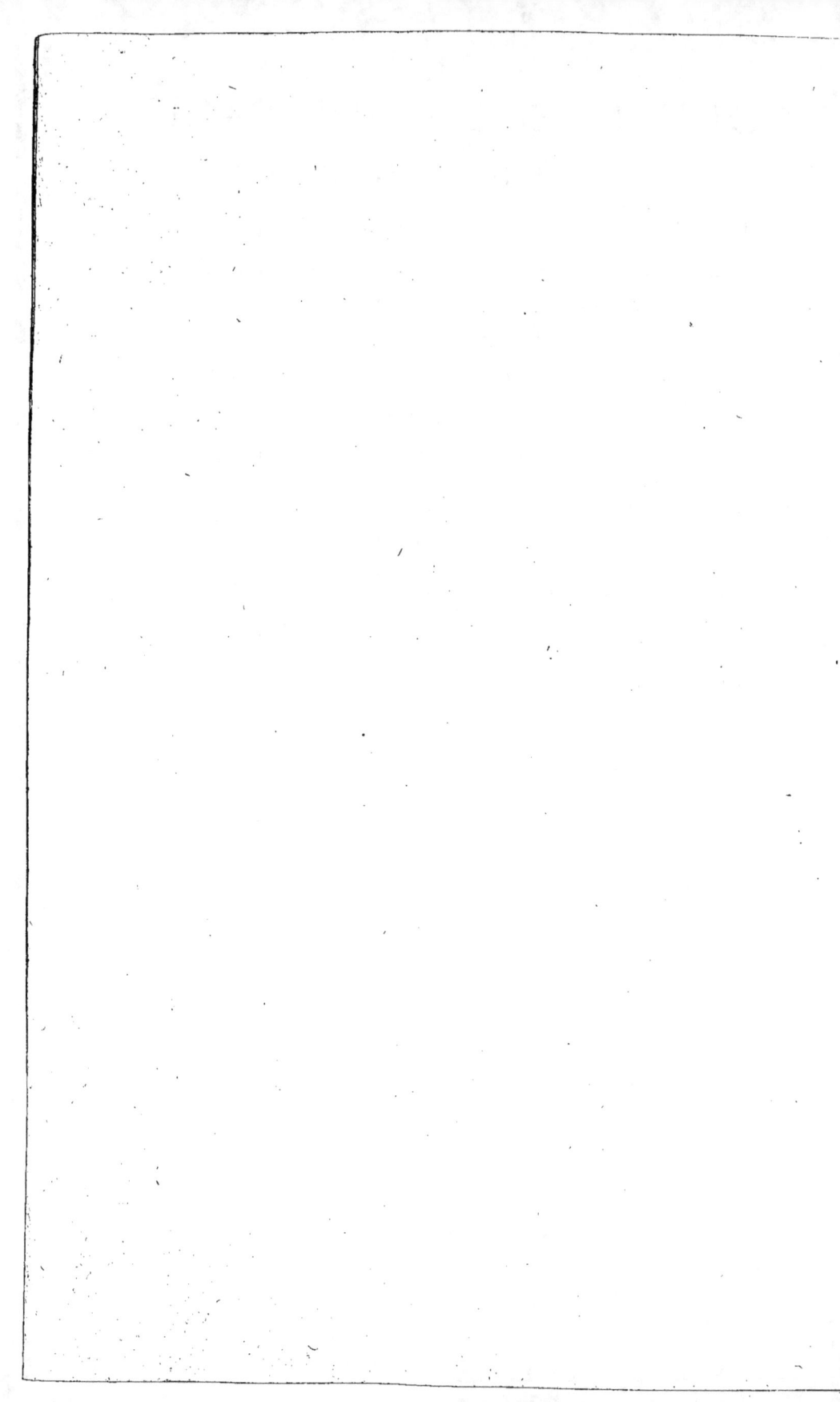

GOUVERNEMENT DE PARIS.

1.re DIVISION MILITAIRE.

ÉTAT-MAJOR GÉNÉRAL.

Au quartier général, à Paris, le 21 Thermidor de l'an 12.

SERVICE DE L'ÉTAT-MAJOR GÉNÉRAL.

Du 21 au 22 Thermidor.

Le Capitaine Adjoint de service à l'État-major général .... GALDEMAR.
Officier de santé de service à l'État-major .... DANTREVILLE.
Secrétaire de service à l'État-major .... CORBET.

Du 22 au 23 Thermidor.

Le Capitaine Adjoint de service à l'État-major général .... AUGIAS.
Officier de santé de service à l'État-major .... POISSON.
Secrétaire de service à l'État-major .... BRUNEL.

Rien de nouveau.

Le Général de Brigade Chef de l'État-major général du Gouvernement de Paris et de la 1.re Division militaire,

CÉSAR BERTHIER.

GOUVERNEMENT DE PARIS.

1.re *DIVISION MILITAIRE.*

ÉTAT-MAJOR GÉNÉRAL.

Au quartier général, à Paris, le 22 Thermidor de l'an 12.

SERVICE DE L'ÉTAT-MAJOR GÉNÉRAL.

Du 22 au 23 Thermidor.

Le Capitaine Adjoint de service à l'État-major général................. AUGIAS.
Officier de santé de service à l'État-major......................... POISSON.
Secrétaire de service à l'État-major................................ BRUNEL.

Du 23 au 24 Thermidor.

Le Capitaine Adjoint de service à l'État-major général................. WATHIEZ.
Officier de santé de service à l'État-major......................... DANTREVILLE.
Secrétaire de service à l'État-major................................ PLANTIER.

Rien de nouveau.

Le Général de Brigade Chef de l'État-major général du Gouvernement de Paris et de la 1.re Division militaire,

CÉSAR BERTHIER.

GOUVERNEMENT DE PARIS.

1.re DIVISION MILITAIRE.

ÉTAT-MAJOR GÉNÉRAL.

Au quartier général, à Paris, le 23 Thermidor de l'an 12.

SERVICE DE L'ÉTAT-MAJOR GÉNÉRAL.

Du 23 au 24 Thermidor.

Le Capitaine Adjoint de service à l'État-major général.................. WATHIEZ.
Officier de santé de service à l'État-major.......................... DANTREVILLE.
Secrétaire de service à l'État-major.................................. PLANTIER.

Du 24 au 25 Thermidor.

Le Capitaine Adjoint de service à l'État-major général.................. GUIARDELLE.
Officier de santé de service à l'État-major.......................... POISSON.
Secrétaire de service à l'État-major.................................. BRUNEL.

Rien de nouveau.

Le Général de Brigade Chef de l'État-major général du Gouvernement de Paris et de la 1.re Division militaire,

CÉSAR BERTHIER.

GOUVERNEMENT DE PARIS.

1.re DIVISION MILITAIRE.

ÉTAT - MAJOR GÉNÉRAL.

Au quartier général, à Paris, le 24 Thermidor de l'an 12.

SERVICE DE L'ÉTAT - MAJOR GÉNÉRAL.

Du 24 au 25 Thermidor.

Le Capitaine Adjoint de service à l'État - major général .... GUIARDELLE.
Officier de santé de service à l'État - major .... POISSON.
Secrétaire de service à l'État-major .... BRUNEL.

Du 25 au 26 Thermidor.

Le Capitaine Adjoint de service à l'État - major général .... DELORME.
Officier de santé de service à l'État - major .... DANTREVILLE.
Secrétaire de service à l'État-major .... LECLERC.

ORDRE GÉNÉRAL du 24 Thermidor.

M. le Maréchal Gouverneur me charge de témoigner aux Troupes de la garnison de Paris, la satisfaction qu'il éprouve de leur bonne conduite, de leur tenue, et sur-tout de la manière dont elles ont manœuvré, vendredi dernier 22 du courant, à la plaine de Villiers.

M. le Maréchal se flatte que les éloges qu'il se plaît à donner aux Troupes qui sont sous ses ordres, redoubleront l'ardeur des Chefs, de l'Officier et du Soldat, et les exciteront à employer respectivement tous leurs moyens, non-seulement pour les justifier, mais encore pour en mériter de nouveaux.

Le Général de Brigade Chef de l'État-major général du Gouvernement de Paris et de la 1.re Division militaire,

CÉSAR BERTHIER.

GOUVERNEMENT DE PARIS.

1.re *DIVISION MILITAIRE.*

ÉTAT-MAJOR GÉNÉRAL.

Au quartier général, à Paris, le 25 Thermidor de l'an 12.

SERVICE DE L'ÉTAT-MAJOR GÉNÉRAL.

Du 25 au 26 Thermidor.

Le Capitaine Adjoint de service à l'État-major général.................. DELORME.
Officier de santé de service à l'État-major.......................... DANTREVILLE.
Secrétaire de service à l'État-major................................ LECLERC.

Du 26 au 27 Thermidor.

Le Capitaine Adjoint de service à l'État-major général.................. AUCLER.
Officier de santé de service à l'État-major.......................... POISSON.
Secrétaire de service à l'État-major................................ DESMOULINS.

Rien de nouveau.

Le Général de Brigade Chef de l'État-major général du Gouvernement de Paris et de la 1.re Division militaire,

CÉSAR BERTHIER.

GOUVERNEMENT DE PARIS.

1.re *DIVISION MILITAIRE.*

ÉTAT-MAJOR GÉNÉRAL.

Au quartier général, à Paris, le 26 Thermidor de l'an 12.

SERVICE DE L'ÉTAT-MAJOR GÉNÉRAL.

Du 26 au 27 Thermidor.

Le Capitaine Adjoint de service à l'État-major général.................. AUCLER.
Officier de santé de service à l'État-major.......................... POISSON.
Secrétaire de service à l'État-major................................. DUBOIS.

Du 27 au 28 Thermidor.

Le Capitaine Adjoint de service à l'État-major général.................. LONGCHAMP.
Officier de santé de service à l'État-major.......................... DANTREVILLE.
Secrétaire de service à l'État-major................................. DESMOULINS.

Rien de nouveau.

Le Général de Brigade Chef de l'État-major général du Gouvernement de Paris et de la 1.re Division militaire,

CÉSAR BERTHIER.

GOUVERNEMENT DE PARIS.

1.re *DIVISION MILITAIRE.*

ÉTAT-MAJOR GÉNÉRAL.

Au quartier général, à Paris, le 27 Thermidor de l'an 12.

SERVICE DE L'ÉTAT-MAJOR GÉNÉRAL.

Du 27 au 28 Thermidor.

Le Capitaine Adjoint de service à l'État-major général.................. FORGEOT.

Officier de santé de service à l'État-major.......................... DANTREVILLE.

Secrétaire de service à l'État-major................................. DESMOULINS.

Du 28 au 29 Thermidor.

Le Capitaine Adjoint de service à l'État-major général.................. GALDEMAR.

Officier de santé de service à l'État-major.......................... POISSON.

Secrétaire de service à l'État-major................................. CORBET.

Rien de nouveau.

Le Général de Brigade Chef de l'État-major général du Gouvernement de Paris et de la 1.re Division militaire,

CÉSAR BERTHIER.

GOUVERNEMENT DE PARIS,

1.re *DIVISION MILITAIRE,*

ÉTAT - MAJOR GÉNÉRAL.

Au quartier général, à Paris, le 28 Thermidor de l'an 12.

SERVICE DE L'ÉTAT - MAJOR GÉNÉRAL.

Du 28 au 29 Thermidor.

Le Capitaine Adjoint de service à l'État - major général.................. GALDEMAR.

Officier de santé de service à l'État - major.......................... POISSON.

Secrétaire de service à l'État-major.................................. CORBET.

Du 29 au 30 Thermidor.

Le Capitaine Adjoint de service à l'État - major général.................. AUGIAS.

Officier de santé de service à l'État - major.......................... DANTREVILLE.

Secrétaire de service à l'État-major.................................. BRUNEL.

ORDRE GÉNÉRAL.

Messieurs les Officiers isolés, tant ceux en activité de service que ceux en non activité, autorisés par le Ministre de la guerre à être payés de leurs appointemens et traitemens à Paris, sont prévenus, qu'en conformité des dispositions de l'article 3 de l'arrêté des Consuls, en date du 13 brumaire an 10, ils doivent se présenter du 25 au 30 de chaque mois, chez le Colonel sous-inspecteur aux revues, *Grobert*, à la Trésorèrie impériale, pour y être passés en revue, et, que passé le 30, ils ne pourront être compris que pour rappel dans la revue du mois subséquent, en admettant qu'ils se soient représentés audit Sous-inspecteur du 25 au 30 de ce dernier mois.

Les Officiers, porteurs d'ordres de départ, sont seuls exceptés de cette disposition.

Le Général de Brigade Chef de l'État-major général du Gouvernement de Paris et de la 1.re Division militaire,

CÉSAR BERTHIER.

GOUVERNEMENT DE PARIS.

1.re DIVISION MILITAIRE.

ÉTAT-MAJOR GÉNÉRAL.

Au quartier général, à Paris, le 29 Thermidor de l'an 12.

SERVICE DE L'ÉTAT-MAJOR GÉNÉRAL.

Du 29 au 30 Thermidor.

Le Capitaine Adjoint de service à l'État-major général.................. AUGIAS.

Officier de santé de service à l'État-major.......................... DANTREVILLE.

Secrétaire de service à l'État-major................................ BRUNEL.

Du 30 Thermidor au 1.er Fructidor.

Le Capitaine Adjoint de service à l'État-major général.................. WATHIEZ.

Officier de santé de service à l'État-major.......................... POISSON.

Secrétaire de service à l'État-major................................ PLANTIER.

Rien de nouveau.

Le Général de Brigade Chef de l'État-major général du Gouvernement de Paris et de la 1.re Division militaire,

CÉSAR BERTHIER.

GOUVERNEMENT DE PARIS.

1.re DIVISION MILITAIRE.

ÉTAT-MAJOR GÉNÉRAL.

Au quartier général, à Paris, le 30 Thermidor de l'an 12.

SERVICE DE L'ÉTAT-MAJOR GÉNÉRAL.

Du 30 Thermidor au 1.er Fructidor.

Le Capitaine Adjoint de service à l'État-major général .... WATHIEZ.
Officier de santé de service à l'État-major .... POISSON.
Secrétaire de service à l'État-major .... PLANTIER.

Du 1.er au 2 Fructidor.

Le Capitaine Adjoint de service à l'État-major général .... GUIARDELLE.
Officier de santé de service à l'État-major .... DANTREVILLE.
Secrétaire de service à l'État-major .... CORBET.

Rien de nouveau.

Le Général de Brigade Chef de l'État-major général du Gouvernement de Paris et de la 1.re Division militaire,

CÉSAR BERTHIER.

GOUVERNEMENT DE PARIS.

1.re *DIVISION MILITAIRE.*

ÉTAT-MAJOR GÉNÉRAL.

Au quartier général, à Paris, le 1.er Fructidor de l'an 12.

SERVICE DE L'ÉTAT-MAJOR GÉNÉRAL.

Du 1.er au 2 Fructidor.

Le Capitaine Adjoint de service à l'État-major général.................. GUIARDELLE.
Officier de santé de service à l'État-major.......................... DANTREVILLE.
Secrétaire de service à l'État-major................................ CORBET.

Du 2 au 3 Fructidor.

Le Capitaine Adjoint de service à l'État-major général.................. DELORME.
Officier de santé de service à l'État-major.......................... POISSON.
Secrétaire de service à l'État-major................................ LECLERC.

Rien de nouveau.

Le Général de Brigade Chef de l'État-major général du Gouvernement de Paris et de la 1.re Division militaire,

CÉSAR BERTHIER.

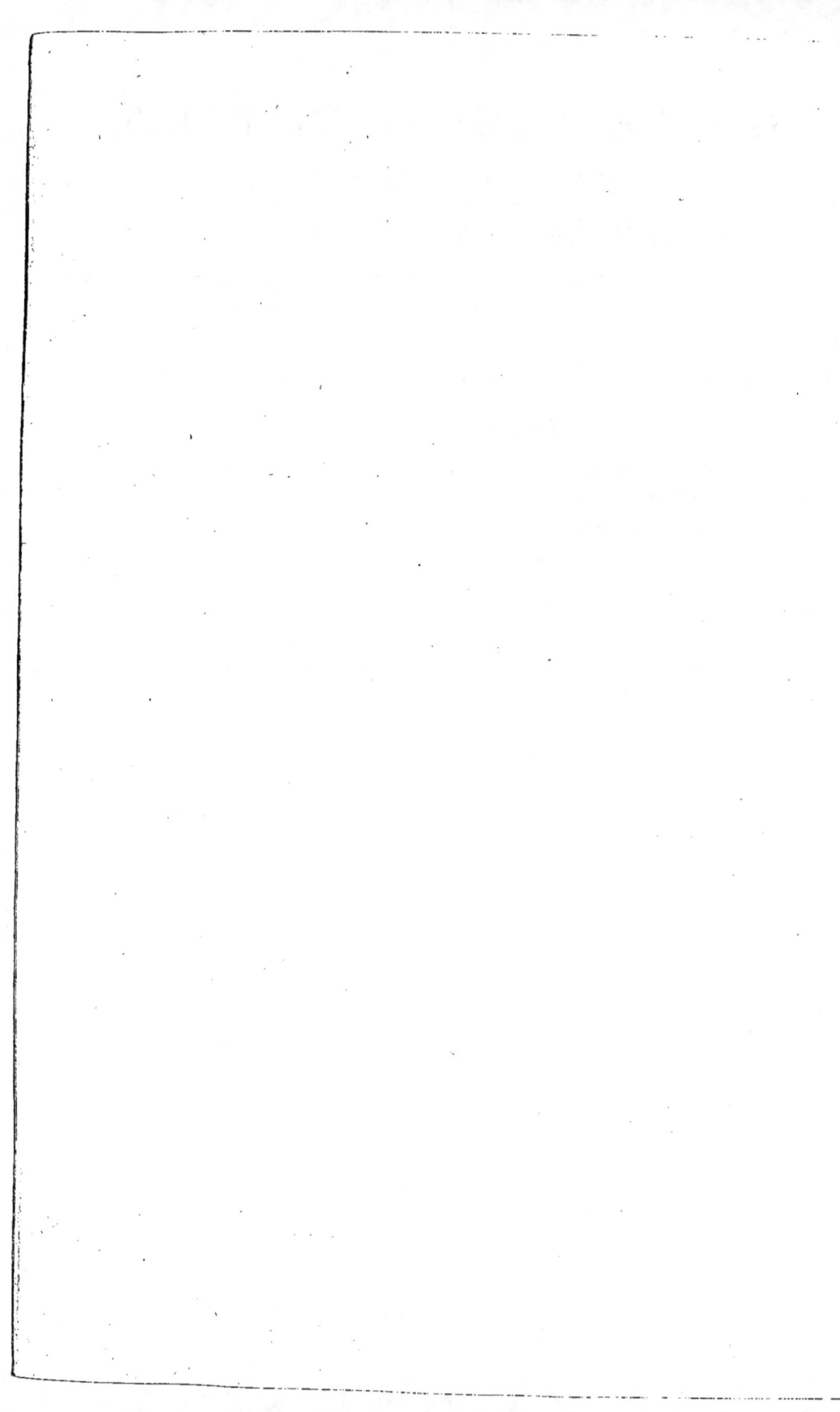

GOUVERNEMENT DE PARIS.

1.re DIVISION MILITAIRE.

ÉTAT-MAJOR GÉNÉRAL.

Au quartier général, à Paris, le 2 Fructidor de l'an 12.

SERVICE DE L'ÉTAT-MAJOR GÉNÉRAL.

Du 2 au 3 Fructidor.

Le Capitaine Adjoint de service à l'État-major général .... DELORME.

Officier de santé de service à l'État-major .... POISSON.

Secrétaire de service à l'État-major .... LECLERC.

Du 3 au 4 Fructidor.

Le Capitaine Adjoint de service à l'État-major général .... AUCLER.

Officier de santé de service à l'État-major .... DANTREVILLE.

Secrétaire de service à l'État-major .... DESMOULINS.

Rien de nouveau.

Le Général de Brigade Chef de l'État-major général du Gouvernement de Paris et de la 1.re Division militaire,

CÉSAR BERTHIER.

GOUVERNEMENT DE PARIS.

1.re *DIVISION MILITAIRE.*

ÉTAT-MAJOR GÉNÉRAL.

Au quartier général, à Paris, le 3 Fructidor de l'an 12.

SERVICE DE L'ÉTAT-MAJOR GÉNÉRAL.

Du 3 au 4 Fructidor.

Le Capitaine Adjoint de service à l'État-major général................ AUCLER.

Officier de santé de service à l'État-major........................ DANTREVILLE.

Secrétaire de service à l'État-major........................ DESMOULINS.

Du 4 au 5 Fructidor.

Le Capitaine Adjoint de service à l'État-major général................ LONGCHAMP.

Officier de santé de service à l'État-major........................ POISSON.

Secrétaire de service à l'État-major........................ DUBOIS.

M. le Maréchal Gouverneur de Paris, en conformité de l'instruction de M. le Maréchal-Ministre de la guerre, en date du 5 floréal an 9, fait connaître, par la voie de l'Ordre général, l'Ordonnance d'appel en justice, rendue le 23 du mois de thermidor, par le Capitaine rapporteur du 1.er Conseil de guerre séant à Paris, contre un militaire contumax.

1.er CONSEIL DE GUERRE PERMANENT DE LA 1.ere DIVISION MILITAIRE.

Ordonnance d'appel en justice.

Cejourd'hui, vingt-troisième du mois de thermidor an douze;

Nous, *Édouard Delon*, Capitaine, Substitut du Rapporteur, enjoignons au nommé *Dumé* (Pierre-Antoine), âgé de vingt-trois ans, fils de feu *Firmin* et de *Marie-Antoinette Blondel*, natif de Maricourt, quatrième arrondissement communal du département de la Somme, Conscrit de l'an dix, cavalier au onzième Régiment, troisième compagnie; de la taille d'un mètre sept cent soixante-dix-huit millimètres; cheveux et sourcils bruns, front couvert, yeux gris, nez bien fait, bouche petite, menton rond, de se représenter à la justice, en se rendant sans délai au greffe du premier Conseil, séant rue du Cherche-Midi, n.° 804, faubourg Saint-Germain, à Paris, devant lequel il est traduit, comme prévenu de tentatives d'assassinat.

Fait à Paris, en notre cabinet, les jour, mois et an que dessus, sous nos seing et scel. *Signé* DELON,

Délivré pour expédition conforme : *Le Greffier*, FOUCHER.

Le Général de Brigade Chef de l'État-major général du Gouvernement de Paris et de la 1.re Division militaire,

CÉSAR BERTHIER.

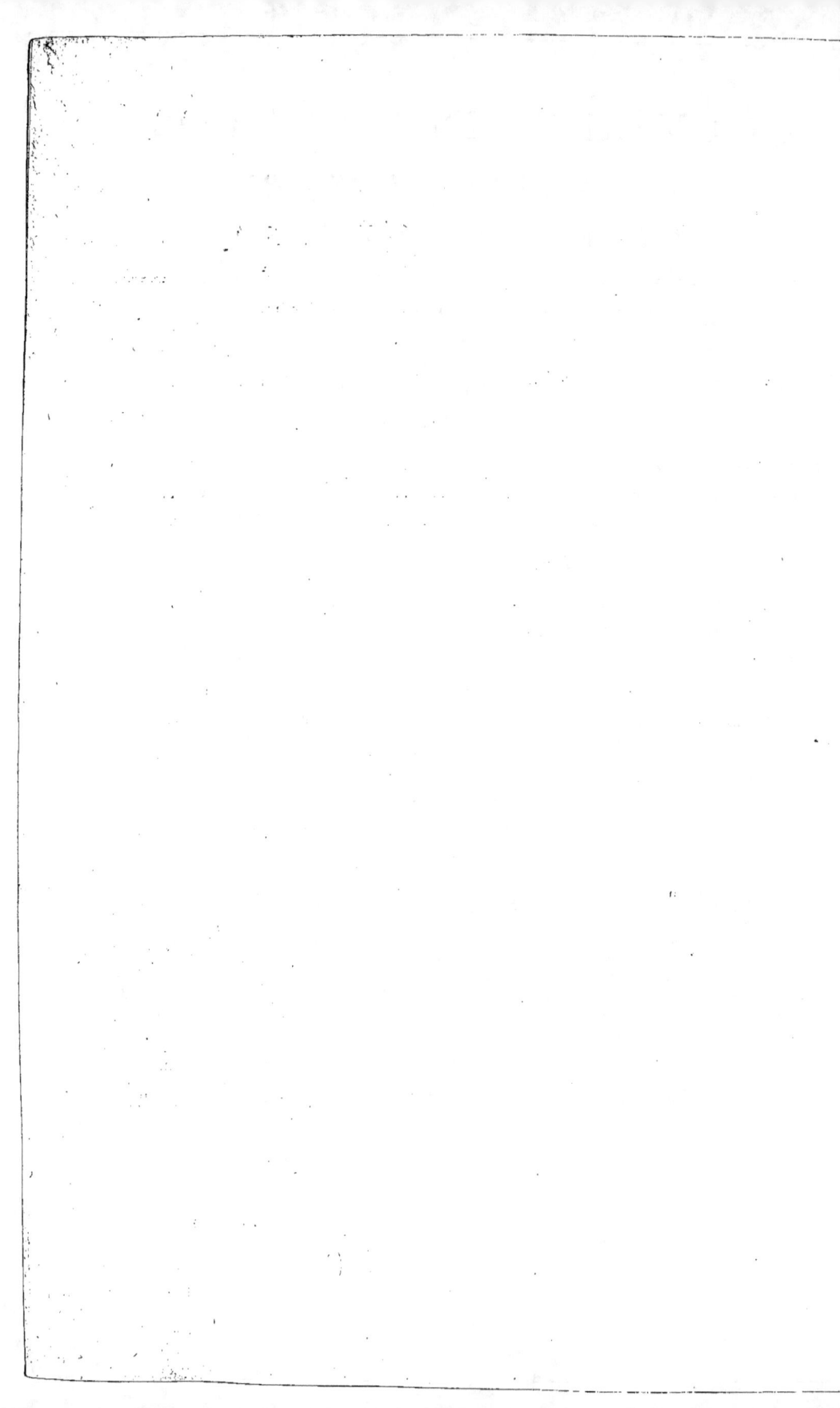

GOUVERNEMENT DE PARIS,

1.re DIVISION MILITAIRE,

ÉTAT-MAJOR GÉNÉRAL,

Au quartier général, à Paris, le 4 Fructidor de l'an 12.

SERVICE DE L'ÉTAT-MAJOR GÉNÉRAL,

Du 4 au 5 Fructidor.

Le Capitaine Adjoint de service à l'État-major général.................. LONGCHAMP,

Officier de santé de service à l'État-major.......................... POISSON.

Secrétaire de service à l'État-major.................................. DUBOIS.

Du 5 au 6 Fructidor.

Le Capitaine Adjoint de service à l'État-major général.................. FORGEOT.

Officier de santé de service à l'État-major.......................... DANTREVILLE.

Secrétaire de service à l'État-major.................................. CORBET.

Rien de nouveau.

Le Général de Brigade Chef de l'État-major général du Gouvernement de Paris et de la 1.re Division militaire,

CÉSAR BERTHIER.

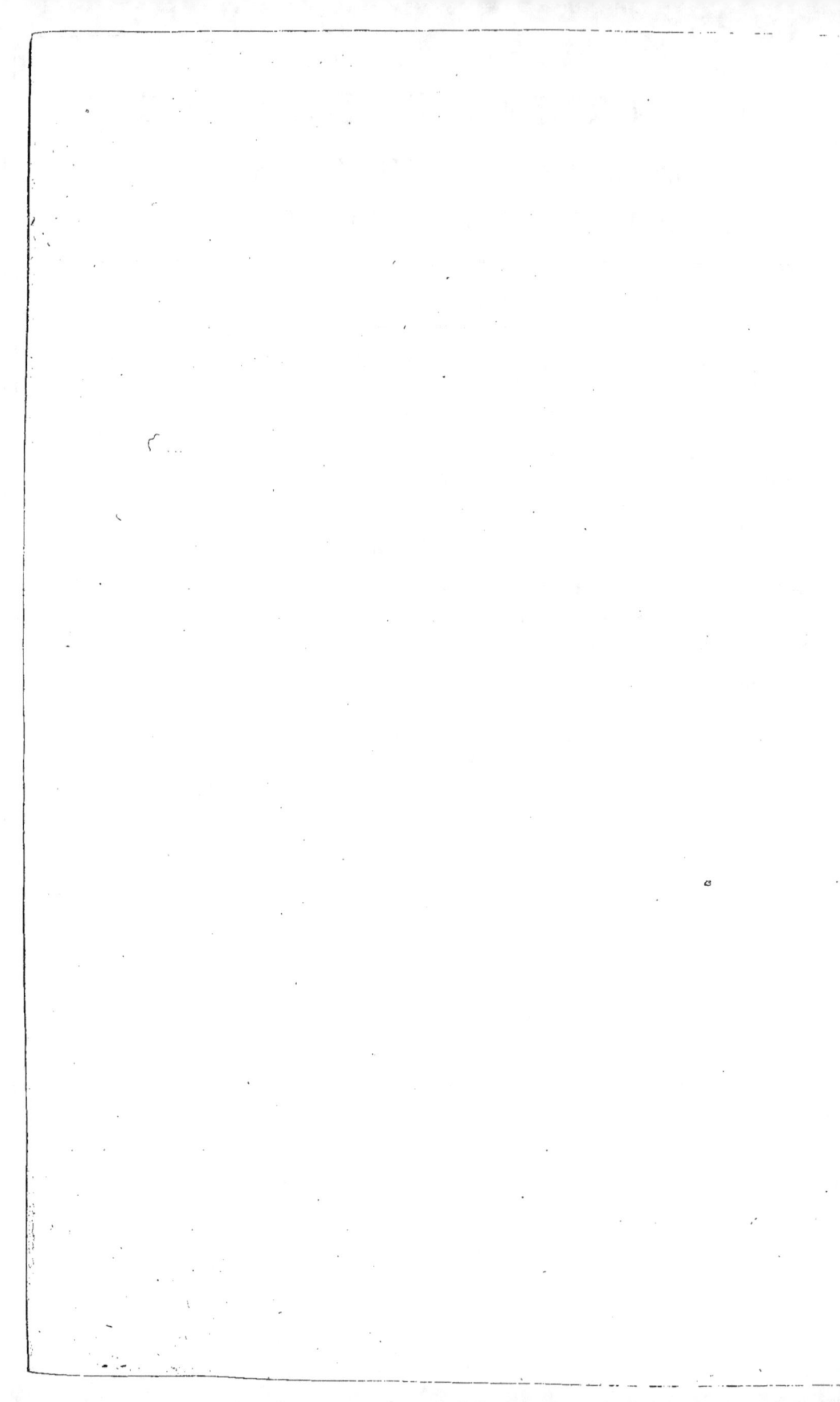

GOUVERNEMENT DE PARIS.

1.re *DIVISION MILITAIRE.*

ÉTAT-MAJOR GÉNÉRAL.

Au quartier général, à Paris, le 5 Fructidor de l'an 12.

SERVICE DE L'ÉTAT-MAJOR GÉNÉRAL.

Du 5 au 6 Fructidor.

Le Capitaine Adjoint de service à l'État-major général.................. FORGEOT.

Officier de santé de service à l'État-major.......................... DANTREVILLE.

Secrétaire de service à l'État-major................................ CORBET.

Du 6 au 7 Fructidor.

Le Capitaine Adjoint de service à l'État-major général.................. GALDEMART.

Officier de santé de service à l'État-major.......................... POISSON.

Secrétaire de service à l'État-major................................ BRUNEL.

Rien de nouveau.

Le Général de Brigade Chef de l'État-major général du Gouvernement de Paris et de la 1.re Division militaire,

CÉSAR BERTHIER.

GOUVERNEMENT DE PARIS.

1.re DIVISION MILITAIRE.

ÉTAT-MAJOR GÉNÉRAL.

Au quartier général, à Paris, le 6 Fructidor de l'an 12.

SERVICE DE L'ÉTAT-MAJOR GÉNÉRAL.

Du 6 au 7 Fructidor.

Le Capitaine Adjoint de service à l'État-major général.................. GALDEMART.

Officier de santé de service à l'État-major.............................. POISSON.

Secrétaire de service à l'État-major.................................... BRUNEL.

Du 7 au 8 Fructidor.

Le Capitaine Adjoint de service à l'État-major général.................. AUGIAS.

Officier de santé de service à l'État-major.............................. DANTREVILLE.

Secrétaire de service à l'État-major.................................... PLANTIER.

EXTRAITS des Jugemens rendus par le 1.er Conseil de guerre de la 1.re Division militaire; pendant le mois de Thermidor an 12.

NUMÉROS DES JUGEMENS.	DATES.	NOMS ET PRÉNOMS des INDIVIDUS JUGÉS.	QUALITÉ MILITAIRE ou PROFESSION.	LIEUX de NAISSANCE.	ANALYSE DES JUGEMENS.	
1794.	30.	Bayet. *(Nicolas)*.......	Fusilier au 1.er régiment de vétérans.	Saint-Germain, département de Seine-et-Oise.	Convaincu d'un vol d'argenterie dans une maison particulière.	Condamné à deux années de prison; au bout de ce temps, renvoyé à son corps.
1795.	*Idem.*	Dumay *(Pierre)*.......	Chasseur au 4.e régiment d'inf.e légère.	Memac, départ.t de la Corrèse.	Convaincu d'un vol d'effets envers un particulier.	Condamné à deux années de prison; au bout de ce temps, renvoyé à son corps.
Idem.	*Idem.*	Dauvergne *(Nicolas)*...	*Idem*..........	Boissemont, dép.t de Seine-et-Oise.	Accusé du même délit.	Condamné à trois mois de prison par forme de discipline militaire, pour avoir quitté son corps sans permission, et n'avoir pas dénoncé le délit commis par *Dumay*, et de l'exécution duquel il a été témoin.
1796.	*Idem.*	Carlier *(Hercule-Xavier-Joseph)* contumax......	Ex-sous-lieuten.t	....	Convaincu d'escroqueries envers deux particuliers.	Condamné à deux ans de prison et au remboursement des sommes escroquées.
1797.	*Idem.*	Chevalier *(Augustin)*....	Fusil. au 1.er rég.t de vétérans.	Paris, départem.t de la Seine.	Convaincu de vol d'une paire de boucles d'argent envers son camarade.	Condamné à cinq ans de fers et à être dégradé à la tête de la garde assemblée sous les armes.

NUMÉROS DES JUGEMENS.	DATES.	NOMS ET PRÉNOMS des INDIVIDUS JUGÉS.	QUALITÉ MILITAIRE ou PROFESSION.	LIEUX de NAISSANCE.	ANALYSE DES JUGEMENS.	
1798.	30.	Dardé (*Barthelemy*)....	Sergent au 3.e régiment d'infanterie légère.	Bordeaux, départ.t de la Gironde.	Convaincu d'un vol d'argent envers le conducteur d'une patache à Orléans.	Condamné à deux ans de prison, au bout duquel temps il retournera à son corps.
Idem.	*Idem.*	Blaise (*Pierre*)........	Fusilier au 40.e régiment d'inf.e de ligne.	Carcassonne, départ.t de l'Aude.	*Idem.*	*Idem.*
Idem.	*Idem.*	Coignet (*Nicolas*)......	*Idem*..........	Orléans, départ.t du Loiret.	*Idem.*	*Idem.*
1799.	*Idem.*	L'Enfant (*Séraphin*)....	Canonnier à la ci-devant 7.e compag.e d'artillerie de la Seine-Inf.re	Pase, départ.t du Pas-de-Calais.	Accusé de vol d'une montre dans une auberge, et ayant été condamné, par contumace, en l'an 10, pour ce fait, et celui de désertion, à cinq années de fers et à 1,500 fr. d'amende.	Jugement rendu par contumace, en l'an 10 (23 messidor), contre lui, cassé et annullé, ledit l'*Enfant* acquitté, mis en liberté et renvoyé à la disposition de M. le Maréchal Gouverneur.

Total des jugemens rendus par le 1.er Conseil de guerre pendant le mois de Thermidor, an 12, ci.. 6.

Total des individus jugés pendant le même mois par ce Conseil, ci........ { présens.. 8. contumax. 1. } 9.

Pour extrait conforme aux expéditions desdits Jugemens :

Le Général de Brigade Chef de l'État-major général du Gouvernement de Paris et de la 1.re Division militaire,

CÉSAR BERTHIER.

GOUVERNEMENT DE PARIS,

1.re DIVISION MILITAIRE,

ÉTAT-MAJOR GÉNÉRAL,

Au quartier général, à Paris, le 7 Fructidor de l'an 12.

SERVICE DE L'ÉTAT-MAJOR GÉNÉRAL.

Du 7 au 8 Fructidor.

Le Capitaine Adjoint de service à l'État-major général . . . . AUGIAS,

Officier de santé de service à l'État-major . . . . DANTREVILLE.

Secrétaire de service à l'État-major . . . . PLANTIER.

Du 8 au 9 Fructidor.

Le Capitaine Adjoint de service à l'État-major général . . . . WATHIEZ.

Officier de santé de service à l'État-major . . . . POISSON.

Secrétaire de service à l'État-major . . . . DUBOIS.

Rien de nouveau.

Le Général de Brigade Chef de l'État-major général du Gouvernement de Paris et de la 1.re Division militaire,

CÉSAR BERTHIER.

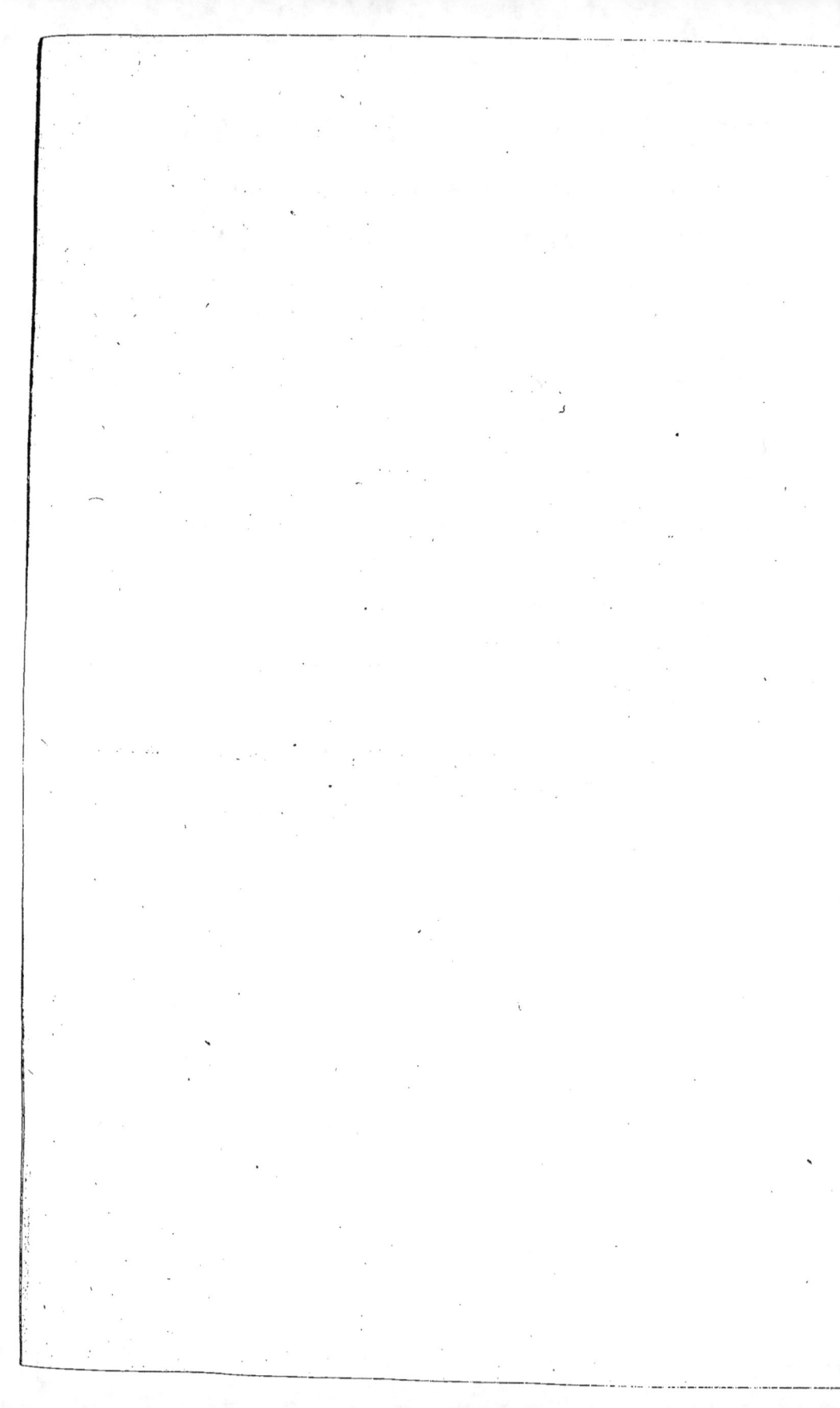

GOUVERNEMENT DE PARIS.

1.re *DIVISION MILITAIRE.*

ÉTAT-MAJOR GÉNÉRAL.

Au quartier général, à Paris, le 8 Fructidor de l'an 12.

SERVICE DE L'ÉTAT-MAJOR GÉNÉRAL.

Du 8 au 9 Fructidor.

Le Capitaine Adjoint de service à l'État-major général.................... WATHIEZ.

Officier de santé de service à l'État-major.......................... POISSON.

Secrétaire de service à l'État-major................................ LECLERC.

Du 9 au 10 Fructidor.

Le Capitaine Adjoint de service à l'État-major général................ GUIARDELLE.

Officier de santé de service à l'État-major.......................... DANTREVILLE.

Secrétaire de service à l'État-major................................ LECLERC.

ORDRE GÉNÉRAL.

Les différens Corps de troupes stationnés dans la 1.re Division militaire, sont prévenus que M. l'Adjudant-commandant *Girard*, employé à Paris, remplira les fonctions de Sous-chef de l'État-major de ladite Division, à dater de lundi prochain 9 du courant.

Le Général de Brigade Chef de l'État-major général du Gouvernement de Paris et de la 1.re Division militaire,

CÉSAR BERTHIER.

GOUVERNEMENT DE PARIS.

1.re DIVISION MILITAIRE.

ÉTAT-MAJOR GÉNÉRAL.

Au quartier général, à Paris, le 9 Fructidor de l'an 12.

SERVICE DE L'ÉTAT-MAJOR GÉNÉRAL.

Du 9 au 10 Fructidor.

Le Capitaine Adjoint de service à l'État-major général.................. GUIARDELLE.
Officier de santé de service à l'État-major.......................... DANTREVILLE.
Secrétaire de service à l'État-major................................ LECLERC.

Du 10 au 11 Fructidor.

Le Capitaine Adjoint de service à l'État-major général.................. DELORME.
Officier de santé de service à l'État-major.......................... POISSON.
Secrétaire de service à l'État-major................................ DESMOULINS.

Rien de nouveau.

Le Général de Brigade Chef de l'État-major général du Gouvernement de Paris et de la 1.re Division militaire,

CÉSAR BERTHIER.

GOUVERNEMENT DE PARIS.

1.re DIVISION MILITAIRE.

ÉTAT-MAJOR GÉNÉRAL.

Au quartier général, à Paris, le 10 Fructidor de l'an 12.

SERVICE DE L'ÉTAT-MAJOR GÉNÉRAL.

Du 10 au 11 Fructidor.

Le Capitaine Adjoint de service à l'État-major général .... DELORME.

Officier de santé de service à l'État-major .... POISSON.

Secrétaire de service à l'État-major .... DESMOULINS.

Du 11 au 12 Fructidor.

Le Capitaine Adjoint de service à l'État-major général .... AUCLER.

Officier de santé de service à l'État-major .... DANTREVILLE.

Secrétaire de service à l'État-major .... DUBOIS.

Rien de nouveau.

Le Général de Brigade Chef de l'État-major général du Gouvernement de Paris et de la 1.re Division militaire,

CÉSAR BERTHIER.

GOUVERNEMENT DE PARIS.

1.re DIVISION MILITAIRE.

ÉTAT-MAJOR GÉNÉRAL.

Au quartier général, à Paris, le 11 Fructidor de l'an 12.

SERVICE DE L'ÉTAT-MAJOR GÉNÉRAL.

Du 11 au 12 Fructidor.

Le Capitaine Adjoint de service à l'État-major général.................. AUCLER.
Officier de santé de service à l'État-major.......................... DANTREVILLE.
Secrétaire de service à l'État-major................................ DUBOIS.

Du 12 au 13 Fructidor.

Le Capitaine Adjoint de service à l'État-major général.................. LONGCHAMP.
Officier de santé de service à l'État-major.......................... POISSON.
Secrétaire de service à l'État-major................................ CORBET.

Rien de nouveau.

Le Général de Brigade Chef de l'État-major général du Gouvernement de Paris et de la 1.re Division militaire,

CÉSAR BERTHIER.

GOUVERNEMENT DE PARIS.

1.re DIVISION MILITAIRE.

ÉTAT-MAJOR GÉNÉRAL.

Au quartier général, à Paris, le 12 Fructidor de l'an 12.

SERVICE DE L'ÉTAT-MAJOR GÉNÉRAL.

Du 12 au 13 Fructidor.

Le Capitaine Adjoint de service à l'État-major général.................... FORGEOT.
Officier de santé de service à l'État-major........................... POISSON.
Secrétaire de service à l'État-major.................................... CORBET.

Du 13 au 14 Fructidor.

Le Capitaine Adjoint de service à l'État-major général.................. LONGCHAMP.
Officier de santé de service à l'État-major........................... DANTREVILLE.
Secrétaire de service à l'État-major.................................... BRUNEL.

Rien de nouveau.

Le Général de Brigade Chef de l'État-major général du Gouvernement de Paris et de la 1.re Division militaire,

CÉSAR BERTHIER.

GOUVERNEMENT DE PARIS.

1.re DIVISION MILITAIRE.

ÉTAT - MAJOR GÉNÉRAL.

Au quartier général, à Paris, le 13 Fructidor de l'an 12.

SERVICE DE L'ÉTAT - MAJOR GÉNÉRAL.

Du 13 au 14 Fructidor.

Le Capitaine Adjoint de service à l'État - major général .... LONGCHAMP.
Officier de santé de service à l'État - major .... DANTREVILLE.
Secrétaire de service à l'État - major .... BRUNEL.

Du 14 au 15 Fructidor.

Le Capitaine Adjoint de service à l'État - major général .... GALDEMAR.
Officier de santé de service à l'État - major .... POISSON.
Secrétaire de service à l'État - major .... PLANTIER.

EXTRAITS *des Jugemens rendus par le 2.e Conseil de guerre de la 1.re Division militaire, pendant le mois de Thermidor an 12.*

NUMÉROS DES JUGEMENS.	DATES.	NOMS ET PRÉNOMS des INDIVIDUS JUGÉS.	QUALITÉ MILITAIRE ou PROFESSION.	LIEUX de NAISSANCE.	ANALYSE DES JUGEMENS.	
789.	14.	Antin (*Jean*)	Soldat au 40.e régiment.	Villedieu, dép.t de la Manche.	Convaincu de vol.....	Condamné à six mois de prison, à compter du jour du jugement, après lequel temps mis à la disposition de l'État-major général.
790.	*Idem.*	Langlois (*Michel*)	*Idem*	Limoges, dép.t de la Haute-Vienne.	Prévenu d'avoir vendu une partie de ses effets.	Acquitté de l'accusation dirigée contre lui; mais, attendu qu'il s'est défait de sa capote sans avoir prévenu ses Chefs qu'il en avait une à lui appartenant, à pourvoir en remplacement, a été condamné, par forme de discipline militaire, à quinze jours de prison, à dater du jour de son jugement, et ensuite renvoyé à son corps pour y continuer son service.
791.	*Idem.*	Commun (*Jérôme-Hubert*).	Hussard au 3.e régiment.	Ham, départem.t de la Somme.	Convaincu de vol.....	Condamné à trois mois de prison, à dater du jour du présent jugement, à l'expiration de laquelle peine il sera mis à la disposition de l'État-major général.

NUMÉROS DES JUGEMENS.	DATES.	NOMS ET PRÉNOMS des INDIVIDUS JUGÉS.	QUALITÉ MILITAIRE OU PROFESSION.	LIEUX de NAISSANCE.	ANALYSE DES JUGEMENS.	
792.	22.	Grosguenin *(Jean-Bapt.)*..	Canonnier au 6.e rég.t d'artillerie légère à cheval.	Vivier, départem. de l'Yonne.	Convaincu de vol envers ses camarades.	Condamné à six ans de fers et à la dégradation militaire.
793.	*Idem.*	Chardon *(Simon)* dit Moinet.	Fusilier au 55.e régiment d'infanterie de ligne.	Mouy, départem. de l'Oise.	Prévenu de vols dans des maisons habitées.	Acquitté de l'accusation dirigée contre lui, et mis à la disposition de l'État-major général, pour être employé selon le bien du service.
794.	*Idem.*	Hureau *(Pierre)*....... (contumax.)	Vétéran au 1.er régiment.	S.t-Denis-en-Val, dép.t du Loiret.	Non convaincu de vol, mais de vente d'effets appartenant au régiment.	Condamné, par contumace, à la peine de cinq ans de fers et à la dégradation militaire.
795.	*Idem.*	Gilet *(Jacques)*....... (contumax.)	Canonnier au 1.er rég.t d'artillerie à pied.	Villefranche, dép. du Rhône.	Convaincu de faux....	*Idem.*

Total des jugemens rendus par le 2.e Conseil de guerre pendant le mois de Thermidor, an 12, ci.. 7.

Total des individus jugés pendant le même mois par ce Conseil, ci........ { présens.. 5. / contumax. 2. } 7.

Pour extrait conforme aux expéditions desdits Jugemens :

Le Général de Brigade Chef de l'État-major général du Gouvernement de Paris et de la 1.re Division militaire,

CÉSAR BERTHIER.

GOUVERNEMENT DE PARIS.

1.re DIVISION MILITAIRE.

ÉTAT-MAJOR GÉNÉRAL.

Au quartier général, à Paris, le 14 Fructidor de l'an 12.

SERVICE DE L'ÉTAT-MAJOR GÉNÉRAL.

Du 14 au 15 Fructidor.

Le Capitaine Adjoint de service à l'État-major général.................. GALDEMAR.
Officier de santé de service à l'État-major.............................. POISSON.
Secrétaire de service à l'État-major...................................... PLANTIER.

Du 15 au 16 Fructidor.

Le Capitaine Adjoint de service à l'État-major général.................. AUGIAS.
Officier de santé de service à l'État-major.............................. DANTREVILLE.
Secrétaire de service à l'État-major...................................... DUBOIS.

Rien de nouveau.

Le Général de Brigade Chef de l'État-major général du Gouvernement de Paris et de la 1.re Division militaire,

CÉSAR BERTHIER.

GOUVERNEMENT DE PARIS.

1.re *DIVISION MILITAIRE.*

ÉTAT-MAJOR GÉNÉRAL.

Au quartier général, à Paris, le 15 Fructidor de l'an 12.

SERVICE DE L'ÉTAT-MAJOR GÉNÉRAL.

Du 15 au 16 Fructidor.

Le Capitaine Adjoint de service à l'État-major général.................. AUGIAS.

Officier de santé de service à l'État-major............................ DANTREVILLE.

Secrétaire de service à l'État-major................................... DUBOIS.

Du 16 au 17 Fructidor.

Le Capitaine Adjoint de service à l'État-major général.................. WATHIEZ.

Officier de santé de service à l'État-major............................ POISSON.

Secrétaire de service à l'État-major................................... LECLERC.

ORDRE GÉNÉRAL.

Monsieur le Maréchal Gouverneur, informé que des Officiers, Sous-officiers ou Soldats des corps employés dans la première Division, viennent fréquemment à Paris, en vertu de permissions qui leur sont données, soit par le Colonel, le Major du régiment, le Capitaine, ou même le Sergent-major ou Maréchal-des-logis de leur compagnie, enjoint à tout Chef de corps de tenir la main à ce qu'aucune permission de ce genre ne soit délivrée à l'avenir sans avoir préalablement obtenu son autorisation, qui devra lui être demandée par le Général commandant la subdivision dans laquelle le régiment se trouve stationné. Les Généraux subdivisionnaires surveilleront l'exécution de cet ordre; et tout militaire qui y aura contrevenu, sera arrêté et reconduit, de brigade en brigade, à son corps.

Les militaires de tout grade qui auront obtenu la permission légale de venir à Paris, devront se présenter, sitôt leur arrivée, au bureau militaire, quai Voltaire, n.° 4, pour le faire viser.

Le Général de Brigade Chef de l'État-major général du Gouvernement de Paris et de la 1.re Division militaire,

CÉSAR BERTHIER.

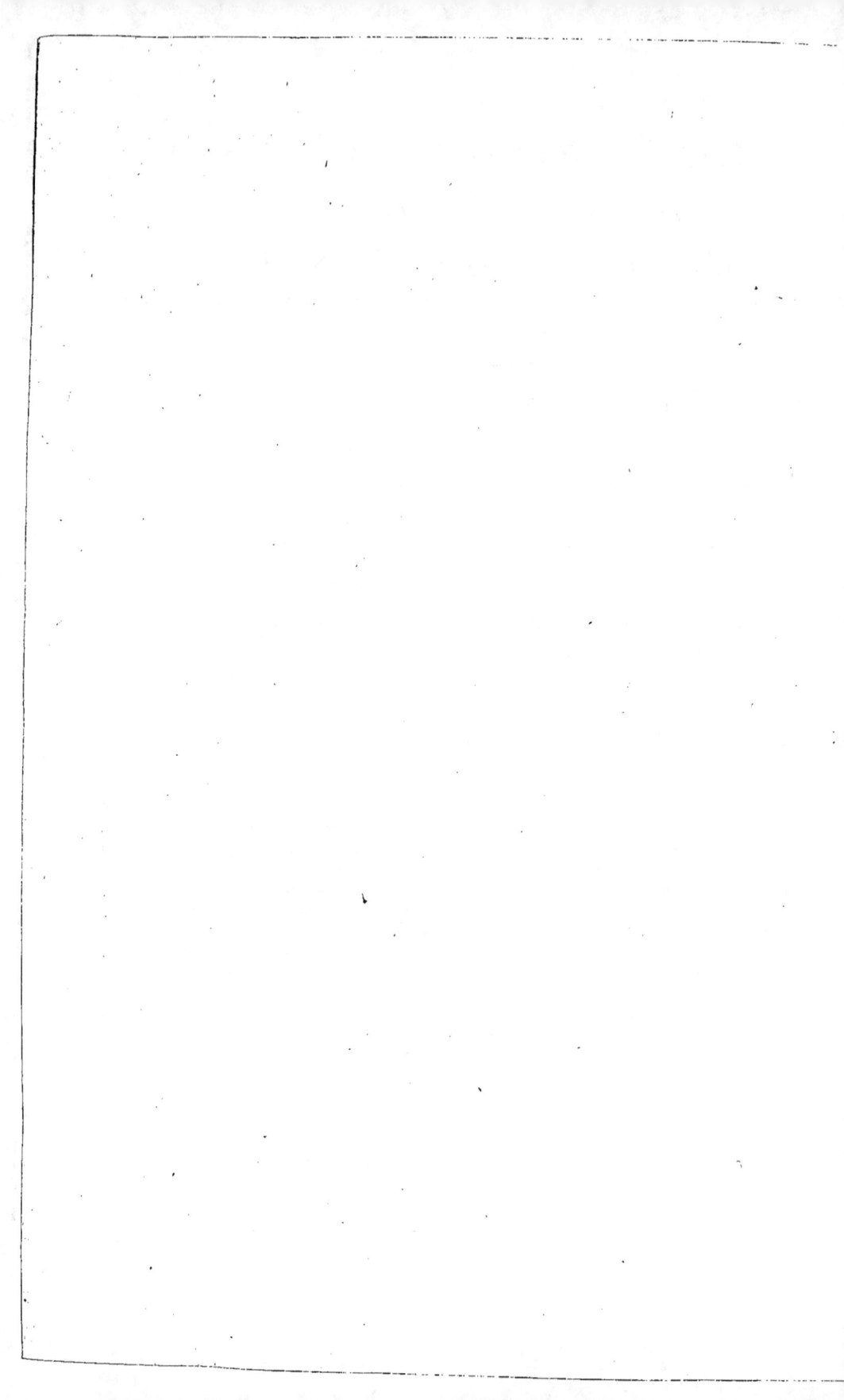

GOUVERNEMENT DE PARIS.

1.re *DIVISION MILITAIRE.*

ÉTAT - MAJOR GÉNÉRAL.

Au quartier général, à Paris, le 16 Fructidor de l'an 12.

SERVICE DE L'ÉTAT - MAJOR GÉNÉRAL.

Du 16 au 17 Fructidor.

Le Capitaine Adjoint de service à l'État - major général.................. GUIARDELLE.

Officier de santé de service à l'État - major.......................... POISSON.

Secrétaire de service à l'État-major.................................. LECLERC.

Du 17 au 18 Fructidor.

Le Capitaine Adjoint de service à l'État - major général.................. DELORME.

Officier de santé de service à l'État - major.......................... DANTREVILLE.

Secrétaire de service à l'État-major.................................. DESMOULINS.

Rien de nouveau.

Le Général de Brigade Chef de l'État-major général du Gouvernement de Paris et de la 1.re Division militaire,

CÉSAR BERTHIER.

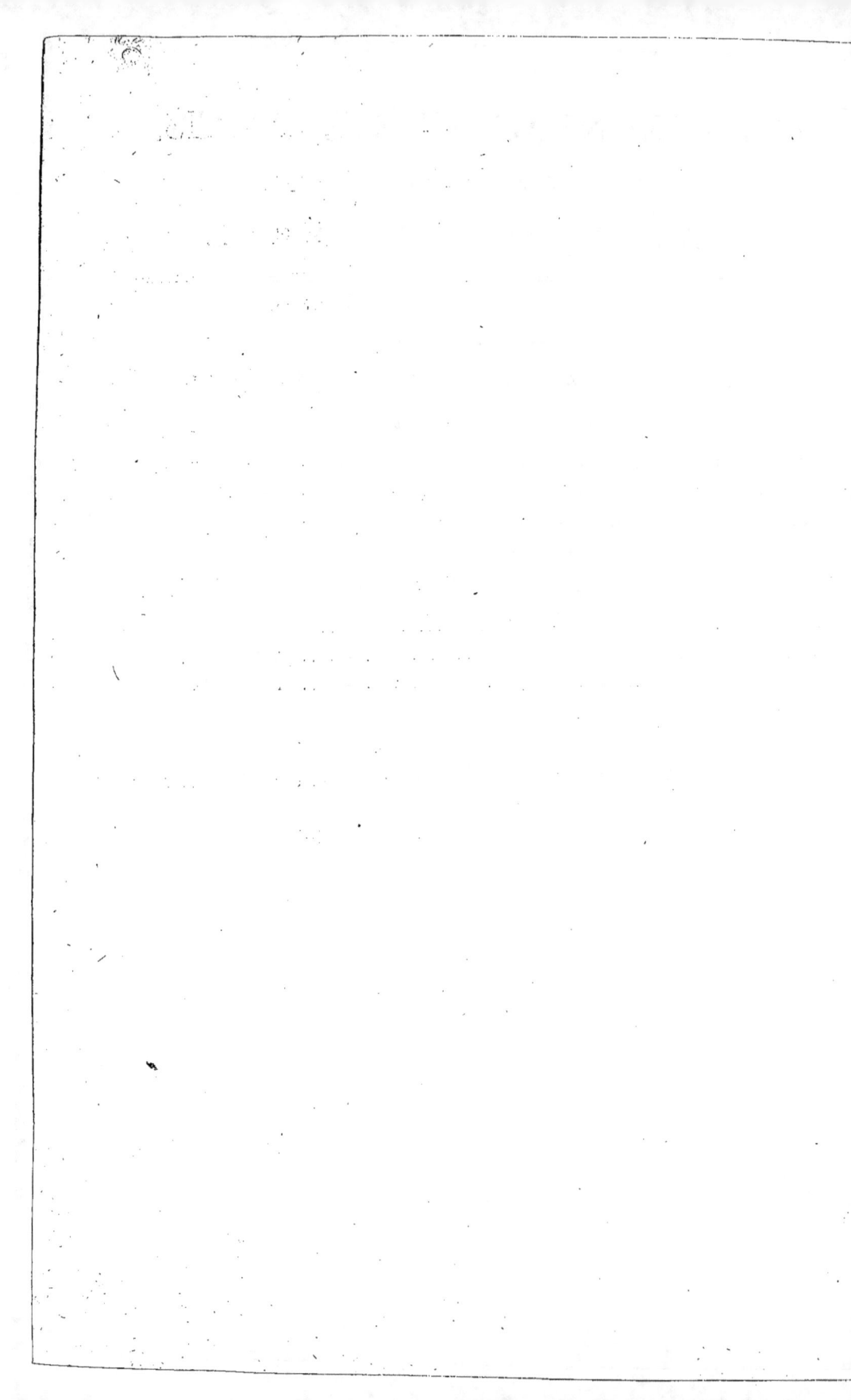

GOUVERNEMENT DE PARIS.

1.re *DIVISION MILITAIRE.*

ÉTAT-MAJOR GÉNÉRAL.

Au quartier général, à Paris, le 17 Fructidor de l'an 12.

SERVICE DE L'ÉTAT-MAJOR GÉNÉRAL.

Du 17 au 18 Fructidor.

Le Capitaine Adjoint de service à l'État-major général.................. DELORME.

Officier de santé de service à l'État-major.......................... DANTREVILLE.

Secrétaire de service à l'État-major................................. DESMOULINS.

Du 18 au 19 Fructidor.

Le Capitaine Adjoint de service à l'État-major général.................. AUCLER.

Officier de santé de service à l'État-major.......................... POISSON.

Secrétaire de service à l'État-major................................. DUBOIS.

Rien de nouveau.

Le Général de Brigade Chef de l'État-major général du Gouvernement de Paris et de la 1.re Division militaire,

CÉSAR BERTHIER.

GOUVERNEMENT DE PARIS.

1.re DIVISION MILITAIRE.

ÉTAT-MAJOR GÉNÉRAL.

Au quartier général, à Paris, le 18 Fructidor de l'an 12.

SERVICE DE L'ÉTAT-MAJOR GÉNÉRAL.

Du 18 au 19 Fructidor.

Le Capitaine Adjoint de service à l'État-major général.................. AUCLER.
Officier de santé de service à l'État-major.......................... POISSON.
Secrétaire de service à l'État-major................................. DUBOIS.

Du 19 au 20 Fructidor.

Le Capitaine Adjoint de service à l'État-major général.................. LONGCHAMP.
Officier de santé de service à l'État-major.......................... DANTREVILLE.
Secrétaire de service à l'État-major................................. CORBET.

Rien de nouveau.

Le Général de Brigade Chef de l'État-major général du Gouvernement de Paris et de la 1.re Division militaire,

CÉSAR BERTHIER.

GOUVERNEMENT DE PARIS.

1.re DIVISION MILITAIRE.

ÉTAT-MAJOR GÉNÉRAL.

Au quartier général, à Paris, le 19 Fructidor de l'an 12.

SERVICE DE L'ÉTAT-MAJOR GÉNÉRAL.

Du 19 au 20 Fructidor.

Le Capitaine Adjoint de service à l'État-major général .... LONGCHAMP.
Officier de santé de service à l'État-major .... DANTRÉVILLE.
Secrétaire de service à l'État-major .... CORBET.

Du 20 au 21 Fructidor.

Le Capitaine Adjoint de service à l'État-major général .... FORGEOT.
Officier de santé de service à l'État-major .... POISSON.
Secrétaire de service à l'État-major .... BRUNEL.

Rien de nouveau.

Le Général de Brigade Chef de l'État-major général du Gouvernement de Paris et de la 1.re Division militaire,

CÉSAR BERTHIER.

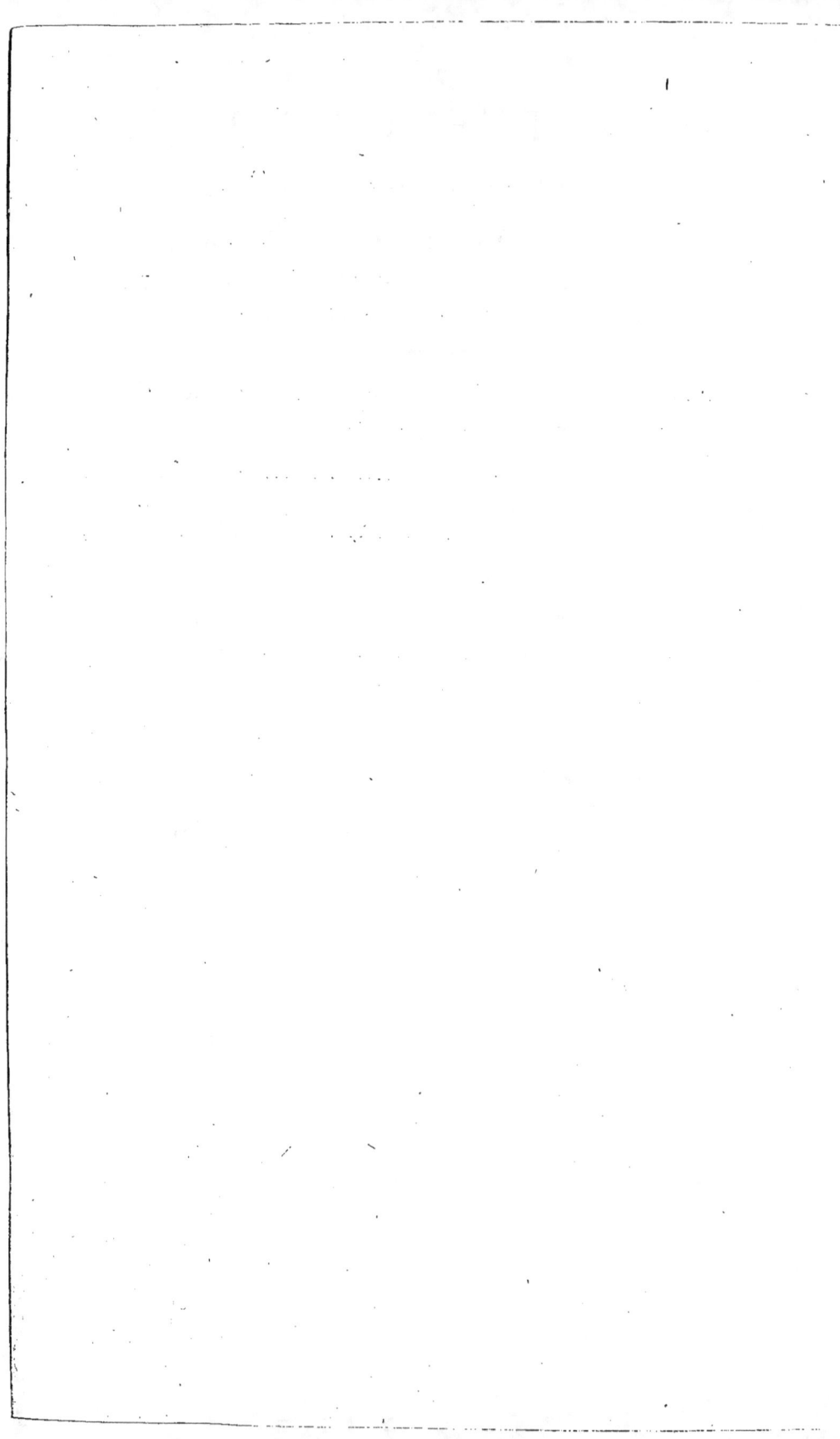

GOUVERNEMENT DE PARIS.

1.re DIVISION MILITAIRE.

ÉTAT-MAJOR GÉNÉRAL.

Au quartier général, à Paris, le 20 Fructidor de l'an 12.

SERVICE DE L'ÉTAT-MAJOR GÉNÉRAL.

Du 20 au 21 Fructidor.

Le Capitaine Adjoint de service à l'État-major général.................. FORGEOT.

Officier de santé de service à l'État-major.......................... POISSON.

Secrétaire de service à l'État-major.................................. BRUNEL.

Du 21 au 22 Fructidor.

Le Capitaine Adjoint de service à l'État-major général.................. GALDEMART.

Officier de santé de service à l'État-major.......................... DANTREVILLE.

Secrétaire de service à l'État-major.................................. PLANTIER.

ORDRE GÉNÉRAL.

La loi qui prescrit que les remplaçans dans les corps porteront le nom de ceux qu'ils y remplacent, serait susceptible d'occasionner de grandes erreurs et de mettre le désordre dans les familles, si, comme cela est déjà arrivé, les régimens n'ont pas l'attention de distinguer sur les billets d'hôpital le nom personnel du remplaçant d'avec le surnom qu'il doit prendre, en conformité de ladite loi. MM. les chefs de corps sont trop convaincus de la nécessité d'une pareille exactitude, pour qu'il soit besoin de leur recommander de veiller à ce que, sur leurs contrôles et sur un billet d'hôpital, le nom d'un homme qui en remplace un autre ne puisse être confondu, et y soit énoncé de manière à prévenir toute méprise, en cas de mort ou de tout autre événement.

M. le Maréchal Gouverneur de Paris, en conformité de l'instruction de M. le Maréchal-Ministre de la guerre, en date du 5 floréal an 9, fait connaître, par la voie de l'Ordre général, l'Ordonnance de perquisition, rendue le 12 de ce mois par M. le Président du 1.er Conseil de guerre, et celle d'appel en justice, rendue le 14 dudit mois, par le Capitaine rapporteur dudit Conseil séant à Paris, contre deux militaires contumax.

1.er CONSEIL DE GUERRE PERMANENT DE LA 1.re DIVISION MILITAIRE.

Ordonnance de perquisition.

L'an douzième, cejourd'hui jeudi, douze du mois de fructidor;

Nous, *Jean-Baptiste Duplessis*, Général divisionnaire, Chef du 10.e Régiment de Vétérans, Commandant de la Légion d'honneur, Président du 1.er Conseil permanent de la 1.re Division militaire; lecture prise d'une lettre, à la date de ce jour, par laquelle M. *Delon*, Substitut du Rapporteur près dudit Conseil, nous annonce que le nommé *Damé* (Pierre-Antoine), Cuirassier au 11.e Régiment, 3.e compagnie, prévenu de tentatives d'assassinat, et contumax, ne s'est pas présenté en justice dans les dix jours de la notification qui en a été faite à son domicile;

Ordonnons qu'en vertu de l'article 462 du Code des délits et des peines, du 3 brumaire an 4, perquisition soit faite de la personne du nommé *Damé* (Pierre-Antoine), âgé de 23 ans, fils de feu *Firmin*, et de *Marie-Antoinette Blondel*, natif de Mihacourt, quatrième arrondissement communal du département de la Somme, Cuirassier au 11.e Régiment, troisième compagnie, de la taille d'un mètre sept cent soixante-dix-huit millimètres, cheveux et sourcils bruns, front couvert, yeux gris, nez bien fait, bouche petite, menton rond;

MANDONS et ordonnons de mettre à exécution la présente, qui, conformément au Code précité, sera publiée à son de trompe ou de tambour, et affichée au jour voulu par la loi, tant à la porte de l'auditoire du Conseil, qu'à celle du domicile du *contumax ;*

Voulons, en outre, que copie d'icelle soit adressée ensuite à M. le Maréchal de l'Empire, Gouverneur de Paris, et Général commandant en chef la division, pour ladite être encore rendue publique par la voie de l'ordre;

Chargeons, au reste, M. *Delon,* Substitut du Rapporteur, de surveiller l'exécution de cette présente dans tout son contenu.

Ainsi ordonné, à Paris, au greffe du Conseil, les jour, mois et an que dessus, sous nos seing et scel. Signé DUPLESSIS.

Pour expédition conforme : *Le Greffier,* FOUCHER.

1.er CONSEIL DE GUERRE PERMANENT DE LA 1.ere DIVISION MILITAIRE.

Ordonnance d'appel en justice.

Cejourd'hui, samedi, quatorze fructidor an douze ;

Nous, *Édouard Delon,* Capitaine, Substitut du Rapporteur, enjoignons au nommé *Farnoux* (Jean-François), né le vingt-six avril mil sept cent cinquante-six, à Rambouillet, département de Seine-et-Oise, fils de *Barthelemi* et de *Marie-Anne Senneville,* de la taille d'un mètre sept cent trente-trois millimètres; cheveux et sourcils châtains, front découvert, yeux bleux, nez moyen, bouche petite, menton rond, teint pâle, visage maigre, de se représenter à la justice, en se rendant sans délai au greffe du premier Conseil, séant rue du Cherche-Midi, n.° 804, faubourg Saint-Germain, à Paris, devant lequel il est traduit, comme prévenu du vol de l'argent de l'ordinaire des soldats de son escouade.

Fait à Paris, en notre cabinet, les jour, mois et an que dessus, sous nos seing et scel. *Signé* DELON,

Pour expédition conforme : *Le Greffier,* FOUCHER.

Le Général de Brigade Chef de l'État-major général du Gouvernement de Paris et de la 1.re Division militaire,

CÉSAR BERTHIER.

GOUVERNEMENT DE PARIS.

1.re DIVISION MILITAIRE.

ÉTAT-MAJOR GÉNÉRAL.

Au quartier général, à Paris, le 21 Fructidor de l'an 12.

SERVICE DE L'ÉTAT-MAJOR GÉNÉRAL.

Du 21 au 22 Fructidor.

Le Capitaine Adjoint de service à l'État-major général.................. GALDEMAR.
Officier de santé de service à l'État-major.......................... DANTREVILLE.
Secrétaire de service à l'État-major.................................. PLANTIER.

Du 22 au 23 Fructidor.

Le Capitaine Adjoint de service à l'État-major général.................. AUGIAS.
Officier de santé de service à l'État-major.......................... POISSON.
Secrétaire de service à l'État-major.................................. BRUNEL.

Rien de nouveau.

Le Général de Brigade Chef de l'État-major général du Gouvernement de Paris et de la 1.re Division militaire,

CÉSAR BERTHIER.

GOUVERNEMENT DE PARIS.

1.re DIVISION MILITAIRE.

ÉTAT-MAJOR GÉNÉRAL.

Au quartier général, à Paris, le 22 Fructidor de l'an 12.

SERVICE DE L'ÉTAT-MAJOR GÉNÉRAL.

Du 22 au 23 Fructidor.

Le Capitaine Adjoint de service à l'État-major général.................. AUGIAS.

Officier de santé de service à l'État-major.......................... POISSON.

Secrétaire de service à l'État-major.................................... BRUNEL.

Du 23 au 24 Fructidor.

Le Capitaine Adjoint de service à l'État-major général.................. WATHIEZ.

Officier de santé de service à l'État-major.......................... DANTREVILLE.

Secrétaire de service à l'État-major.................................... LECLERC.

Paris, le 18 Fructidor, an 12 de la République.

LE MINISTRE de la Guerre,

A Monsieur le Maréchal MURAT, Gouverneur de Paris:

Il a été informé, et j'ai vu par moi-même, Monsieur le Maréchal, qu'il existe aux dépôts des différens Corps de l'armée, un grand nombre de Conscrits absolument inhabiles au service : cet inconvénient grave, et très-contraire aux intérêts de l'État, n'aurait point eu lieu, si les Officiers qui commandent les Départemens, et qui sont en cette qualité membres des Conseils de recrutement, eussent fait examiner avec plus de soin les individus destinés à faire partie du contingent que leur Département doit fournir ; ce sont eux qui doivent plus spécialement s'assurer des qualités physiques de chaque conscrit, et de son aptitude au service. Veuillez bien, Monsieur le Maréchal, rappeler à ceux qui sont employés sous vos ordres, leurs obligations à cet égard, et leur prescrire de surveiller particulièrement, sous ce rapport, les Officiers de recrutement.

Le recrutement de l'Armée serait illusoire, et les Corps seraient sans force, si les recrues qu'on leur envoie étaient incapables de supporter les fatigues de la guerre.

J'ai l'honneur de vous saluer,

Signé M.al BERTHIER.

D'après les dispositions de la lettre de Monsieur le Maréchal Ministre de la guerre, ci-dessus transcrite, Monsieur le Maréchal Gouverneur, recommande aux Généraux, commandant les Subdivisions de la 1.re Division militaire, de veiller avec exactitude, à ce que les intentions du Gouvernement soient ponctuellement suivies, relativement aux Conscrits destinés à faire partie de l'armée.

Le Général de Brigade Chef de l'État-major général du Gouvernement de Paris et de la 1.re Division militaire,

Signé CÉSAR BERTHIER.

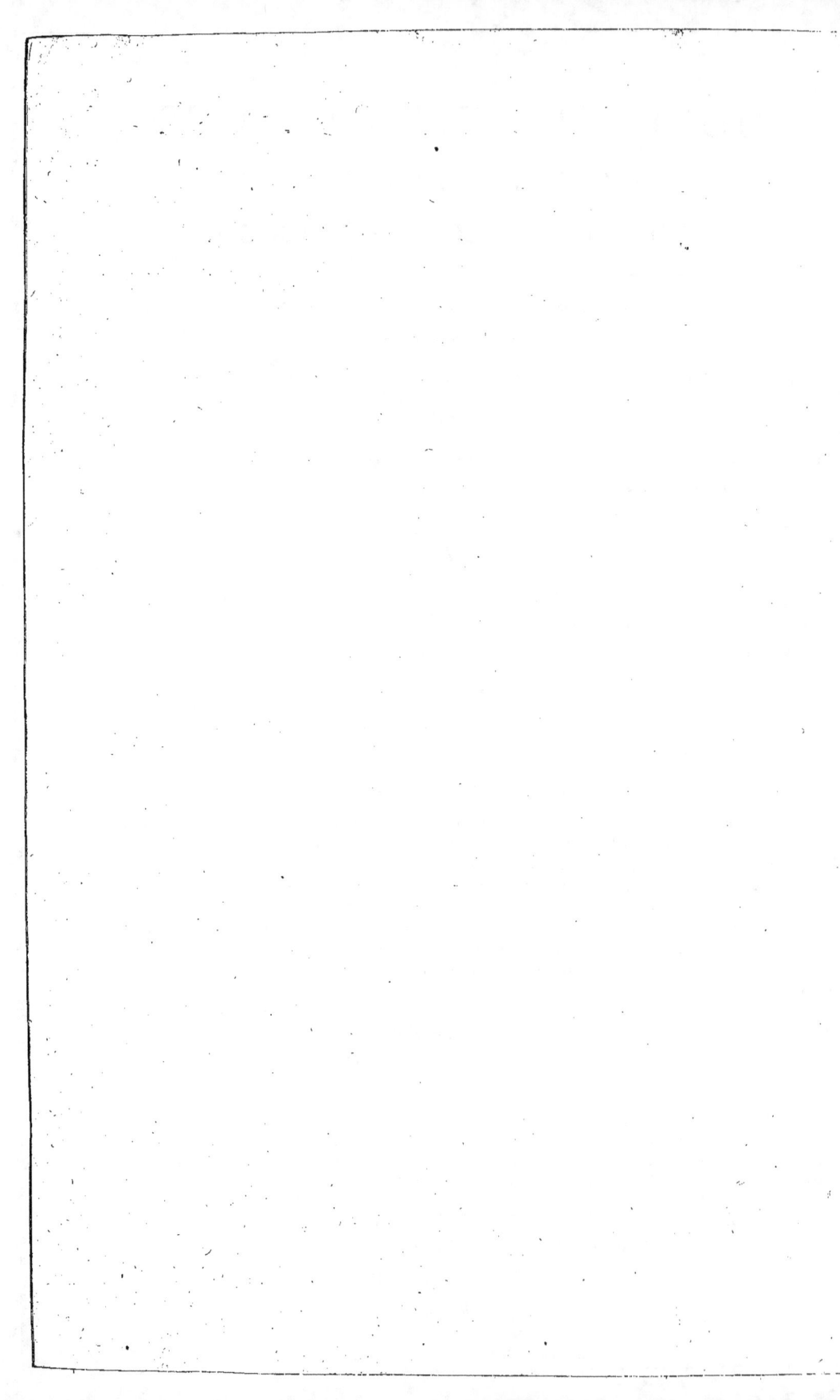

GOUVERNEMENT DE PARIS.

1.re DIVISION MILITAIRE.

ÉTAT-MAJOR GÉNÉRAL.

Au quartier général, à Paris, le 23 Fructidor de l'an 12.

SERVICE DE L'ÉTAT-MAJOR GÉNÉRAL.

Du 23 au 24 Fructidor.

Le Capitaine Adjoint de service à l'État-major général.................. WATHIEZ.

Officier de santé de service à l'État-major.............................. DANTREVILLE.

Secrétaire de service à l'État-major.................................. LECLERC.

Du 24 au 25 Fructidor.

Le Capitaine Adjoint de service à l'État-major général.................. GUIARDELLE.

Officier de santé de service à l'État-major.............................. POISSON.

Secrétaire de service à l'État-major.................................. DESMOULINS.

Rien de nouveau.

Le Général de Brigade Chef de l'État-major général du Gouvernement de Paris et de la 1.re Division militaire,

CÉSAR BERTHIER.

GOUVERNEMENT DE PARIS.

1.re DIVISION MILITAIRE.

ÉTAT-MAJOR GÉNÉRAL.

Au quartier général, à Paris, le 24 Fructidor de l'an 12.

SERVICE DE L'ÉTAT-MAJOR GÉNÉRAL.

Du 24 au 25 Fructidor.

Le Capitaine Adjoint de service à l'Etat-major général.................. GUIARDELLE.
Officier de santé de service à l'État-major.......................... POISSON.
Secrétaire de service à l'État-major.................................. DESMOULINS.

Du 25 au 26 Fructidor.

Le Capitaine Adjoint de service à l'État-major général.................. DELORME.
Officier de santé de service à l'État-major.......................... DANTREVILLE.
Secrétaire de service à l'État-major.................................. DUBOIS.

Rien de nouveau.

Le Général de Brigade Chef de l'État-major général du Gouvernement de Paris et de la 1.re Division militaire,

CÉSAR BERTHIER.

GOUVERNEMENT DE PARIS.

1.re DIVISION MILITAIRE.

ÉTAT-MAJOR GÉNÉRAL.

Au quartier général, à Paris, le 25 Fructidor de l'an 12.

SERVICE DE L'ÉTAT-MAJOR GÉNÉRAL.

Du 25 au 26 Fructidor.

Le Capitaine Adjoint de service à l'État-major général.................. DELORME.
Officier de santé de service à l'État-major........................... DANTREVILLE.
Secrétaire de service à l'État-major................................ DUBOIS.

Du 26 au 27 Fructidor.

Le Capitaine Adjoint de service à l'Etat-major général.................. AUCLER.
Officier de santé de service à l'État-major........................... POISSON.
Secrétaire de service à l'État-major................................ CORBET.

Rien de nouveau.

Le Général de Brigade Chef de l'État-major général du Gouvernement de Paris et de la 1.re Division militaire,

CÉSAR BERTHIER.

GOUVERNEMENT DE PARIS,

1.re DIVISION MILITAIRE.

ÉTAT-MAJOR GÉNÉRAL,

Au quartier général, à Paris, le 26 Fructidor de l'an 12,

SERVICE DE L'ÉTAT-MAJOR GÉNÉRAL,

Du 26 au 27 Fructidor.

Le Capitaine Adjoint de service à l'Etat-major général .... AUCLER,
Officier de santé de service à l'État-major .... POISSON.
Secrétaire de service à l'État-major.................................. CORBET.

Du 27 au 28 Fructidor.

Le Capitaine Adjoint de service à l'État-major général................ LONGCHAMP,
Officier de santé de service à l'État-major .... DANTREVILLE.
Secrétaire de service à l'État-major.................................. BRUNEL.

Rien de nouveau.

Le Général de Brigade Chef de l'État-major général du Gouvernement de Paris et de la 1.re Division militaire,

CÉSAR BERTHIER.

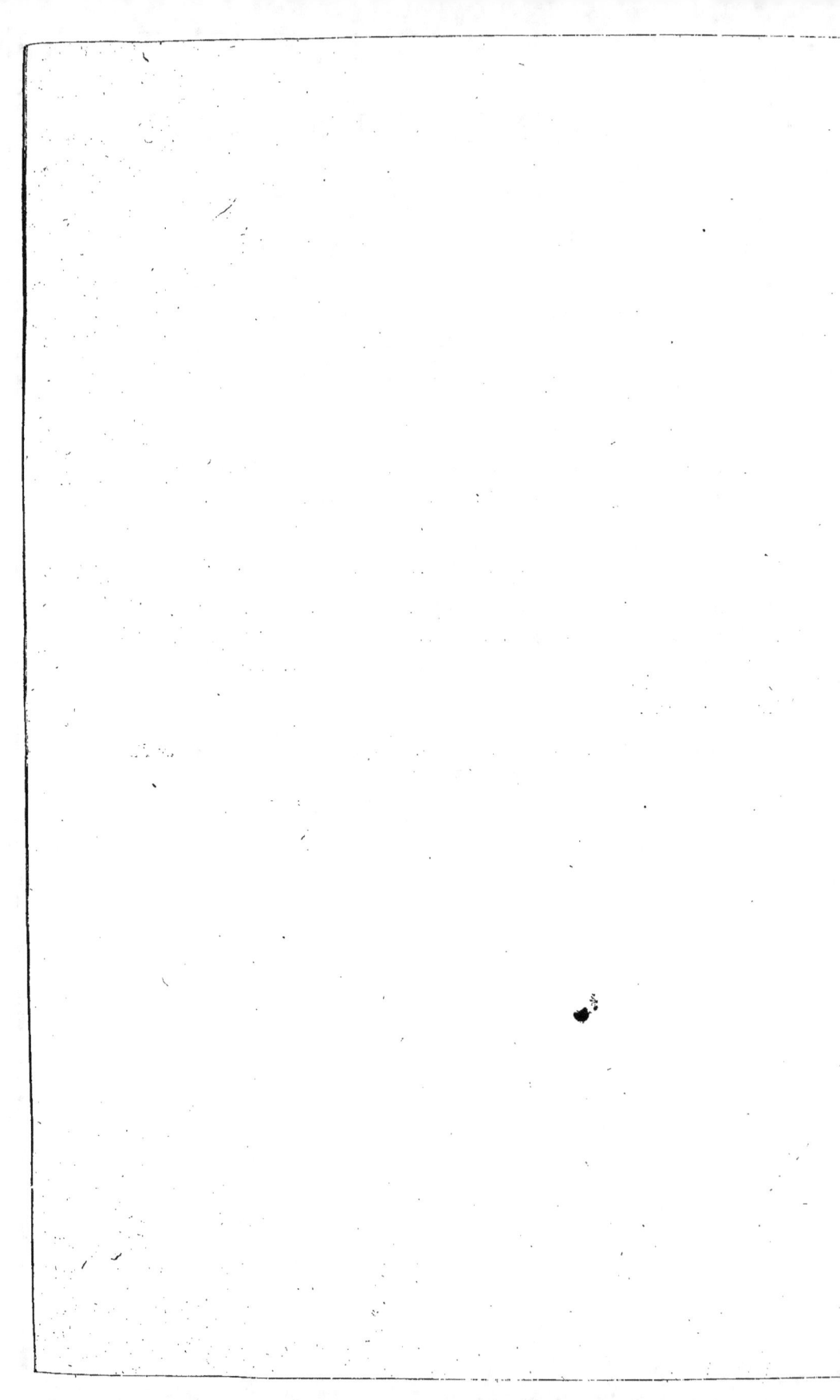

GOUVERNEMENT DE PARIS.

1.re *DIVISION MILITAIRE.*

ÉTAT - MAJOR GÉNÉRAL.

Au quartier général, à Paris, le 27 Fructidor de l'an 12.

SERVICE DE L'ÉTAT-MAJOR GÉNÉRAL.

Du 27 au 28 Fructidor.

Le Capitaine Adjoint de service à l'État - major général .... LONGCHAMP.

Officier de santé de service à l'État - major .... DANTREVILLE.

Secrétaire de service à l'État - major .... BRUNEL.

Du 28 au 29 Fructidor.

Le Capitaine Adjoint de service à l'Etat - major général .... FORGEOT.

Officier de santé de service à l'État - major .... POISSON.

Secrétaire de service à l'État - major .... PLANTIER.

Rien de nouveau.

Le Général de Brigade Chef de l'État-major général du Gouvernement de Paris et de la 1.re Division militaire,

CÉSAR BERTHIER.

GOUVERNEMENT DE PARIS.

1.re DIVISION MILITAIRE.

ÉTAT - MAJOR GÉNÉRAL.

Au quartier général, à Paris, le 28 Fructidor de l'an 12.

SERVICE DE L'ÉTAT-MAJOR GÉNÉRAL.

Du 28 au 29 Fructidor.

Le Capitaine Adjoint de service à l'Etat-major général.................. FORGEOT.
Officier de santé de service à l'État-major.......................... POISSON.
Secrétaire de service à l'État-major............................... PLANTIER.

Du 29 au 30 Fructidor.

Le Capitaine Adjoint de service à l'État-major général.................. GALDEMAR.
Officier de santé de service à l'État-major.......................... DANTREVILLE.
Secrétaire de service à l'État-major............................... DESMOULINS.

Rien de nouveau.

Le Général de Brigade Chef de l'État-major général du Gouvernement de Paris et de la 1.re Division militaire,

CÉSAR BERTHIER.

GOUVERNEMENT DE PARIS.

1.re DIVISION MILITAIRE.

ÉTAT-MAJOR GÉNÉRAL.

Au quartier général, à Paris, le 29 Fructidor de l'an 12.

SERVICE DE L'ÉTAT-MAJOR GÉNÉRAL.

Du 29 au 30 Fructidor.

Le Capitaine Adjoint de service à l'État-major général.................. GALDEMAR,
Officier de santé de service à l'État-major.............................. DANTREVILLE,
Secrétaire de service à l'État-major..................................... DESMOULINS,

Du 30 Fructidor au 1.er jour complémentaire.

Le Capitaine Adjoint de service à l'Etat-major général.................. AUGIAS.
Officier de santé de service à l'État-major.............................. POISSON.
Secrétaire de service à l'État-major..................................... LECLERC,

Rien de nouveau.

Le Général de Brigade Chef de l'État-major général du Gouvernement de Paris et de la 1.re Division militaire,

CÉSAR BERTHIER.

GOUVERNEMENT DE PARIS.

1.re DIVISION MILITAIRE.

ÉTAT-MAJOR GÉNÉRAL.

Au quartier général, à Paris, le 30 Fructidor de l'an 12.

SERVICE DE L'ÉTAT-MAJOR GÉNÉRAL.

Du 30 Fructidor au 1.er jour complémentaire.

Le Capitaine Adjoint de service à l'Etat-major général .... AUGIAS.
Officier de santé de service à l'État-major .... POISSON.
Secrétaire de service à l'État-major................................... LECLERC.

Du 1.er au 2.e jour Complémentaire.

Le Capitaine Adjoint de service à l'État-major général................... GUIARDELLE.
Officier de santé de service à l'État-major............................ DANTREVILLE.
Secrétaire de service à l'État-major.................................. DESMOULINS.

Rien de nouveau.

Le Général de Brigade Chef de l'État-major général du Gouvernement de Paris et de la 1.re Division militaire,

CÉSAR BERTHIER.

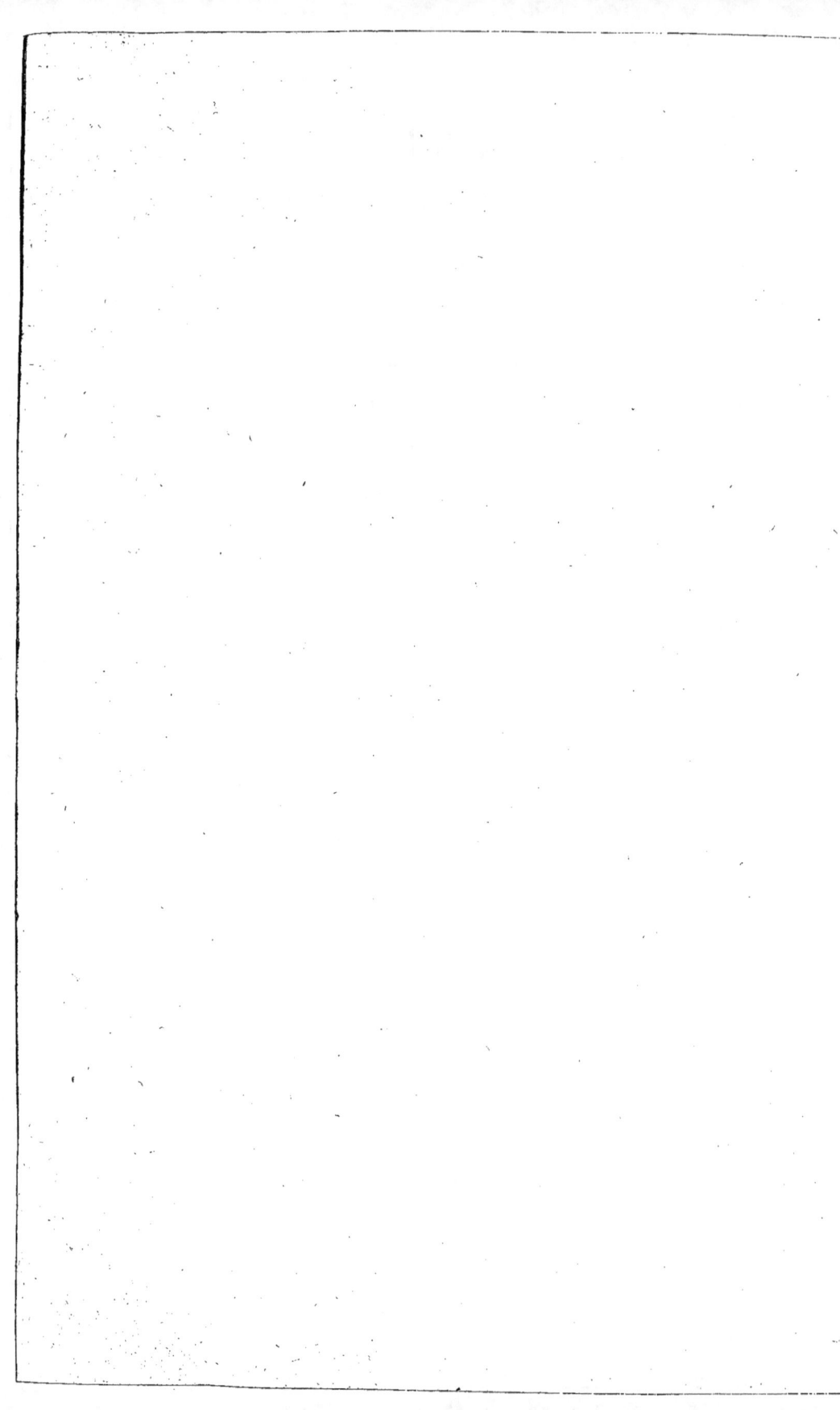

GOUVERNEMENT DE PARIS.

1.re DIVISION MILITAIRE.

ÉTAT-MAJOR GÉNÉRAL.

Au quartier général, à Paris, le 1.er jour complémentaire.

SERVICE DE L'ÉTAT-MAJOR GÉNÉRAL.

Du 1.er au 2.e jour complémentaire.

Le Capitaine Adjoint de service à l'État-major général.................. WATHIEZ.

Officier de santé de service à l'État-major.......................... DANTREVILLE.

Secrétaire de service à l'État-major................................ DESMOULINS.

Du 2.e au 3.e jour complémentaire.

Le Capitaine Adjoint de service à l'Etat-major général.................. GUIARDELLE.

Officier de santé de service à l'État-major.......................... POISSON.

Secrétaire de service à l'État-major................................ DUBOIS.

Rien de nouveau.

Le Général de Brigade Chef de l'État-major général du Gouvernement de Paris et de la 1.re Division militaire,

CÉSAR BERTHIER.

GOUVERNEMENT DE PARIS.

1.re *DIVISION MILITAIRE.*

ÉTAT-MAJOR GÉNÉRAL.

Au quartier général, à Paris, le 2.e jour complémentaire.

SERVICE DE L'ÉTAT-MAJOR GÉNÉRAL.

Du 2.e au 3.e jour complémentaire.

Le Capitaine Adjoint de service à l'Etat-major général .... GUIARDELLE.

Officier de santé de service à l'État-major .... POISSON.

Secrétaire de service à l'État-major .... DUBOIS.

Du 3.e au 4.e jour complémentaire.

Le Capitaine Adjoint de service à l'État-major général .... DELORME.

Officier de santé de service à l'État-major .... DANTREVILLE.

Secrétaire de service à l'État-major .... CORBET.

ORDRE GÉNÉRAL.

M. le Maréchal Gouverneur, informé que des militaires des garnisons de Paris, Saint-Denis et Vincennes, se répandent dans les campagnes, y commettent des vols de raisin et des dégats dans les vignes, ordonne à tous les Chefs de corps de tenir la main à la repression de semblables délits, et de faire punir, suivant toute la rigueur des ordonnances, quiconque se trouvera convaincu d'y avoir participé.

CONSEIL D'ÉTAT.

EXTRAIT des Registres des délibérations.

Séance du 30 Thermidor an 12.

LE CONSEIL D'ÉTAT, sur le renvoi à lui fait par Sa Majesté impériale, d'un rapport du Grand-Juge Ministre de la justice, sur la question de savoir à qui doit appartenir la connaissance des délits commis par les militaires en congé ;

VU les diverses lois rendues sur la matière, et notamment celles du 16 mai 1792, du 3 pluviôse an 2, du 2.e complémentaire an 3, du 22 messidor an 4, du 13 brumaire an 5, de l'article 85 de la Constitution de l'an 8, et l'avis du Conseil d'état du 27 floréal an 11 ;

CONSIDÉRANT qu'on a toujours distingué dans les délits des militaires, ceux qu'ils commettent en contravention aux lois militaires, de ceux qu'ils commettent en contravention aux lois générales qui obligent tous les habitans de l'empire ;

Qu'on a ensuite distingué, parmi ces derniers délits, ceux qui sont commis aux armées, dans leurs arrondissemens, dans les garnisons ou au corps, d'avec ceux qui sont commis hors du corps ou en congé ;

Que la connaissance des uns a été attribuée aux tribunaux militaires, et la connaissance des autres laissée aux tribunaux ordinaires ;

Que par les mots *délits des militaires*, on ne peut entendre que les délits commis par les militaires contre leurs lois particulières ou contre les lois générales, lorsque, se trouvant sous les drapeaux ou à leur corps, ils sont astreints à une discipline et à une surveillance plus sévères;

Que les délits qu'ils commettent hors de leur corps et de leur garnison ou cantonnement, ne sont pas des *délits de militaires*, mais des délits d'un infracteur des lois, quelle que soit sa qualité ou sa profession,

EST D'AVIS que la connaissance des délits communs, commis par des militaires en congé ou hors de leur corps, est de la compétence des tribunaux ordinaires.

Pour extrait conforme :

Le Secrétaire général du Conseil d'état, signé J. G. LOCRÉ.

Approuvé, au quartier-général impérial du Pont-de-Brique près Boulogne, le 7 Fructidor an 12.

Signé NAPOLÉON.

Par l'Empereur :

Le Secrétaire d'État, signé HUGUES B. MARET.

Le Ministre de la guerre, signé M.[al] BERTHIER.

Pour copie conforme :

Le Général de Brigade Chef de l'État-major général du Gouvernement de Paris et de la 1.re Division militaire,

CÉSAR BERTHIER.

GOUVERNEMENT DE PARIS.

1.re *DIVISION MILITAIRE.*

ÉTAT-MAJOR GÉNÉRAL.

Au quartier général, à Paris, le 3.e jour complémentaire.

SERVICE DE L'ÉTAT-MAJOR GÉNÉRAL.

Du 3.e au 4.e jour complémentaire.

Le Capitaine Adjoint de service à l'État-major général........................ DELORME.

Officier de santé de service à l'État-major.................................... DANTREVILLE.

Secrétaire de service à l'État-major... CORBET.

Du 4.e au 5.e jour complémentaire.

Le Capitaine Adjoint de service à l'Etat-major général........................ AUCLER.

Officier de santé de service à l'État-major.................................... POISSON.

Secrétaire de service à l'État-major... BRUNEL.

ORDRE GÉNÉRAL.

M. le Maréchal Gouverneur est informé par le Commissaire des guerres, ayant la police des Hôpitaux de Paris et de Saint-Denis, que la majeure partie des billets d'entrée dont sont porteurs les Militaires arrivant à ces Hôpitaux, sont absolument illisibles, les noms et prénoms altérés, et les lieux de naissance inexacts ou omis ;

Considérant que de telles erreurs peuvent devenir préjudiciables aux intérêts des familles des individus décédés, en raison des contestations qui s'élèvent souvent sur la validité des extraits mortuaires, il recommande aux Chefs des Corps répartis dans la Division sous ses ordres, de tenir très-exactement la main à ce que les billets d'hôpitaux qui se délivrent aux Militaires, soient lisiblement écrits et sans aucune altération, à ce qu'ils énoncent correctement leurs noms et prénoms, et qu'enfin, le lieu de naissance, de Canton ou d'Arrondissement de l'individu, y soient également indiqués.

Le Général de Brigade Chef de l'État-major général du Gouvernement de Paris et de la 1.re Division militaire,

CÉSAR BERTHIER.

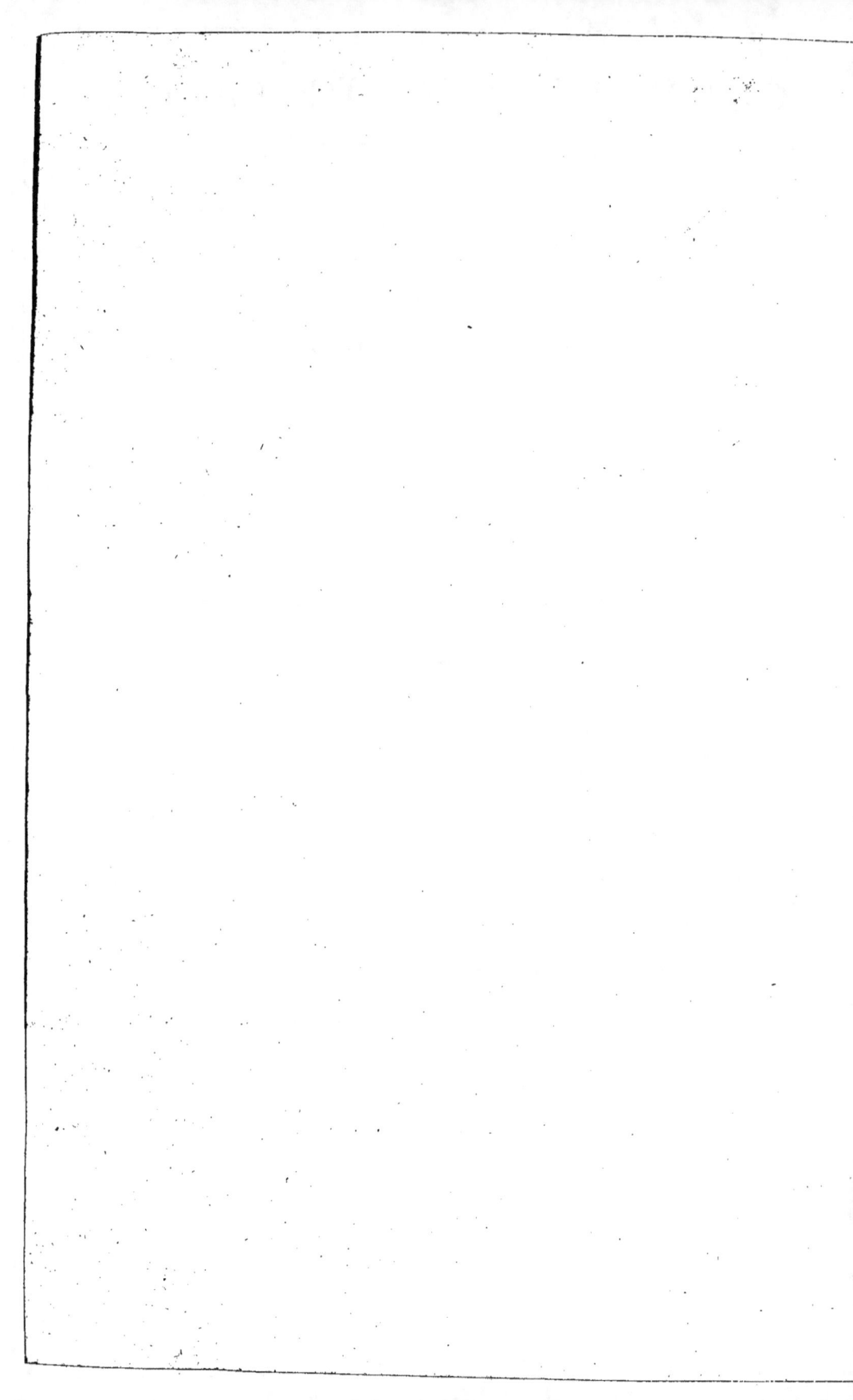

GOUVERNEMENT DE PARIS.

1.re *DIVISION MILITAIRE.*

ÉTAT - MAJOR GÉNÉRAL.

Au quartier général, à Paris, le 4.e jour complémentaire an 12.

SERVICE DE L'ÉTAT-MAJOR GÉNÉRAL.

Du 4.e au 5.e jour complémentaire.

Le Capitaine Adjoint de service à l'Etat-major général .... AUCLER.

Officier de santé de service à l'État-major .... POISSON.

Secrétaire de service à l'État-major .... BRUNEL.

Du 5.e jour complémentaire au 1.er Vendémiaire an 13.

Le Capitaine Adjoint de service à l'État-major général .... LONGCHAMP.

Officier de santé de service à l'État-major .... DANTREVILLE.

Secrétaire de service à l'État-major .... PLANTIER.

ORDRE GÉNÉRAL.

M. le Maréchal Gouverneur de Paris s'empresse d'être l'interprète de son Excellence le Ministre de la Guerre, pour témoigner de sa part aux Troupes de la garnison de Paris, Infanterie et Cavalerie, qui ont manœuvré hier devant lui dans la plaine de Villiers, sa satisfaction sur leur bonne tenue, la précision et l'ensemble des manœuvres qu'elles ont exécutées ; il a remarqué avec le même plaisir les Corps de la Garde de Paris.

Il espère que, par l'activité des Chefs, le zèle des Officiers et la bonne volonté du Soldat, tous ces différens Corps mériteront bientôt de sa Majesté Impériale les mêmes éloges que son Excellence se plaît à leur donner aujourd'hui.

Le Maréchal Gouverneur de Paris, signé MURAT.

Pour copie conforme :

Le Général de Brigade Chef de l'État-major général du Gouvernement de Paris et de la 1.re Division militaire,

CÉSAR BERTHIER.

GOUVERNEMENT DE PARIS.

1.re DIVISION MILITAIRE.

ÉTAT-MAJOR GÉNÉRAL.

Au quartier général, à Paris, le 5.e jour complémentaire an 12.

SERVICE DE L'ÉTAT-MAJOR GÉNÉRAL.

Du 5.e jour complémentaire au 1.er Vendémiaire an 13.

Le Capitaine Adjoint de service à l'État-major général.................. LONGCHAMP.
Officier de santé de service à l'État-major.......................... DANTREVILLE.
Secrétaire de service à l'État-major................................ PLANTIER.

Du 1.er au 2.e Vendémiaire.

Le Capitaine Adjoint de service à l'Etat-major général.................. FORGEOT.
Officier de santé de service à l'État-major.......................... POISSON.
Secrétaire de service à l'État-major................................ CORBET.

Rien de nouveau.

Le Général de Brigade Chef de l'État-major général du Gouvernement de Paris et de la 1.re Division militaire,

CÉSAR BERTHIER.

www.ingramcontent.com/pod-product-compliance
Lightning Source LLC
Chambersburg PA
CBHW070621230426
43670CB00010B/1608
* 9 7 8 2 0 1 3 7 0 8 9 6 8 *

www.ingramcontent.com/pod-product-compliance
Lightning Source LLC
Chambersburg PA
CBHW070622230426
43670CB00010B/1613
* 9 7 8 2 0 1 4 4 8 4 6 5 6 *